PARIS
 NEW YORK
 LONDON
 SEOUL
 MEXICO

 HONG KONG
 BEIJING

海外駐在員家族必携

新・海外子女教育マニュアル

海外子女教育振興財団 編

 BERLIN
 MILANO

 SYDNEY
 MADRID
 CAIRO
 ROME
 LOS ANGELES

 BRUSSELS
 TORONTO
 COPENHAGEN
 MOSCOW
 NAIROBI

 BOGOTA
 NEW DELHI
 AMSTERDAM
 SINGAPORE
 WIEN

この本を読む方々のために

　家族そろっての海外渡航はその一家の沿革史に大きく記されるほどの出来事です。なかでも海外でわが子に教育を受けさせる必要がある場合は、特筆されることになります。どんな教育方針をたて、現地でどんな学校を選択し、帰国後の教育へどのように結びつけていくかといった対策に迫られるからです。

　本書はそうした家族のために、『海を渡る子供たち』を初版として1976年に刊行しました。以降2回にわたる大きな改訂を経て、渡航前から帰国にいたる期間の教育の進めかたの羅針盤の役割を果たしてきました。その基本的なスタンスはたんなるノウハウ本ではなく、知るべきことと対応すべきことに応えられるようにという視点から編集してきました。内容は海外子女教育全般の知識と資料ならびにわが子の教育の進めかたの具体策にわたっています。海外子女教育の基本的な知識を得ることは、わが子の教育を進める確かなよりどころとなり、教育を進める手段の具体策は実際に教育を受けさせるうえで大いに参考となってきたと自負しています。

　ところが30年の時を経るにつれ海外子女教育をとり巻く環境にも変化が現われ、それに即した内容を記述する必要が生じてきました。これまでにも部分的な改訂を繰り返してきましたが、今回は次のようなねらいと内容でさらに改善を試みました。

　部分改訂ではありますが、時勢の変化に即応し、読みやすくかつ利用しやすいことをねらいとし、子どもを帯同する海外渡航者により身近で確かなよりどころの本となるように工夫を加えました。具体的には以下のような改訂となっています。

- カラー（2色）化
- 全体構成と文字・表現の読みやすさの向上
- 用語解説の設置
- 教育相談室Q&Aの新規書きおろしと集中掲載
- 索引の付加
- 資料・統計の刷新

この改訂以外にも手を加えるべきことはあるのですが、それは今後の改訂までお待ちいただくこととして、本書の記述内容についてのご照会や、より具体的な対応が可能な教育相談の活用をあわせられると問題の解決にいっそう近づくでしょう。
　海外子女教育について他に類を見ない本書の活用で、適切な教育が進められることを願っています。

［**用語解説について**］
　本書を初めて読む方々のために、海外子女教育に関する基本的な用語などについて用語解説を掲載しました。その掲載位置は、原則として本書で初めてその用語が記載されるページとしました。スペースの都合からそのページに掲載できない場合は、掲載ページを「＞＞**15**ページ」と記してありますのでそちらをご覧ください。また、用語解説の末尾に「＞＞**99**ページ～」と記載したページは、その用語を本文で詳細に解説している箇所です。なお、巻末には用語解説の索引を掲載しています。

［**教育相談室Q&A索引について**］
　本書では本文の各所に教育相談事例として「教育相談室Q&A」を掲載していますが、それらの具体的な質問内容から掲載ページを引けるように索引を巻末にまとめましたので、こちらもご利用ください。

新・海外子女教育マニュアル●目次

この本を読む方々のために ……………………………………………………………… 2

第1章 ［渡航する前に］

1. 海外赴任が決まったら …………………………………………………………… 10
(1)明るく前向きに考えてみよう-10　(2)子どもの教育を考える-11　(3)学校を選ぶ方針をたてる-13　(4)家族でよく話し合う-15　(5)海外生活で子どもを大きく育む-17　(6)海外滞在の子どもたち-18

2. 海外滞在中の方針を固める ……………………………………………………… 23
(1)どんな学校で、何を学ぶべきかの方針を決めよう-23　(2)現地の様子、特に学校の事情について調べよう-35　(3)滞在中はこんな姿勢で-37　(4)渡航前に教育相談を-43

3. 学校に入るための準備 …………………………………………………………… 44
(1)現地語の準備-45　(2)必要な手続き-46　(3)用意する学用品-59

第2章 ［海外編Ⅰ（家庭教育と幼児教育）］

1. 家庭教育 …………………………………………………………………………… 66
(1)海外の教育環境-66　(2)家庭教育で大事なこと-67

2. 幼児教育 …………………………………………………………………………… 72
(1)海外で幼児を育てる-72　(2)海外でことばを育てる-77　(3)現地志向、そのかたよりに気をつけて-88　(4)現地不適応のかげりを見落とさない-89　(5)幼稚園の入園-92　(6)幼児教育の制度と施設-94

第3章 ［海外編Ⅱ（学校教育）］

1. 全日制日本人学校 ………………………………………………………………… 99
(1)概要-99　(2)日本人学校で学ぶ意義-100　(3)変遷の概略-101　(4)規模-101　(5)運営の形態とその地位-102　(6)教育内容-103　(7)入学手続き-106

2. 私立在外教育施設等 ……………………………………………………………… 107
(1)学校を選ぶときの心構え-107　(2)私立在外教育施設一覧-108

3. 外国の教育制度にもとづく学校 ………………………………………………… 110
(1)外国の教育制度にもとづく学校で学ぶということ-110　(2)現地校、国際学校等の概要-111　(3)現地校で学ぶ-112　(4)国際学校（インターナショナルスクール）等で学ぶ-118

(5)学校を選ぶときの心構え（まとめ）-121　(6)言語習得の心構え-123　(7)言語学習の実際、ESLなど-125

4. 高校生の帯同渡航と学校の選択 ……………………………………130
(1)最近の傾向-130　(2)帯同を決める前に-130　(3)学校の選択-133　(4)退学・休学・留学（出国前の心得)-135　(5)現地の高校への受験と入学手続き-137　(6)外国の学校における学力向上について-138

5. おもな国の学校制度 ……………………………………………………140
(1)アメリカの学校制度-140　(2)イギリスの学校制度-146　(3)フランスの学校制度-152　(4)ドイツの学校制度-158

6. 諸外国のおもな大学入学資格試験 …………………………………165
(1)国際バカロレア(International Baccalaureate)-165　(2)アメリカ-168　(3)イギリス-172　(4)フランス-174　(5)ドイツ-176

7. 補習授業校 ………………………………………………………………179
(1)補習授業校（略して補習校）とは-179　(2)補習校の授業・教師・施設-180　(3)入学手続きと教科書-182

8. 通信教育 …………………………………………………………………184
(1)小・中学生のための財団の通信教育（小・中学生コース）-184　(2)通信教育（小・中学生コース）のしくみと内容-186　(3)通信教育（小・中学生コース）の申し込み方法と費用-192　(4)幼児のための財団の通信教育-192　(5)財団の小論文の通信教育（小論文コース）-195

第4章 [帰国編]

1. 帰国を前にして考える ………………………………………………198
(1)帰国後の教育については-198　(2)子どもたちの不安・焦燥感をとり除こう-200　(3)親の心構えー学習より生活適応を優先してー-201　(4)帰国後の学校を選ぶために-202

2. 帰国子女の概況 ………………………………………………………205
(1)帰国子女の一般的状況-205　(2)帰国子女の特性と傾向-206　(3)教科・学習上の諸問題-208　(4)逆カルチャー・ショックと適応について-211　(5)海外体験の保持と育成-213　(6)家庭生活と学校生活の連携を密にしよう-217　(7)帰国子女教育とは-218

3. 小・中学校の受け入れ ……………………………………………………220
(1) 公立小・中学校の受け入れ（手続きを中心に）-220　(2) 帰国子女受け入れ校の種類と受け入れ-223　(3) 国立および私立の小・中学校の編入学-227

4. 高等学校の受け入れ ……………………………………………………230
(1) 受け入れ方法の違い-230　(2) 受け入れ校への入学までの手順-232　(3) 出願資格について-236　(4) 志望する高校選択の観点-240　(5) 高等学校への編入学-246　(6) 受け入れ後の指導と適応-250

5. 大学の受け入れ ………………………………………………………254
(1) 大学を志願する人に-254　(2) 大学を選ぶにあたって-255　(3) 最近の大学への出願状況-256　(4) 選抜時期と入学時期-256　(5) 受験資格およびその他の条件-257　(6) 出願書類-260　(7) 選抜方法と内容基準-263　(8) 合格後の事前研修・補充学習-266　(9) 国内の大学への編入学-267

第5章 [海外子女教育のあゆみ]

1. これからの海外子女・帰国子女教育 …………………………………270
(1) 海外子女教育のあゆみ-270　(2) 帰国子女教育のいままでとこれから-273

2. 帰国子女と国際理解教育 ………………………………………………276

第6章 [財団のサービスインフォメーション]

1. 全般にわたるサービス …………………………………………………279
(1) インフォメーション・サービス-279　(2) 教育相談-280　(3) 刊行物の発行・販売-281

2. 出国前のサービス ………………………………………………………282
(1) 海外で使う教科書の給与-282　(2) 親子教室-282　(3) 渡航前英語準備クラス-283　(4) 海外駐在員夫人講座-283

3. 滞在中のサービス ………………………………………………………284
(1) 通信教育-284　(2) 海外子女文芸作品コンクール-285

4. 帰国後のサービス ………………………………………………………286
(1) 外国語保持教室-286

[資料編]

「海外子女のための推薦図書」を選ぶにあたって／宮地 敏子 ……… 288
海外子女のための推薦図書一覧 ………………………………………… 290

教育相談室Q&A●索引 …………………………………………………… 300
用語解説●索引 …………………………………………………………… 302

[装丁・デザイン] 宮原嵩生
[表紙・本文イラスト] ミヤハラヨウコ
[DTP制作] 大牧 博

第1章 [渡航する前に]

1.海外赴任が決まったら
(1) 明るく前向きに考えてみよう
(2) 子どもの教育を考える
(3) 学校を選ぶ方針をたてる
(4) 家族でよく話し合う
(5) 海外生活で子どもを大きく育む
(6) 海外滞在の子どもたち

2.海外滞在中の方針を固める
(1) どんな学校で、何を学ぶべきかの方針を決めよう
(2) 現地の様子、特に学校の事情について調べよう
(3) 滞在中はこんな姿勢で
(4) 渡航前に教育相談を

3.学校に入るための準備
(1) 現地語の準備
(2) 必要な手続き
(3) 用意する学用品

1. 海外赴任が決まったら

　わが国の国際化は急速に進んでいます。それにともなって企業や研究機関などの国際交流は年ごとに盛んになり、外国では大都市に限らず一般の地方都市でも、日本人に出会うような時代になりました。ちょうどみなさんの家の近くに外国人が住むのと同様に、日本人の海外滞在者は外国で町の人に混じり、その国の習慣に添い、家族それぞれがその土地に根を張って暮らしています。

　このように海外で落ち着いた生活をするための第一歩がこの段階です。

　赴任が決まったら、「悩むよりは積極的に調べて計画をたてる」の姿勢で、親が自分の気持ちを整理し、家族・親戚ともよく話し合って、日本を離れて暮らす心の準備を整えましょう。そのうえで現地の情報を知り、引っ越しの計画や子どもの学校の選択など、大きな予定表を作ることをお勧めします。

　しかし、一度に気持ちを整理して将来の計画をたてることはできないかもしれません。第1章では、渡航が初めてという親が、家族帯同で日本を発つまでの心の整理のしかたと、子どもの教育をどう考えるか、そしてどのような準備をしたらよいかを述べることにします。みなさんの白紙の予定表に計画を書き込んでいくときの参考にしてください。

　なお、この項では、渡航に際して知っておいたほうがよいと思われることを総括的に述べていますので、具体的な各章の記述と重複する部分もあります。

(1) 明るく前向きに考えてみよう

　父親の海外赴任を告げられると、母親や子どもは不安と希望が入り混じった心情が交錯するのが普通です。

　「子どもの学校はどうなるのだろう」、「引っ越しはどうやるのだろう」というような不安を抱くとともに、反対に「外国で得がたい経験ができそうだ」、「この機会に外国のことばが覚えられる」などの期待をもつ人も多いでしょう。

　しかし落ち着いて考えていくうちに、子どもが日本の学校や友達と別れるときの淋しさを察して、子どもにいつ外国行きを知らせようかと悩んだり、さらに

帰国したときの日本の学校のことも心配になるでしょう。このような悩みや心配は、海外赴任が決まった直後には程度の差はあってもだれもが抱くことです。

　子どもは子どもなりに「ことばがわからない国の学校で、勉強ができるだろうか」、「どんな友達ができるのだろうか」と考えます。あるいは、それに加え「英語が自由に話せるようになるかな」と希望と不安とが錯綜しているのです。子どものこのような気持ちは、学年が上に進むにつれて強くなる傾向がみられますが、親はわが子の気持ちをくみ取りながら、子どもが自ら「がんばろう」という明るく前向きな気持ちになるよう働きかけてやりましょう。

　また、母親に迷いや心配、渡航をためらう気持ちがあると、子どももそれを感じて後ろ向きになり、渡航を嫌がることがあります。子どもがしり込みをする気持ちのまま外国で暮らしたのでは、豊かな海外体験を積むことが難しいだけでなく、落ち着いて勉強もできなくなるでしょう。だれでもいままでと違う世界に入るときや、住み慣れた場所から離れるときは不安なものです。子どもに対しては親の気持ちが落ち着いてから、海外渡航について希望を込めてゆっくりと話すと、子どもの緊張もほぐれるでしょう。

　父親は自分の仕事のために外国に行くのですから積極的になれるのですが、家族は未知のことが多く、そう簡単に気持ちを切りかえることができないものです。家族の不安を解消するには、父親は早く現地の情報や会社の支援を家族に知らせて現地生活の見通しを話すことが大事です。現地の生活の見通しがたつことによって、家族の不安の皮は一枚一枚はがされていくものです。そのうえで母親は気持ちをしっかりともって、明るい気持ちで子どもの将来を考え、現地の様子を調べたり、渡航のためのさまざまな相談を積極的に受け、子どもの教育の方針を具体化していきましょう。

(2) 子どもの教育を考える

　海外赴任を前にして、まず子どもの教育の方針を考えなくてはなりません。

　外国での子どもの教育については、年齢や滞在地、任期によってさまざまですが、大きく分けて三つの分野で慎重なプランをたてなければなりません。

　その第一のプランは、学齢期以前ならば、どのような保育施設に通わせるか、あるいは子どもが学校に通う年齢ならばどのような学校に通わせるかです。

　第二のプランは、家庭学習をどのようにさせるかです。

　さらに第三のプランは、滞在中にどのような経験をさせるかです。

　これらのプランをどのように進めるかによって、海外での子育てのありかたが違ってきます。

学齢期
学齢期とは、6歳の4月1日を起点とし、15歳の4月1日の前日(3月31日)を終点とする9年間のことです。つまり義務教育期間の年齢段階を指しています。

1. 子どもをどのような教育機関で学ばせるか

　子どもを学齢期（多くの国では満6歳）前に通わせる施設は、日本と同じように5歳からプレスクール、あるいはキンダーガーテンと呼ばれる幼稚園で、公立と私立があります。またそれより下の年齢の子には、ナーサリー・スクールなどと呼ばれる保育施設があります。

　子どもが学齢に達していれば、日本語で日本のカリキュラムにより勉強ができる「日本人学校」や「私立在外教育施設」と呼ばれる学校、あるいはその国のことばでその国の子どもを教育する学校、すなわち「現地校」と呼ばれる学校かのいずれかを選ぶことになります。現地校には、公立（国立）と私立があります。また、このほかに、その国に住んでいる外国人が通う「国際学校」（インターナショナルスクール）と呼ばれる学校もあります。

　現地校や国際学校は、日本語や日本の勉強をすることはまったくない環境ですから、学校が休日となる日（主として土曜日）または放課後に、日本の勉強をする「補習授業校」（以下略して補習校と呼びます）も世界各地にできています。（これらの学校については第3章で詳述します。）

2. 家庭で日本語や教科学習の補充をどのようにするか

　これは、現地校や国際学校に通学させる場合に、家庭で日本語や教科学習の補充をどのようにするかを考えることです。当財団では家庭学習の補助となる通信教育を実施しています（通信教育については第3章で詳述します）。それ以外にも、子どもを日本人として育てるための基本となる日本語力をどうつけるか、という家庭学習の必要性があります。

　これらの教育方法のなかから、いずれかを慎重にそして適切に選ばなければなりません。学校の選びかたや家庭教育を誤ると、滞在期間中、子どもはひたすら我慢を強いられるだけで、年齢相応に学力を伸ばすことができず、帰国しても日本語力の不足を引きずって学校生活を送らなければならないこともあります。学校選択のための基礎資料を得るには、この本を読んだうえで、財団などで教育相談を受けることもお勧めします。そして前述のように、次の世代に生きるわが子が成人したのちに振り返って、親子ともども「滞在中はみのりのある充実した期間だった」といえるプランをたてることが必要です。

3. 子どもの海外生活体験を豊かにする

　最後に、子どもの海外生活体験を豊かにする計画をたてることです。日本人学校に通う場合はもちろんのこと、現地校・国際学校に通っていても、現地でしか得られないような体験を積むように、親は工夫してやる必要があります。

日本人学校
日本人学校は、世界各地の海外駐在員をはじめとする在留邦人が、義務教育年齢の子どもたちのために、日本国内の小・中学校と同等の教育を確保するために、自主的な発意と熱意によって設立した全日制の在外教育施設です。2005（平成17）年4月15日現在、日本人学校は世界50か国等に85校設立され、17,658人の小・中学生が学んでいます。規模は大小さまざまです。
＞＞99ページ〜

私立在外教育施設
＞＞15ページ

現地校
＞＞17ページ

国際学校
＞＞18ページ

通信教育
＞＞20ページ

ナーサリー・スクール
＞＞92ページ

キンダーガーテン
＞＞92ページ

(3) 学校を選ぶ方針をたてる

　滞在地での学校選択は、子どもの年齢や性格、日本人学校・補習校の有無、滞在期間と地域の治安、滞在国の教育方針や家庭の経済状況などを考えて、それぞれの家庭の子どもを育てる基本方針を総合して進めることが大切です。

　それでは海外に渡航する親たちは、海外での子どもの教育について、どのような方針をたてているのでしょうか。財団の教育相談室を訪れた方々のいくつかの事例を紹介しましょう。

(事例1)
　Kさんは、日本人学校のある都市に小学校2年生の女の子を帯同して5年間滞在します。Kさん夫婦は次のように考えました。
　A案：日本人学校に入れて小学校卒業時期に帰国し、日本の中学校に進学させる。
　B案：国際学校のESL学級（English as a Second Languageの略。英語を第二言語とする子どもへの英語教育システム）に入れて勉強させ、帰国後も、特に英語が学べる帰国子女受け入れ中学校を受験させる。
　Kさんは、A案に比べて経済的負担が大きくてもB案と考えたのですが、最終的には、わが子の学齢期には日本人としての基礎教育を受けさせることとし、日本人学校選択の方針をたてました。

(事例2)
　Sさん夫妻も、日本人学校のある都市に中学2年生の男の子を帯同して5年間滞在します。
　A案：日本人学校に入れて卒業後、その都市の国際学校に進学させて、高校卒業後、日本の帰国生受け入れ大学を受験させる。
　B案：最初から国際学校に入れ、高校卒業後の大学は本人の意思に任せる。
　Sさんの会社は、外国大学出身者も採用している企業で、経費の支援のあることも調べて、子どもの希望も聞きB案の方針をたてました。

(事例3)
　Tさんは、全日制日本人学校のない北欧の都市に、5歳の女の子と小3の男の子を帯同して4年ほど滞在します。
　A案：二人とも現地の幼稚園と小学校に入れる。
　B案：下の子は現地幼稚園から現地小学校へ、上の子はその都市にある国際学校へ入れる。
　Tさん夫妻は現地の情報をよく調べて、下の子は幼稚園から学ぶので現地の小学校まで進ませ、上の子は学校に現地語を教えるシステムが整っていないので、英語で学ぶ国際学校に通わせるB案とし、補習校と通信教育で日本の学習

補習授業校（補習校）
補習授業校は、現地校や国際学校、外国人学校に通学する児童生徒を対象に日本国内の小・中学校の教科の一部の基本を補充する教育施設です。土曜日や平日の放課後の時間を利用して日本の小・中学校で学習する国語や算数（数学）などの教科（地域によっては、社会科や理科も）を勉強するために設けられています。2005（平成17）年4月現在、世界の約50か国等に合計185校あります。
　＞＞**179**ページ～

教育相談
　＞＞**22**ページ

第二言語
　＞＞**23**ページ

ESL
　＞＞**24**ページ

教育相談室 Q&A

Question

海外へ義務教育段階の子どもを帯同します。**義務教育段階の子どもの学校選択や教育方針のたてかた**を教えてください。

Answer

日本人学校選択の場合と、現地校・国際学校選択の場合に分けて、滞在期間、帯同する子どもの学年、子どもの学習に対する姿勢、子どもの性格などを考えて家庭の教育方針をたててください。

日本人学校選択の場合

日本人学校選択の場合には、原則的には日本の学校と同様の教育課程での学習が行われ、日本人学校特有の教育として、日本にはない現地語または英会話教育、そして国際理解教育が行われます。教授言語が日本語ですので、日本の学力・日本語力も学年相応の力がつきます。子どもたちには、しっかりと日本人学校のなかでの教育を受け、将来の高校・大学進学を考えて学ばせていきたいものです。できれば、赴任地の現地語を少しでもマスターできるよう、家庭教育のなかで現地語を学ばせたいものです。そして、現地に溶け込んで現地が好きになるよう家庭での現地理解教育を進めてほしいと思います。

現地校・国際学校選択の場合

現地校・国際学校を選択する場合には、なぜ現地校(国際学校)を選択するのかの理由を、はっきりとさせておくことが大事でしょう。また、中学進学や高校受験なども念頭に入れておくことが重要でしょう。

現地校(国際学校)を選択しますと、学習言語が日本語でなくなりますので、その言語の習得(一般的には英語)から行わなければなりません。そのためには、学校ではESLで学び、家庭では、TUTOR(家庭教師)を雇用してその補強をします。すべての科目が第二言語で行われますから、勉強は子どもたちにとって本当にたいへんでしょう。

一方、いつ日本に戻ってきてもよいように日本の学力をしっかりと身につけていかなければなりません。これは将来の中学進学・高校受験のためにも大事です。そのために、補習校に通うことと、家庭において教科書と財団の通信教材での学習が重要になってきます。一般的には、月曜から金曜までは現地校(国際学校)での学習、土曜に補習校での学習という生活になります。そのほかに、日本語力の保持のために、音読・作文・漢字の書き取り・読書等の学習が必要です。

上記のようなことを総合的に考えて、学校選択にともなう学習のさせかたや、自分の家庭の教育方針を考えられるとよいでしょう。

教育課程>>35ページ

をさせる方針をたてました。

(事例4)

　Mさんは、小6と高1の二人の子どもを帯同してヨーロッパの非英語圏の国に5年間駐在することになりました。Mさんは悩んでいろいろ調査をして、次の案を考えました。

　A案：二人とも現地校で編入学させてくれる学年に入ってがんばる。
　B案：下の子は現地校に編入し、上の子は第三国または欧州地域にある全寮制の私立在外教育施設（日本人高等学校）に編入学させる。
　C案：二人を他国にある全寮制の国際学校に編入学させる。

　Mさんは悩みましたが、帰国する都市の受け入れ高校が整備されているので、下の子は現地校に1年下がって編入学し、上の子は欧州にある全寮制の私立在外教育施設に入れる案を考えています。

　この四つの事例から学んでほしいことは、「選択肢は一つではないはずだという姿勢」、「現地事情や学校の情報を手に入れる努力」、「将来の進路も視野に入れて考える慎重さ」などです。

　最近の風潮では、「とにかく英語を学ばせよう、日本語はひとりでに覚える」という感覚をもって学校を選ぶ傾向がうかがえますが、現地校に編入したからといって、かならずしも子どもがバイリンガルになるとは限りません。それには家族と子どもが力を合わせた努力が必要なことはいうまでもありません。子どもが現地語で十分に学べるようになるまでには、少なくとも3年間以上が必要といわれています。

　参考としていえることは、短期滞在の場合は日本人学校を選び、日本→日本人学校→日本と継続して学習させるのがよいということです。また、世界中どんな国でも自国民の教育をするために、義務教育期間中には、自国の言語や文化の基礎を学ばせていることも考え合わせて、安易に外国の教育に飛びつかないで、日本人として、学校選択は慎重に行う必要があります。（このことについては本章2の(1)で詳述します。）

> **私立在外教育施設**
> 日本人学校のほかに、海外には「私立在外教育施設等」と呼ばれる全日制の日本の教育施設があります。これは日本国内にある私立学校と同じ形態をとっている学校で、特に高等学校課程を設けている施設が多いのが特徴です。日本国内の学校法人や企業が主体になって設置しているものや、日本人を対象に現地の学校法人が設立した私立学校などがあります。
> ＞＞107ページ～

(4) 家族でよく話し合う

　まず、親が子どもの学校選択の方針を吟味しておいて、時期をみて家族全員が集まって話し合う機会をつくるとよいでしょう。

　渡航や学校選択の方針を話すと、小学生ぐらいの子はうすうす感づいていて驚いて泣き出したり、中学生の年齢では仲良しの友人と別れる淋しさで、渡航を拒むことがあるかもしれません。まして高校生となると学習のことや大学進

> **バイリンガル**
> ＞＞85ページ

教育相談室 Q&A

5年の予定で香港赴任が決まりました。子どもは中学2年の長女と小学6年の長男ですが、**どのように子どもたちに海外赴任を伝えたらよいでしょうか。**

海外派遣の決定は、だいたい派遣の半年前から3か月前くらいまでに会社から知らされるのが一般的です。そこで、子どもたちに話す前にまず、両親の間で「海外赴任」にともなって起こる諸問題（赴任国の情報集め・引越し・予防接種・住宅の処分・渡航先での必要物品の購入計画・子どもの教育と学校・留守中の連絡先等々）を話し合い、海外生活の基本的な考えかたを共有し、確立することが大事でしょう。特に、日本の教育環境と大きく異なる「子どもの教育と学校」については、両親で当該国の教育事情をよく調べ、どのような路線で子どもたちの教育を考えるかの共通認識をもつようお勧めします。

このような十分な準備と検討をしたうえで子どもたちに、両親から「香港に行くことになったよ」と伝えたいものです。伝達の場としては、少し大げさに思われるかもしれませんが「家族会議」を開くとよいでしょう。これは、両親から子どもたちに「家族の一員として扱っている」と知らせる意味でもたいへん重要です。また、海外では「家庭はひとつ」という基本的な考えかたを子どもたちにわからせるための絶好の機会にもなるでしょう。この家族会議は、できればゆったりした気分のなか、紅茶などを入れて開きたいものです。そして、両親から香港赴任にまつわる種々の問題点について、子どもたちに一つひとつ、ていねいに説明しわからせていきたいものです。

しかし、子どもの立場にたってみると学校に関してはいろいろな不安を感じることは否めません。この家庭には、小学校6年生と中学校2年生の子どもたちがいます。この学年の子どもたちは、そろそろ自我が芽生え思春期前期へ入ります。ですから、彼らの学校選択は、決して両親からの押し付けではなく、彼らの意向を尊重したうえで決めていくことが大事になってくるでしょう。そうすれば、本人たちが納得したうえでの学校選択ということで、これからの学校生活に対しての責任感もでてきて、よい結果を生むことにもなるでしょう。

具体的には、香港での学校選択（日本人学校か国際学校か現地校か）、国際学校や現地校を選択した場合の学習言語、日本の教育制度から離れた場合の学校生活、5年間の滞在期間中に発生する高校選択などの諸問題等々について、両親から十分に説明したいものです。

学も心配となるでしょう。

　そこで親は、滞在地の学校の詳しい様子や、父親の仕事の内容やさらに帰国時のことまできちんと話して、「現地で家族全員が力を合わせて暮らそう」と誠意をもって話してやることが必要です。親戚や祖父母にもよく話して協力してもらうこともよいかもしれません。

　親の自信ある態度や方針に子どもは徐々に納得していくでしょうが、渡航準備時期に入ったら子どもの気持ちを切りかえ、希望を抱いて積極的に、子どもたち自身も準備を進める作業に入るようにリードしていきましょう。

　子どもが納得してきたころをみて、家族全員がそろって確認した教育方針や海外の暮らしかたを、子どもの考えも聞きながら時間をかけて徹底して話し合う時間をつくることは、滞在前の子どもの気持ちを引きたてるのに役立ちます。もし、「父親の仕事のために、子どもが犠牲になる」というような考えが家族のなかにあるとしても、「海外でどのような体験ができるか」、「海外生活が子どもたちにどのような意味をもつか」という前向きな考えかたを、積極的に真剣に説き聞かせていくことが親のありかたでしょう。

(5) 海外生活で子どもを大きく育む

　外国に住むことは、日本人学校に通っても現地校や国際学校に通っても、たんに海外旅行することとは違って、子どもの人間成長や考えかたの深化に大きな影響を及ぼします。

海外で暮らすことのよさを導き出す

　日本人学校を卒業して、のちに外交官となった女性が語っています。「生活は貧しいけれど、心の明るい人がいる小・中学校時代を過ごした国が、心から好きになりました。いつか、日本との架け橋の仕事をしたいと思い続けていたのです」、「父は私が日本人学校にいるころに、国境を渡って隣国に連れて行ってくれたり、よく日本と世界の国々の話をしてくれました。それから、私が現地語を覚えたのは、黒人のメイドさんからです。母はこのメイドさんをとても可愛がっていましたので、私たちが帰国するときには彼女は淋しがって、泣きながらいつまでも手を振っていました」と。

　外国で暮らしても、異文化理解が不十分なため、国際感覚どころか現地社会の欠点ばかりを語る人がいます。しかしこのエピソードは、子どもの時代に外国で暮らしたことが、人としての成長だけでなく、国際化の時代にふさわしいグローバルな見かたや考えかたができるようになったということで、親の考えかたや子どもへの接しかたが、好ましい結果を生んだよい事例だといえます。

現地校

現地校とは、その国の法律や教育法規などに適合する教育目標や内容、指導方針や方法、施設や設備、教師数などを整備し、設立を認められた公・私立の学校をいいます。使用する言語は、当然その国の言語になります。一般に公立校への入学・編入学は、その学区内に正式に居住する手続きをすることで認可されます。
≫111ページ〜

ところで、現地校や国際学校に通うことは、子どもに外国で暮らす影響をさらに大きく与えます。外国の多くは多民族の国です。一例をあげると、アメリカのある高校では、1,150人あまりの生徒の母親の出生国が世界77か国にもわたり、そのなかで10人ほどの日本人生徒は、ごく少数の一民族として混在しています。ここで生きていくには、勉強よりもまず仲間が人間として認め合い、相互にコミュニケーションできる共通のことばをもつことから始まります。もちろんこれらの仲間に入って、共通言語で一人前にやれるようになるまでには、非常な努力と工夫がいります。この言語の壁を乗り越えた努力や達成感が、子ども自身に大きな影響を与えることは間違いないことです。

厳しい現実を乗り越えることの大切さ

　海外には明るい夢と同時に、厳しくつらい現実もあります。そのなかで揉まれながら子どもは大きく育ちます。ある帰国子女で社会人になった人は次のようにいっています。

　「海外生活をしなかったら、人種の違う人の暮らしに関心をもたなかったと思う。海外で、ことばもわからなかった自分に、ハンディキャップを感じさせず熱心に教育し、細かい質問や要求にこたえてくれたことが、いまも鮮明な記憶として残っている。それゆえ、現在の文化交流の仕事につき、外国人を日本へ受け入れる仕事をしているが、相手（外国人）の立場にたって考えることができる」と（中西晃ほか「青少年時代の異文化体験が人格形成に及ぼす影響」東京学芸大学海外子女教育センター1988年より）。

　このようなことがいえるのは、現地で困難なことに会っても萎縮せずに乗り越えたことが大きな自信に結びついたからだと思われます。しかしそのためには、家族や周囲の人々の支えも大きかったことでしょう。

　海外で暮らすと、家族の絆は日本国内よりも強くなるといわれます。国内と違って外国では、困ったこと、つらいことがあっても、助けてくれるのはおもに家族だということを子どもは自覚していきます。たとえわがままだった子でも、海外生活をするなかで家族の絆が大切なことを知るともいわれます。

(6) 海外滞在の子どもたち

　この項では、海外子女教育の歴史や、いま海外に滞在している子どもたちが、どんな学校に通っているかの概略を述べます。

世界に渡った子どもたち

　太平洋戦争後の日本の経済復興は1950年代の後半から始まり、それと並行

国際学校
国際学校は、一般にインターナショナルスクールと呼ばれ、おもに個人や法人の資力や意志で、国籍を問わず入学させ教育する目的で、ある国の都市に設立した学校のことをいいます。とはいえ無制限の入学許可にはなりません。学年定員や入学希望する人の言語の程度で、かならずしも希望どおりになるとは限りません。したがって事前に状況を確かめる必要があります。
≫111ページ〜

して企業など日本人の海外へ進出する勢いは年ごとに増えていきました。1960年代に入ると、海外で仕事をする父親に帯同されて多くの家族が外国に渡っていったのです。そのころ日本は貧しい時代で、ドルに対する円の価値も低く、日本人学校や補習校はきわめて少なく、親は子どもの教育に非常に苦心したといいます。当時小学生だった戦後の海外子女一世も、いまでは60歳代となって第一線から退き、なかには海外子女二世が海外で活躍している例もあります。

戦後初めてタイのバンコクに日本人学校が設立されたのは1956年（昭和31年）のことでした。また補習校が設立されたのは、シドニー（'55年）、カラチ（'56年）でした。これらの学校は現地日本人社会の切実な要望で発足したもので、児童・生徒数もごく少人数でしたが、海外子女教育に光が射した曙の時代だったのです。

その後、1960年代に入ると、ニュー・デリー、ヤンゴン（'64年）とカラチ（'65年）、コロンボやクアラ・ルンプール、シンガポール（'66年）などとアジアに日本人学校の新設が続く一方、サンパウロ（'67年）、ブエノス・アイレス（'68年）、リマ（'69年）など、中南米にも日本人学校が新設されていきます。

また補習校は、ワシントン（'58年）、サンフランシスコ（'68年）、ハンブルグ、デュッセルドルフと、北米、欧州に続々新設されていきますが、1998年（平成10年）には、現地の日本人社会の熱意と政府をはじめ関係者の努力によって、日本人学校は世界58か国等に92校、補習校は57か国に181校が設立され、年々増加しています。

海外子女教育振興財団が海外進出企業・団体の総意によって設立されたのは、大阪の日本万国博覧会が開催された翌年の1971年（昭和46年）のことでしたが、そのときの海外在留の邦人数は84,050人、そして帯同していた小・中学生の数は8,662名と記録されています。それから27年経った1998年には在留邦人数は約6倍の507,000人にも増え、帯同している小・中学生も49,670人と5.7倍に増加しました。

子どもたちはどんな学校で学んでいるか

毎年増え続けてきた海外滞在中の小・中学生は、1993年（平成5年）に初めて前年を割り50,842人となりました。その後10年ほどはわずかな増減をみせますが、2002年以降は増加の傾向がみられます。これら学齢期の子どもたちの総数と、彼らがどのような学校に通っているかを表わしたものが表1（次ページ）です。日本人学校と現地校・国際学校に通う子どもたちの数が、この10年間にどのように変わってきたかもわかります。

表でもわかるように、2005年には55,566人の小・中学生が海外に滞在していますが、日本人学校に通っている子どもは31.8％です。残る68.2％の子ども

海外子女教育振興財団
海外子女・帰国子女教育の振興をはかるために、海外で経済活動等を展開している企業・団体によって1971（昭和46）年に外務省および文部省（現・文部科学省）の許可を受け、設立された公益法人です。日本人学校・補習校等に対する援助をはじめ、政府の行う諸施策に呼応した幅広い事業を行っているわが国でただ一つの民間専門機関です。
>>278ページ～

通信教育

現在、海外から受講できる通信教育は複数ありますが、海外子女教育財団では海外で使われる日本の教科書に準拠した海外専用の教材を作成しています。海外在住の義務教育年齢の子どもたちを対象にしたもので、文部科学省より海外子女の帰国後の教育への円滑な適応を促す教材として補助を受けています。

>>184ページ～

の大部分は、現地校か国際学校に通学して現地のことばや英語で勉強しています。また世界のなかには滞在地に通学できる学校がないために、通信教育だけで日本の勉強をしている子ども（不就学者）も、ごく少数ですがいるのです。

図1（右ページ）は、世界を7地域に分けて、小・中学生年齢の子どもたちがどの学校に通学しているかの人数を示したものです。この図をみますと、地域によって日本人家庭の学校選択の傾向が異なることがわかります。

A. 日本人学校に通学する子どもの割合が多い地域

最も多いアジアでは、6割以上の子どもが日本人学校に通っています。

その次に多いのが中南米・中東で、約4〜5割の子どもが日本人学校に通い、残りの多くは国際学校に通っています。

そしてアフリカでは、約2割の子どもが日本人学校に通っています。残りの多くは国際学校に通っているのですが、通うべき適切な学校がない地域もあります。

B. 現地校・国際学校に通学する子どもの割合が多い地域

北アメリカ・太洋州・欧州などの英語圏の国では、現地校と国際学校に通う子どもの割合が多いことがわかります。

しかし、この図は地域別の傾向をみたもので、都市ごとの傾向をみれば子どもが通学する学校は、治安や環境、家庭の方針などによってさまざまな違いがあり、注意すべき点です。

表1　海外子女（学齢期滞在者）の推移　　　（1996年～2005年度　外務省調べ）

年度	総数	日本人学校	現地校・国際学校	
			補習校	その他
1996年度	49,740	18,839	17,609	13,292
1997年度	50,080	19,206	16,765	14,109
1998年度	49,670	18,555	16,939	14,176
1999年度	48,951	17,229	17,262	14,460
2000年度	49,463	16,699	17,292	15,472
2001年度	50,792	16,843	17,996	15,953
2002年度	52,046	16,516	17,296	18,234
2003年度	52,462	16,380	16,238	19,844
2004年度	54,148	16,840	16,501	20,807
2005年度	55,566	17,658	15,683	22,225
10年間の増加率	1.2%	△6.3%	△11.1%	67.2%

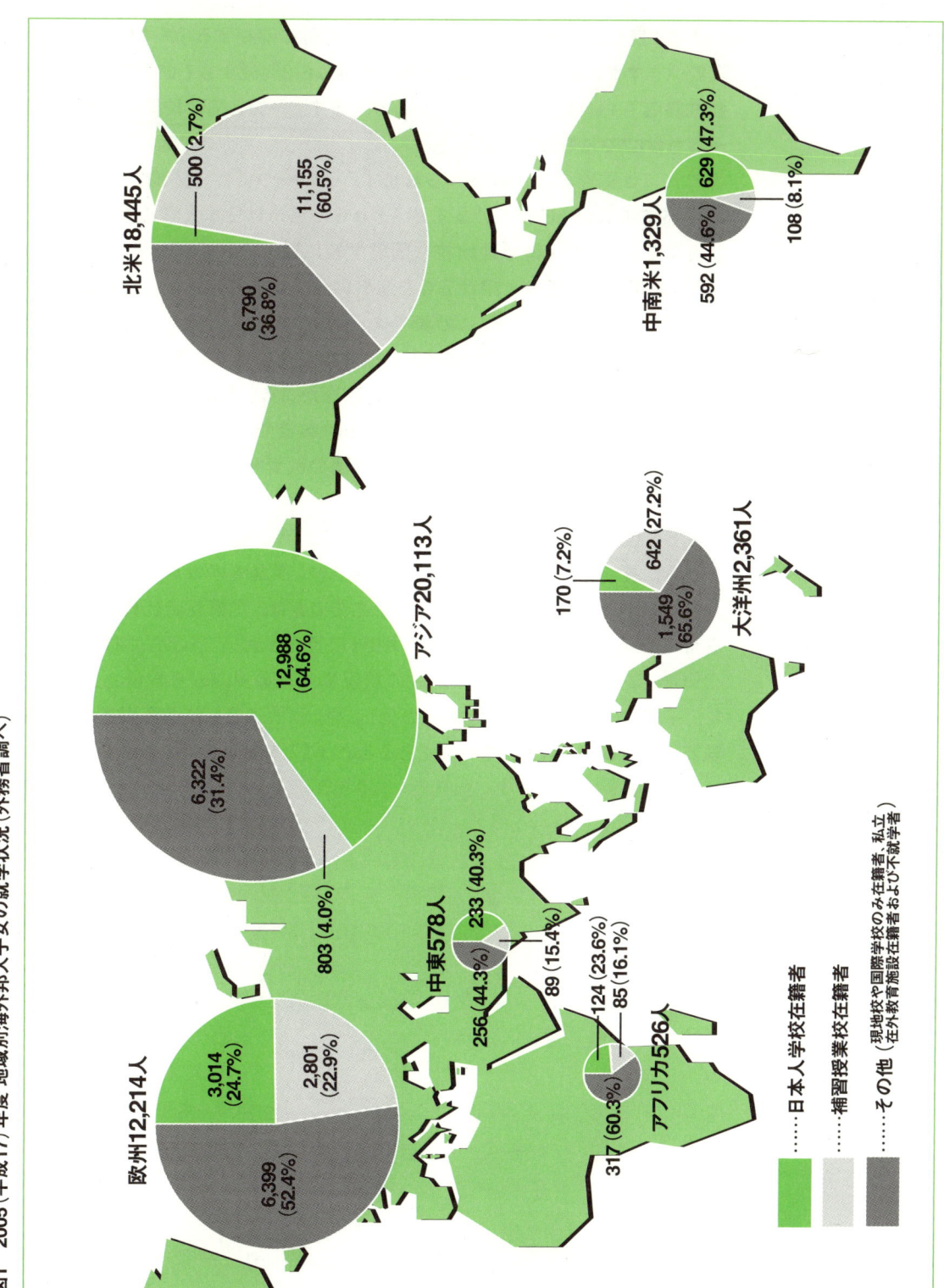

図1 2005（平成17）年度 地域別海外邦人子女の就学状況（外務省調べ）

さて、表1によりますと最近の10年間に海外に滞在する小・中学生は1.2％増えていますが、日本人学校在学児童・生徒は6.3％減少しています。また、補習校在籍者も11.1％減少したことがわかります。一方、補習校にも通っていない子どもは67.2％も増えています。

　これには種々の理由が考えられます。その一つには、父親の赴任地が世界の小都市に広がってきていますが、それらの都市は日本人学校ができるような状況になく、やむを得ず現地校や国際学校に通っていることがあげられるでしょう。次には、毎年増え続けてきた海外の全児童・生徒数は、1993（平成5年）度に初めて減るのですが、この表では、その他の欄の人数だけが増えていることがわかります。この理由として、1.補習校がない地域に赴任する人が増えたこと、2.補習校があっても通わせない家庭がある、などが考えられます。三つめには、日本人学校がある都市でも、国際学校や現地校に通学させる家庭が少しずつ増える傾向にあることが、当財団の教育相談の例でもみられます。これも原因の一つと考えられます。

　さて、数のうえからみると、学校を選ぶことができない地区は別として、親が子どもに異文化体験をさせたいという考えや、英語を学ばせたいという考えが先行して学校を選ぶ傾向があります。このことは、国際化時代に生きる子どもを育てたいという親の方針の表われでしょう。しかし、子どもの将来のためによいことである反面、たんに地域の状況や時代の風潮から学校を選んだために、子どもの実態（能力・性格その他）に合わず、子どもが必要以上の苦しみを味わっているケースも少なからずあるということを付け加えておきます。

教育相談
海外子女教育振興財団では東京と大阪（関西分室）、名古屋の3カ所に教育相談室・相談会を開設し、経験豊富な専門の教育相談員が海外子女・帰国子女教育に関する相談に応じています。相談の方法は、面談相談（予約制）、電話相談、Eメール相談（ホームページより）、FAXや手紙による相談があります。
＞＞280ページ

2.海外滞在中の方針を固める

　海外に渡航するための家族の気持ちが決まったら、次は具体的な資料を集めたり、さらに教育相談を受けたりして、海外で子どもを育てる方針を固めることになります。方針をしっかりたてて、子どもたちにもよく話しておかないと、子どもが異文化の習慣や生活に押し流されて自分を見失い、貴重な外国生活体験をマイナスにしてしまうこともあります。

(1) どんな学校で、何を学ぶべきかの方針を決めよう

　現地の学校選択は、滞在予定期間と合わせて考えながら、具体的に決めるとよいでしょう。父親が海外勤務の内示を受けた当時は、母親は気持ちも動揺していて先がよくみえなくなり、友人のひとこと、それも日本人学校がある都市に行くのに「海外に行けば当然、現地校に行くべきよ！」などのひとことで方針を決めてしまう場合もあります。その都市の現地校の様子も知らず、またそこで、子どもが歯をくいしばって努力する姿や、子どもの年齢や性格、滞在期間等の考慮などにお構いなしに決めるのは、軽はずみな決定といえます。
　国際化時代に生きるわが子の未来と現実をよくみて、学校選択をし、滞在中は家族全員で力を合わせて子どもの教育にあたる計画と覚悟が必要です。

日本人学校のある都市に滞在する
　日本人学校がある都市に滞在することは、親子にとって安心できる教育環境が待っていると考えてよいでしょう。
　日本人学校は、現地日本人社会の大きな期待によってできた学校で、日本国内の教育課程と同等な教育を行う学校です。規模は全校で10人前後の学校から、2,000人を越す学校までまさにさまざまですが、世界中どこの日本人学校でも、いろいろと工夫して現地の特色をとり入れながら、日本の基礎的な学力がつくような教育が行われています。
　つまり、日本人学校は、現地でなければできない教育をとり入れながら、日

第二言語
幼児期に母親などから自然に習得する言語（母語）として日本語を習得した、あるいは習得しつつある海外子女にとって、現地校等で習得する言語は第二言語ということになります。母語である日本語をよく耕すことは第二言語である英語の理解を深めるという研究者の指摘もあります。
>>31ページ

本→現地→日本と、子どもが継続して学習でき、合わせて異文化も学べるという特色をもった学校といえるでしょう。

学校は日本同様に週5日制です。休日は現地の生活習慣の違いから土・日曜日、金曜日などの場合があります。どこも子どもたちの知的意欲が高く、中学部卒業後の進路もはっきりしていることが特色です。

しかし、日本人学校は中学部までしかありませんので、中学部卒業後も滞在する予定がある家庭では現地の高校に進学するための準備として、最初または途中から現地校や国際学校に編入学させることもあります。

日本人学校のない都市に滞在する

日本人学校がない都市に滞在して、子どもが通う学校を決める場合は、次のような選択肢があります。

① 現地校に通学する。公立校か私立校かを決める。
② 国際学校に通学する。
③ 近くの都市に通える日本人学校はないか、もう一度調べてみる。
④ 私立在外教育施設に通学する。(日本人学校と私立在外教育施設の違いは、第3章 海外編Ⅱの「1.全日制日本人学校」と「2.私立在外教育施設等」の項をお読みください。)
⑤ ①・②の場合、あわせて補習校に通学するかどうかを決める。

A. 現地校を決める場合の留意点

先進国といわれる国の都市に滞在するときには、公立の現地校に入学・編入学し、その国の言語で学習するケースが多いようです。しかし途上国のなかには、学校制度上の問題や学習援助の問題で外国人の編入学が困難な国もあります。また学校を選ぶにあたっては、特に外国人(日本人)のために言語の指導をしてくれるかどうかが鍵となります。

その他、外国の学校の概略をあげてみましょう。

アメリカでは、前に述べたESLと呼ぶ「英語を第一言語としない子どもに英語を学ばせながら学習させる」制度をもっている学校が多いのですが、先進国でもかならずしも滞在予定地の学校に、このような制度があるとは限りません。また国・公立校はそのほとんどが授業料は無料です。

外国の私立校は、校風やカリキュラムなどが学校ごとに異なります。学校の建学方針で宗教色が強い学校、日本の進学校に相当する学校、非常に規模が小さい学校など実際に学校に行ってみないとわからないことが多いようです。学費もまちまちで、比較的高額な支払いとなることを、計画のなかに入れる必要があるでしょう。

ESL
一般的に、アメリカで英語を母国語としない者に対して英語教育を施すプログラムです。内容(授業の中味・長さ・回数)は学校によって異なります。ESLがなくても、ESLアシスタントの派遣等の措置がとられる場合もあります。一般に小学生の場合は、英語の授業等を抜けてESLの授業に出るという授業形態がとられます。
＞＞126ページ～

中学部卒業
＞＞100ページ

教育相談室 Q&A

わが子は小学3年生（6月生まれ）で、9月からアメリカの現地校で学ばせる予定です。**アメリカの現地校の編入学年はどうなりますか。**

実際の編入学年は、現地の学校に行って、本人の英語力や性格などをもとに相談して決めることになりますが、暦年齢上は9月から4年生（G4）になります。わかりやすいように6歳の誕生日を終えた時点を考えましょう。「6歳になったから来年の4月から1年生」が日本の制度です。アメリカでは9月から学校が始まり翌年の6月末ごろに年度を終えるので「すでに6歳になっているので6歳の9月から1年生」です。ですから、暦年齢上は9月から4年生です。

アメリカは学校区により年齢基準日が違います。基準日を8月31日とした場合、4月2日〜8月31日生まれの人は日本より7か月早く、9月1日〜4月1日生まれの人は7か月遅く学校に通うことになります。

世界で100か国ほどが9月に学校が始まります。義務教育期間中に帰国する場合は年齢相当の学年に戻るのが通例ですが、義務教育期間を過ぎてから（高校1年生以降）日本に帰国する場合は制度の違いが帰国後の編入学年に影響します。どの国でどの学校に通うことになる場合も、年度の開始月と修了月、就学開始年齢、日本の高校・大学進学などとの関わりを日本の制度と比較して考える必要があります。なお、日本人学校は4月始まりです。

お子さんの場合に戻って留意点をみましょう。学年（アメリカではグレード）の決定にあたって、低学年では通常上記のように暦年齢の学年に決まるでしょう。高学年ではご本人の英語力を問題にされ、grade downをいわれるかもしれません。

アメリカの学校が問題にするのは本人の英語力と、この場合は3年生を修了していないことです。1年遅らせる場合で高校生以上で帰国が見込まれる場合は日本の教育制度との関わりで進学・編入する学年が遅れる可能性があります。ただ、一番大切なのは本人の学校への適応ですから、これらを踏まえて十分話し合う必要があります。

海外滞在中・帰国時の学年表

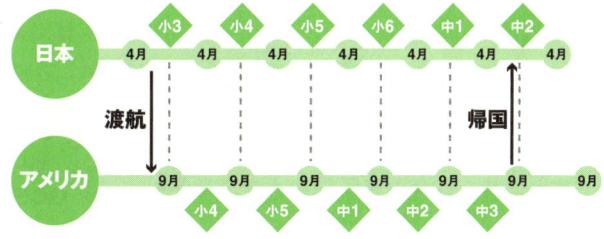

教育相談室 Q&A

中学3年生（11月生まれ）の子どもを4年間滞在予定でイギリスに帯同します。**学校適応には教育制度上の問題で難しさがあると聞きますが、**どんなことでしょうか。

中学3年から4年間イギリスに滞在することになれば、まず現地校と国際学校のどちらを選ぶかの問題があります。両者を比較し、次の四つの点に留意して決める必要があるでしょう。

① 現地校にはESLがないことが多く、国際学校にはあります。

② カリキュラムの時間割をみると、同時履修の科目数が現地校では多く、国際学校（米系）では少ない。たとえば理科の物理・化学・生物を同時に履修するか、学期や学年で1科目ずつ選択するかという違いがあります。

③ 現地校は、日本より1年早い5歳の9月に1年生になります。すると、高校卒業は13年生となります。米系の国際学校の場合は日本と同様、12年生修了後に大学に進学します。

④ 大学に進学するには、現地校では11年生までにGCSE（General Certificate of Secondary Education）を、12年生・13年生（シックスフォーム）でGCE（General Certificate of Education）Advanced Levelの科目を何科目かパスしていることが必要です。日本の大学を受験する場合は、GCEなどの扱いが学校によって違いますので、志望する大学の資格条件を早めに調べておくべきです。米系の国際学校では、SATあるいはI.B.によって大学に進学します。

いずれにせよ、中学3年からのイギリスの学校での学習は、英語力と学習内容において相当な難しさを覚悟する必要があります。まず、学校への適応に集中し、できれば家庭教師などのサポートもほしいところです。4年間で現地校のGCSEとGCEをパスしていけるかどうか、または、国際学校でのSATの一定以上の得点、あるいはI.B.資格をとれるかどうかなど、本人の適応状況を見きわめて、場合によっては私立在外教育施設への転編入も選択の視野に入れておいたほうがよいでしょう。また、現地校・国際学校から日本の大学を受験するときは、本人の卒業時の状況と各大学の帰国生特別選抜またはAO入試の内容を考慮に入れ、志望校を検討する必要があるでしょう。

I.B.＞＞36ページ　シックスフォーム＞＞149ページ　SAT＞＞169ページ～　GCSE＞＞173ページ　GCE＞＞173ページ～　AO入試＞＞255ページ

教育相談室 Q&A

カナダのオンタリオ州へ小学5年生と小学2年生の子どもを帯同します。**現地校における学習適応の見通しについて**教えてください。

カナダのオンタリオ州は、8-4制が一般的で、1学期は9月開始です。すなわち二人の子どもたちは、同じ学校に通学することが可能です。学習言語は、英語かフランス語（選択可能）が用いられます。学校によってESLの有無があります。

1. 学習適応の見通し

学習適応の問題は、海外で生活する以上、だれでも直面する問題です。そのうえ、カナダ特有の教育事情も考慮しなくてはなりません。しかし、家庭における慎重かつ適切な配慮があれば、順調に適応できるものと考えられます。

2. こんな場合に学習不適応になりやすい

・外国で生活することが不安だったり、カナダの環境になじめない（たとえば寒冷気候）。
・カナダの学校になじめず、順応できない（たとえば、フランス語学習を履修した場合）。
・ことばの習得が思うように進まず、授業についていけず、友人ができない。
・お父さんの仕事が忙しくて、子どもとの接触が少ないうえに、家庭学習への協力がない。

3. 学習適応への留意点

何事も初めが肝心です。下記の点に留意してください。

・納得して出国する（事前に、海外で生活する意義を話し合い、意欲をもって渡航する）。
・到着後は、現地になじむ期間を設ける。また、休日には市内を見物したりカナダ国内を旅行したりして、カナダのよさを実感する。
・学校に慣れるまで、母親も登校し、安心感を抱かせる。また、学習の状況を把握する（ただし、学校の了解が必要）。
・チューター（家庭教師）を依頼し、ことば（英語・フランス語）に慣れる。
・学校にESLがあれば、活用する（できるだけESLがある学校を選択する）。
・補習校に通学する（気分転換が可能。オンタリオ州には、補習校は3校あります）。
・家族が家庭学習に協力する（高学年の学習は難しくなります）。

なお、日常会話ができるようになるまで、1～2年は要します。あせらずに励まし続け、学習への意欲を高めさせてください。そして不適応の兆しがみえたら、早めの対応が必要です。

教育相談室 Q&A

知的障害のある子どもがいる社員をアメリカへ駐在させたいのですが、**特別な配慮を要する子どもの現地校編入は可能でしょうか。**

アメリカの特別な配慮を要する子どもの教育システム（スペシャルエデュケーション）は、先進的な機能をもっていて、外国の子どもにも適用されています。たんにそのことだけから判断すれば、現地校に編入させ有効な教育を受けられる可能性はあるといえます。

しかし、実際に編入させるとなれば事前に考えておかなければならない課題があり、その対応策がとれるような態勢を必要とします。次にそれらをいくつかあげてみます。

1. 現地の診断で新たな障害が見つかる場合 謙虚に受け止める心がまえが必要です。
2. 第二言語（英語）での指導が本人の学習負担ならびに生活適応をさらに増大させます。
3. 家庭が現地の教育システムの一員となって緊密な連携をとることが望まれます。
4. 教育機関へ預けておけばなんとかなるという日本的な依頼型姿勢はとらないことです。
5. 国内で受けている教育・医療機関や指導者との良好な関係を維持し、本人の教育データを作成してもらうことです。
6. 教育の成果があがらないケースもあるということを想定しておくことです。

さて、上記のような事情を考慮すると、本人と保護者の負担は相当大きなものとなります。保護者が果たすべき責任や義務行為なくしては、現地校へ編入させる意義がないというケースもあります。このような教育事情となればとりわけ父親の教育的な役割が重要になります。とかく国内では母親任せですませていた子どもの教育に積極的に係わっていくことが求められます。教育は教育機関に任せておけばよいとの態度では、こうした子どもの教育を放棄しているとみられてもしかたありません。

そこで企業としても、駐在させた父親が仕事との兼ね合いでその役割を果たすには相当な努力が必要になることに理解を示すことが必要です。また、そのための支援も大切です。たとえば、両親の心の支えをしたり、アメリカにおいて日本語でできる教育相談機関の紹介やサポート団体への橋渡しなどをすることが考えられます。

企業ならびに家庭にとって、特別な配慮を要する子どもの教育は、その先進国であるアメリカでも容易ではないと考えたほうがよいでしょう。

知的障害 >> 242ページ

教育相談室 Q&A

肢体不自由ではあるものの国内では普通学級で学んでいる子どもを海外へ帯同します。**肢体不自由な子を日本人学校へ編入させたいのですが、**どのようにしたらよいでしょうか。

まず、肢体不自由な子どもの日本人学校通学状況をみますと、その例はあまり数多くありません。正しくは、肢体不自由な子どもの編入学希望者は大勢いますが、実際に受け入れてもらえるケースはその一部であるということです。

それには以下のような理由があります。
① 日本人学校の政府派遣教員数は、必要定数の8割程度なので専門教員を配置するような特殊教育体制を築くには厳しい状況にある。
② 受け入れの許諾は各学校ごとの自主判断なので、諸条件からの判断で受け入れ不可の場合がある。
③ 受け入れは日本人学校の可能な限りの柔軟な判断と方策に頼っている。
④ 一般的に日本人学校の施設設備は、肢体不自由な子どものためのきめ細かな設定にはなっていない。
⑤ 学校に個別対応するための予算的な余裕がない。
⑥ 家庭の経済・人的負担を要しても家庭の状況でそれに協力できない。

そこで、受け入れを望む場合には、次のような手順や心得をもって対応するとよいでしょう。
① 学校長に、子どもの状況と強い編入希望を伝え受け入れ相談をする。
② 国内と同程度の教育システムがないので、それ以下の受け入れ体制になることもありうると承知しておく。
③ 家庭で可能な限り協力するという考えを具体的に伝える。

しかし結果として、それでも受け入れは不可能になることがあります。その場合、現地においては現地校や国際学校への編入となるのですが、これは教育環境が激変する困難さをともないますので慎重な対応が求められます。

したがって、子どものハンディの程度や学校の受け入れ体制によっては、国内にとどまることも選択肢に入れることになるでしょう。

派遣教員 >> 101ページ

教育相談室 Q&A

小学3年生と中学2年生を欧州へ4年間帯同します。**学校選択はどんな観点で行えばよいでしょうか。**

　欧州はどの国も教育制度が整備され、日本人であっても現地校に編入学できます。国際学校も数多くあります。また、主要都市には、日本人学校や補習校が配置されています。伝統ある私立校が多いのも魅力です。それだけに、学校選択にあたっては迷いが生じることになるでしょう。

1. 小学校3年生の子どもの場合

　日本人学校に編入学する場合、学校生活に「適応」しやすいというメリットがあります。ただし、現地語や英語の習得には、努力が必要でしょう。

　現地校や国際学校に編入学するのであれば、国際性や現地語・英語の力は高まりますが、日本人としての資質や日本語の力が衰える心配があります。意識的に日本語（特に漢字）を維持する努力が求められます。また、国際学校では、小学3・4年生ぐらいから教科の勉強が難しくなります。家庭学習で、家族の協力が求められるでしょう。

　4年後、日本の私立中学などを受験する場合、「帰国子女枠受験」が可能になるでしょう。

2. 中学2年生の子どもの場合

　日本人学校に編入学すると、2年後には、日本人学校を卒業することになるので、卒業後の進路選択をしっかりと見すえておかなくてはなりません。

　日本人学校を卒業後、日本に帰国する場合、海外滞在は2年以内ですので、学校によっては、「帰国子女」としての受験を認めてくれないこともあります。

　卒業後、海外にそのまま残るのであれば、「私立在外教育施設」に進学する道もあります。

　次に、日本の学校から現地校・国際学校に編入学する場合ですが、高い語学力が求められるでしょう。語学の程度によっては、入学を認められない場合もあります。日本を離れる前に、英語の力を高めておいてください。

　私立校を選択する場合は、その学校の規則、進学状況、宗教等々にも留意してください。

　また、4年間の滞在が終わり帰国する場合は、日本国内の高校への編入学になるわけですが、途中編入学を受け付ける高校があまり多くない点に（たとえ募集があっても、時期がずれていたり、少人数であることが多い点に）留意しなければなりません。

帰国子女枠受験 >> 233ページ

教育相談室 Q&A

小学2年生と中学1年生の子どもを2年間滞在予定でニューヨークへ帯同します。**日本人学校か現地校かの選択はどのように**したらよいでしょうか。

海外における学校選択で、基本的な考えかたのもとになるものとして、次の要素があげられます。
① 滞在期間
② 子どもの学年
③ 子どもの資質（性格、生活習慣、関心、学習意欲と能力など）
④ 現地の教育事情
⑤ 親の教育方針
①から④までは選択をする際の条件です。これらの条件から考えてみましょう。

①は2年ですから、個人差はありますが英語を修得するには、少し短い期間といえるでしょう。

②の学年は下の子どもは小学2年生から3年生。まだ日本語（母語＝第一言語）が形成し切れていない段階ですから、親として日本語学習に配慮しなければなりません。上の子どもは中学1年生から2年生までの滞在です。小学校で日本語の基礎ができていますから、第二言語（英語）の学習に入るには適しています。一方、帰国して1年後に高校受験がひかえています。どのような進路を想定するかで選択の方向も変わってきます。

③の要素は重要な条件です。兄弟ともに同じではないと思われます。性格は外向的か内向的か、新しい環境に積極的にかかわれるか、ことばの習得に関心があるか、などの資質をよく確かめてみましょう。そこから自ずと選択の道筋が見えてくることもあります。

④についてはニューヨークの場合、住まいとの条件と合わせて考えてください。日本人学校はニューヨーク（グリニッジ）とニュージャージーの2校があり、校区が定められています。現地校は公立の場合、住所が決まれば自動的に学校が指定されますが、その学校にESLがあるかどうかを確かめておきましょう。現地校を選択するに際しては、補習校が通いやすい距離にあるかどうかも確かめたい条件です。特に下の子どもの日本語学習にとっては、大事な要件です。

以上の要素を条件に入れて、最終的に決断する段階での決め手が⑤です。どちらを選んでも良し悪しはあります。子どもたちともよく話し合ったうえで、選んだ方向に向かって最善を尽くしてください。

教育相談室 Q&A

中学3年の子どもを5年間滞在予定でロンドンへ帯同します。**学年が高いわが子のロンドンでの学校選択に悩んでいます。**

中学3年という高学年で日本を離れ、難しい中等教育の期間中にイギリス滞在となり、帰国時期が、大学への途中編入学のタイミングになってしまう(これを避けるには早期の帰国が必要になる)という、相当困難な問題が重なります。

1. ロンドン日本人学校に編入学する場合

「適応」がスムーズにいくのは、ロンドン日本人学校への編入学でしょう。ただし、2学期以降ですと、編入学を認めてもらえないことがありますので、渡航時期には注意してください。

同校を卒業して現地校等に編入学する場合には、相当高い英語力が求められます。

日本の高校を受験する場合は、海外滞在期間が1年以内と短いため、「帰国子女枠受験」を認められない恐れがあります。両親(父親)と別居になることにも留意が必要でしょう。

現地にとどまり、ロンドンに2校ある「私立在外教育施設」に進学する選択肢もあります。

2. 現地校・国際学校に編入学する場合

イギリス到着後、直接、現地校に編入学する場合の課題は、英語力です(特に私立では、英語力がないと入学が認められません)。日本を離れる前に英語力を高めておく必要があります。

現地の高校から日本の大学を受験する場合、高校を卒業していることが条件となります。高校卒業資格を得るには、コンプリヘンシブスクールといわれる5年制の公立の中等学校で、中等学校修了一般資格であるGCSEに合格し、さらにシックスフォームという2年制の上級学校に進学し、第1学年(通算12年の課程に相当)を修了する必要があります。

また、帰国子女枠大学入試では、統一テストの結果を求める大学(学部)がありますので、シックスフォームでGCE-Aレベルという全国統一テストを受けて、よい成績を得るとよいでしょう(GCE-Aレベルの成績をとれば、イギリスの大学に進学することも可能です)。

なお、ロンドンにはたくさんの国際学校がありますが、高い英語力が求められるのは現地校の場合と同様です。帰国子女枠大学受験を希望する場合は、I.B.やSATの統一試験を受けておくとよいでしょう(国際学校への編入学については、118ページ〜を参照)。

イギリスで中等教育を受ける場合、複雑な要素が絡みますので十分留意してください。

 教育相談室

幼児を海外へ帯同する予定ですが、学校へ入っているわけではないので教育上の問題はないと考えていますが、**幼児の場合に心がけておいたらよいことは**どのようなことですか。

子どもを育てる環境要素として「家庭教育」、「学校教育」、「社会教育」があげられます。この三つの教育環境が調和するなかで子どもは育っていきます。したがって、幼児を海外に帯同する場合も同様で、就学前だから教育上の問題はないと考えることはできません。

まず第一に心がけなければならないのは、母語を中心とした家庭の教育です。幼児期はアイデンティティ（自我）形成の重要な時期で、その形成には母語の発達が大きく関与します。ことばは日常生活の必要性や経験を通して育っていくものです。そこで考えなければならないことは、日本語環境の少ない現地で、母語をどのようにして身につけさせ、アイデンティティを育てていくかということです。

二つめに心がけなければならないのは、社会性を培ううえで、現地の幼児施設をどのように活用するかです。この場合、特に外国語と母語とのかかわりが大きな課題となってきます。以下、少し具体的に述べておきますので参考にしてください。

母語を育てるのは、まず「語りかけ」です。家庭のなかでは日本語というきまりを決めます。生活用語は「靴は？」、「ご飯は？」のように文章が途切れても通じますので、「靴は履いたの？」と、完全な文として話すことが大切です。次に、幼児はことばを耳で覚えていきますので、本を繰り返し「読み聞かせる」ことです。また、読みながら質問をいろいろ投げかけることも大切です。海外での日本語環境は家庭で作らなければ存在しませんので、日本に住んでいた以上に、こうした形で日本語の育成を心がける必要があります。

現地の幼児施設を活用しますと、母語と外国語が同時進行的に形成されてきますので、外国語の習得も早くなります。外国語を話せるようになったとしても、それは幼児としての外国語力でしかなく、しかも帰国して日本語環境に入ると忘れていく言語となります。したがって、外国語によって母語の発達が停滞しないよう十分に心がけていかないと、帰国後はどちらの言語も弱いものになり、就学後の学習に支障をきたすことにもなります。

以上の点から、もし現地に日本語幼稚園があるのであれば、日本語環境のなかで楽しく活動させたほうが幼児期ののぞましい発達が期待でき、帰国後の適応もスムーズになるといえます。

教育相談室 Q&A

Question

高校1年の子どもを海外へ帯同し国際学校に編入させるつもりですが、学校生活と学習の見通しが立ちません。**国際学校に編入する場合、どんな課題があり、親と本人が心がけることは**どんなことか教えてください。

Answer

高校1年ともなれば、日本でも海外でも学習内容が高くなることに変わりはありません。しかも、English（Literature/Language Art）はもとより、Social Studies（歴史・地理・政経など）、Science（生物・化学・物理）、Math.（数学）の諸教科を、英語で授業を受けることになります。日本の中学3年生の英語力では、日常会話（生活言語）の習得、特に教師と友人との意思の疎通にも一定の期間がかかります。その期間は人によって違いがありますが、あせらずに友人や教師との明るい人間関係を保てるように心がければ、英語会話力の伸びが早まります。その状況のなかで、ESL（英語を母語としない生徒のためのクラスまたは指導）において英語力をつけながら、教科学習に参加できるよう努力することになります。

理科・数学・世界史などは日本の教科内容と共通するところがありますが、教材のとり上げかた、説明の論理、内容の比重などに違いがあります。まして、文学・米国史などは日本人にとってなじみがなく重荷となります。生活言語と違って、教科学習で使われる学習言語は分量も多く、概念も難しくなり、短期間に集中して身につけていかなくてはなりません。日本の教科書のほか、英米文学や米国史の翻訳本などを持参すると参考になります。

学校に慣れるにしたがい、宿題にもとりかからなければなりません。本人が学校でどんな問題にぶつかっているか、どんな壁を乗り越えなくてはならないかを理解し、助言を与える人が必要です。宿題や授業の予習・復習のサポートにも、家庭教師がいれば本人の苦境を軽くし、励ましとなるでしょう。

授業ではクラスで発言することが評価されますから、家で準備をして自分の意見を述べる機会をつくっていきたいものです。ときには日本の事情を発表すれば、クラスへの貢献として歓迎されるはずです。したがって、日本の高校の学習や塾に通うことで、国際学校での学習がおろそかになることは避けるべきです。

なお、日本の大学を受験するには、12年生を修了することが必要です。また、SATまたはI.B.の成績をとっていることがのぞましいのですが、よい結果を得るには3年間では無理なことが予想されます。各大学の帰国枠入試の内容やAO入試などを調べ、進路を見つけていきましょう。

B. 国際学校を決める場合の留意点

国際学校は主としてその学校の母国となる国の言語で、その国のカリキュラムに沿った教育をするのですから、まずこの点を承知しておく必要があります。日本人は一般的には、英語で学習する国際学校へ通う例が多いようです。次に留意すべきは学校のその国における公認資格です。帰国したのちの進学・受験などを考えると、原則的には滞在した当該国の法律で学校として認められている学校を選ぶ必要があります。海外でインターナショナルスクールと名のついた学校に入ったが、資格は英語を勉強する各種学校（日本の専門学校にあたる）だった、という例もありますので注意する必要があります。

(2) 現地の様子、特に学校の事情について調べよう

世界各地の学校教育は、それぞれの国の制度や文化によって内容が異なるものです。また毎日の暮らしと学校との関連も、日本国内と同じようにはいきません。

わが子が、現地で安定した学校生活を送れるように、子どもに合った学校をさがすためには、渡航前に、いままでたてた方針に沿っていろいろと調べてみましょう。詳しいことは現地に行かなければわかりませんが、一応の目安として調べる内容は次のようなことが考えられます。

① **日本人学校に入学させる方針**
　A. 学校の位置や住所、電話番号
　B. スクールバスの有無とバスのコース
　C. 児童・生徒数や学級数
　D. 授業時間数や教育課程
　E. 授業料やその他の費用
　F. ウェイティングの有無
　G. 持参する学用品など

② **現地校に編入学させる方針（滞在する都市の実状を調べる）**
　A. 学校制度や入学基準日
　B. 編入学が可能かどうか、何年生に入れるか
　C. ESLの有無や外国人への対応
　D. 教育委員会の所在や学区範囲について
　E. 編入学予定の学校について
　F. 卒業条件、資格等

教育課程
教育内容を計画的に編成したものを指します。その編成には学習指導要領を基準としつつ学校の創意工夫が期待され、学校の独自性がみられます。教育課程の修了者には学年修了や卒業認定等がなされます。

③ 国際学校に入学させる方針
　A. 入学・編入学試験があるか、それはどのような試験か
　B. 入学は可能か、何年生に編入できるか
　C. 学校の学習言語は何語か、ESLはあるか
　D. 教育課程はどこの国に準じているか
　E. 学校のステータスはどうなっているか
　F. 授業料やその他の費用
　G. 卒業条件や資格の取得
　H. 編入学の手続きの方法

　以上のことで、現地に行かなければわからないこともありますが、当財団でも資料をそろえてあり、企業でもそれなりに把握してますので、事前に決めた方針に沿って調べ、子どもにも基本的な情報は知らせておくとよいでしょう。
　高校生を国際学校に編入学させる場合には、特に編入試験や入学の可否、入学時期などについて調べる必要があります。
　また現地に到着してから調べる内容は、さらに具体的なことになります。

現地校・国際学校に編入学するときに注意すること

　公立の現地校に入れる場合には、世界のどの国も学区制になっていますので、まず住・教育環境の良い地域に住居をさがし、その学区の学校で外国人を入学させてもらえるか、言語への対応（ESLなど）はどのようにしてもらえるのか、編入学できる学年は何年生か、何年生まである学校かなどをよく聞いてから入学を決めるのがよいでしょう。さらにできるならばスクールバスの停留所の位置などを聞いて、それと関連して住居を決められれば便利だと思います。余談ですが、親が学校を訪問するときには、かならず事前に電話をして約束をとることを忘れないようにしましょう。
　国際学校には入学を制限する学校もありますので、受け入れの方法を詳しく聞くことと、寄付金、そのほか特別な経費が必要かどうかを聞くことが大切でしょう。また学校はどの国の系列に属し、現地国の法律ではどのようなステータスをもつのかを調べる必要があります（外国には、日本の各種学校に相当する資格しかもたなくても、学校と呼ぶものがあります）。卒業時期まで通学する場合には、卒業資格はどのようになれば取れるのか、大学入学のための統一試験はどのようなものが受けられるか、I.B.（International Baccalaureateの略、詳細は後述）コースはあるかなども調べることが必要でしょう。また、TOEFL（Test of English as a Foreign Languageの略、アメリカの英語検定試験）などの学習ができるかどうかを聞いておくこともよいでしょう。

I.B.（国際バカロレア）
I.B.は1968（昭和43）年に成立したInternational Baccalaureate Organization（IBO）によって作られた国際教育プログラムです。加盟校は128か国1595校（2005年9月現在）にのぼります。年齢に応じて3種類のプログラムがあり、PYPは3-12歳、MYPは11〜16歳、DPは16〜18歳を対象としています。大学入学資格となるのは高校2・3年の2年間で学ぶDPです。
>>165ページ〜

学校のステータス
>>118ページ

TOEFL
>>170ページ

(3) 滞在中はこんな姿勢で
帰国子女の光と影

　海外滞在を終えて帰国した子どもや青年に会って話していますと、「外国で暮らすことは、よいことだなあ」と感銘を受ける人がたくさんいます。それは滞在したときの学校が日本人学校や現地校・国際学校でも違いはなく、一様に新鮮な印象を与える人たちです。これを海外で暮らした人の「光」の部分といえると思います。

　前にも書きましたが、帰国子女が、心のなかや生きる姿のなかに日本で育ってきた青年と違ったものをもつといわれます。

　その一つは、帰国子女には現代の日本社会がめざしている国際化にふさわしい感覚が育ち、外国人とのコミュニケーションができる力や感性が育っていることです。

　次には、現地校や国際学校で、毎日、日本と違った言語や教育カリキュラムのなかで過ごすことで、外国語の力や外国の学力が身についていることです。

　しかしながら、国際化時代からの視点でみたこれらを光の部分とすれば、「影」といえる部分もあります。

　帰国子女の影の部分をあげてみますと、海外滞在中に家庭が日本の社会にすっかり背を向けてしまい過ぎることや、無理な家庭の方針によって子どもが学習についていけない、などのさまざまな問題が起きてきていることです。

　次に、帰国してからの短期的な事柄のなかでは、日本の学校生活になじめずに苦労する子どもがいることがあげられます。もう少し長期的なことでは、海外の個人重視社会のなかで学んだ人間性や思考の方式が、日本の学校生活に合わないというだけでなく、人として成長するためのマイナス要因となってしまうこともあるように思われるのです。

　帰国した児童生徒が自己を主張することは、帰国子女の特徴の一つでもあって、自己を主張しない日本の児童生徒のなかにはないよい面といわれるのですが、帰国子女のこの様子をよく観察すると、二つの面がみられるようです。

　その一面は欧米の学校のなかで身につけてきたもので、自分と違う考えをもつ相手がどんな人であっても、自分を信じて自分の考えを主張できるという優れた資質です。しかし、その裏には他人との関係を読むバランス感覚を備えていることが特徴です。ほかの一面はこれとは似て非なることで、他人の人間性や考えが全然理解できず、自分勝手のみをとなえる幼児性が相当な年齢となってからも本人を支配する場合です。海外生活で、きちっとした社会性を伸ばす機会を得られないまま放置されて帰国したときは、マイナス面が表われやすくなります。

　人間の精神の発達や成長は、ことばや大人がそそぐ愛情などにかかわること

はいうまでもありませんが、海外生活中に基本となる一つのことばが年齢相当に発達しないと、子どもの精神も年齢相当に発達しない傾向があるといわれています。

ところで、長期間滞在中の子どものことばの獲得は、大きく次の四つに分けることができるでしょう。

A. 現地のことばは年齢相当まで身についたが、日本語が遅れている。
B. 日本のことばは保持発達したが、現地のことばは、それほど発達しない。
C. 現地のことばも日本のことばも発達していて、二つのことばで考えることができる。
D. 現地のことばも日本のことばも発達しないで子どもは、二つのことばの世界の谷間にいる。

子どもがどのタイプになるかは渡航時の年齢や滞在期間、両親のサポートと子どもの性格や努力にかかわることで一概にはいえませんが、帰国時に相当レベルの二つのことばで考えられる子どもに育っていることは喜びでしょうし、その一方、二つのことばの谷間にいた子どもは、帰国してから基本のところから始めなければならないのです。精神の発達が未熟な子どもの場合には、長期間をかけて空洞となった部分をとり戻さなければならないこととなるでしょう。

滞在中の親の姿勢

現地に永住する人と、やがて帰国する人とでは、現地滞在中の考えかたや姿勢に違いがあります。この本は、海外に滞在したのちに、いずれは日本に帰国して、子どもを日本人として育てようとする方々のためのマニュアルですから、海外滞在中に子どもと親がどのような姿勢で暮らしたらよいのかを、国際化時代に子どもを育てるという視点から考えていきましょう。

A. 現地の幼稚園に入れる場合

滞在期間が短期で、帰国時に小学校1～2年生程度になる場合は、子どもは帰国後数か月で現地のことばを忘れてしまうのが普通です。むしろ親が帰国してから現地語の保持にこだわることは、子どもの日本の学校や日本語への適応を遅らせるといわれています。特に短期滞在の場合には、現地でも第一言語となる日本語の獲得に注意を払う必要があります。

ここで子どもがどのようにしてことばを獲得していくのかを、簡単になぞってみます。

乳幼児が意味のあることばを出すのは、1歳の誕生日前後の数か月からですが、「ママ」とか「マンマ」のような単純なことばを発声し始めるのが普通です。

そして2歳ぐらいから語いの数がぐんぐんと増えて約300前後となりますが、

子どもは獲得した語いを鎖のようにつなげて、会話したり考えたりしながら、学齢期にはその十倍余の語いを獲得するのです。これは世界中どこの国の子どもも同じ経過をたどるといわれています。

　幼稚園に入る5歳前後の子どもは、ことばの獲得についてたいへん貪欲です。親に「ナアニ」「ドウシテ」「ナンデ」と多発して、親が面倒がるほど聞くのは、「ナアニ」の答を聞いて自らが名称や内容を知り、「ドウシテ」「ナンデ」の質問に対して、親が「何のために」あるいは「なぜならば」を答えてやることで、ものごとの因果関係を知ったり、思考の方法を覚えていくのだといわれています。

　ところで子どもが二つの言語環境のなかでことばを獲得するときに、まず第一言語を身につけさせないと、次のことばの定着が難しいということは、言語研究の世界でも経験的にいわれることです。

　渡航して子どもを幼稚園に入園させる場合、帰国して将来、日本語を第一言語として生活させたければ、親は幼児期のわが子の日本語の獲得には十分に留意する必要があると思われます。

　幼児期の子どもにとっては、語順や語いの違う二つのことばを分けて自分のものにすることは、非常に難しいことでしょうが、「おうちのことば」と「外のことば」に分けて、日本語を「おうちのことば」と決め、子どもの質問に答えることや絵本の読み聞かせ、親子でお話をし合うなど、「聞く」「話す」のなかで日本語を獲得させることを工夫してはいかがでしょうか。

B. 日本人学校に入れる場合

　日本人学校に入れる場合には、日本語の習得や学力の獲得は国内並みになることが普通ですが、国際化時代の視点からみると、親の立場でもう一つ工夫してみることもよいのではないかと思います。

　世界中にある日本人学校では、日本の教育課程のほかに異文化体験を目標として、現地語の学習時間や小学生からの英会話の時間、あるいは現地理解教育の時間として、現地の歴史や地理その他の社会科学習・自然学習などをとり入れています。なかには現地校との交流や遠足・見学なども工夫して、異文化体験を広めている学校もありますが、時間数は限られたものになっています。

　そこで海外滞在中に、わが子の異文化体験や現地語習得を、親のできる範囲のなかで工夫しないと、帰国してから「日本人学校に通っていたので現地経験が少ないのです」ということになってしまいます。

　現地の人と家族ぐるみで交際してみることや、子どもを現地の音楽学校のような習いごとの施設やクラブなどに通わせることも、一つの方法ですし、そこで友人になった人と長期にわたって交遊した例も数多くあります。

　つまり、日本人学校に子どもを入れる場合には、親は積極的・意図的に子ど

もの現地体験を増やす計画をもつことが必要でしょう。

C. 現地校に入れる場合

この本でたびたび注意を促す点ですが、現地校に入れる場合には、親子で気持ちを合わせて、子どもが学校生活や学習に適応するように積極的に取り組みましょう。外国に永住するのと違って、いつかは日本に帰国して日本人として育てることを念頭に置けば、現地校の教育と並行して、家庭では日本人としての基礎を育てることに努めていくべきです。しかし、そうはいっても子どもは現地校では力いっぱいやらなければ、とうてい学習にはついていけません。したがって日本の学習にまで努力や時間を配分する余裕がないのが普通です。親もわが子の現地校の勉強への協力が最大目標で、一般的には日本の学習は、日本語や教科学習を日本に帰っても継続できる程度の状態に育てておくことを、目標にしておきましょう。

外国の小都市で、日本企業に勤める父親数人と歓談をしたときのことですが、「驚いたなあ、先日、日本人の奥さんがみえて家族と話していたら、小学校5年生の息子が『さようでございますか』というんだ」同席の父親たちはドッと笑いましたが「そういえば、子どもは母親としか話していないものなあ」という声があって、つかのま父親たちは深刻な空気につつまれました。

家庭で日本語を学ばせることは、両親が注意して計画性をもって子どもに接しないとできないことです。

小さな子どもには、外出のときなど車のなかでしりとり遊びなどの相手をしてやることが大事です。文章が書けるようになったら、祖父母に作文用紙を使って手紙を書くこと、段落のとりかたや句読点の入れかたを教えてやること、中学・高校生になれば原稿用紙を使って作文を綴るつもりで、手紙や日記を書くこともお勧めします。特に作文や帰国して受験するときの小論文の練習には、書く内容を日ごろから父親と語り合うことがもっともよいといわれます。

このような家庭での子どもへの対応には、もう一つはことばや日本の学習が身につく過程を考えたものがあります。つまり子どもの年齢相応のことばの成長と同時に、日本式の数の扱いかたや、多くの補習校では授業にない日本の歴史や地理の基礎学習を、財団などの通信教育によって勉強させることです。(通信教育については第3章で詳述します。)

次に中学生や高校生の年齢で渡航して現地校に入る場合には、家族の協力姿勢は少し異なることが考えられます。

国内校で日本語で勉強しているときでも、新しい事柄を学んで自分のものとするには努力がいります。ましてことばがわからない学校で、中学・高校生となって新しい事柄を学習することは決して簡単なことではありません。

教育相談室 Q&A

Question

アメリカ・テキサス州のダラスに短期間の派遣が決まりました。子どもは小学校6年生の男子です。**1年という短期間、子どもが現地校に編入しますが、**どのようなことに留意したらよいのでしょうか。

Answer

ダラスでは現地校で教育を受けさせる以外の選択肢がありませんので、短期間での現地校適応にどんな見通しが立ち、その対応にどんな心がけで臨んだらよいかが鍵になるでしょう。その手がかりになる諸点をあげておきますので、本人と家庭の条件を勘案して次のような対応策をたてるとよいでしょう。

① 英語での学習に適応することは、1年間の滞在期間ではきわめて難しいと考えておきましょう。
② 生活レベルの英語の聞き取りにはある程度期待できます。
③ 本人が毎日通学できるだけでも、適応目標値に達していると考えましょう。
④ 短期間なるがゆえに、現地で英語のプライベートレッスンを受けさせるような英語力促進策をとりましょう。
⑤ 保護者は本人以上に適応に焦る傾向があり、過度に励ましがちでしょうが、不可能な要求にならないように到達目標を妥当なレベルに設定しましょう。
⑥ 追い込むのではなく、気持ちのうえでゆとりのある励ましに努めましょう。
⑦ 少なくとも学習そのものへの関心が切れてしまわないようにしましょう。できるはずの日本の学習にまで関心を失っては、元も子もありません。
⑧ 補習校で日本の教科学習の基礎を学ぶとともに、日本語による交わりが癒しになるという意義を大切にしましょう。
⑨ 短期間なればこそ、保護者には現地校と家庭の連携をはかるように連絡と相談を密にすることが望まれます。少しでも適応が促進されるための心がけです。

以上のほかに、渡航前にしておくことをあげておきます。

① 英語の事前学習としてレッスンを受け、少しでも英語の耳慣れをはかりましょう。
② 当財団の渡航前教室に通える場合は、その活用をはかりましょう。
③ 本人に不安感のみを増大させるような言動は避け、短期間でも楽しみがあることを話してやりましょう。

家を出て学校に着けば、子どもは流れの早い川を一人で泳いで渡るように自力で学び、あるいは先生や友達との関係を自分で開拓していくのです。

幸い日本の義務教育が終わる年ごろとなれば、海外校で学ぶ基礎的な学習は習得しています。この年齢では、日本の学習よりも現地校の学習に重点を置く度合いが高くなることは、やむを得ないことです。特に現地の高校から日本の大学受験をめざす場合には、日本の大学で現地の学習結果や学力を重視しますので、現地校の学習に重点を置く傾向が強くなるようです。

そこで親は子どもが本気になって現地の勉強にうちこめる環境をつくって、子どもを見守ってやることが大切です。

学校への協力

外国に住むことは、いい換えればその国に住まわせてもらうことになるのですから、日本とは異なる習慣や法規があってもそれに従うことは当然のことです。特に現地校に子どもを入れることは、現地の学校からすればことばがわからない子が編入してくるというだけでなく、いろいろな点で面倒なことではあります。このことを心に置いて、親は滞在中に学校への協力を惜しまずに、積極的に奉仕活動などに参加し、学校と連絡をとり合いながら、子どもの学校生活にプラスになるサービスを心がけましょう。

国や地域によって違いはありますが、滞在中にやるとよいといわれる奉仕的な活動や、学校との連絡を密にするなどの例をあげてみます。

A. 奉仕的な活動への参加

学校へ申し出ると、図書室での本の貸し出しや日本語指導の手伝い、昼食時の子どもの世話などいろいろなものがあります。活動によっては、予防注射やツベルクリン反応検査等をしてから始めることがあります。

日本人会やグループによる学校協力のためのバザーやフェスティバルへの協力参加、サンクスギビングやクリスマスの前にある寄付への参加などもあります。

B. 学校との連絡を密にする

電話や手紙を使うか、学校の終業後に学校に行って担任やカウンセラーの先生に心配な点や、お願いしたい点を話すこと。欠席の連絡や特に一時帰国などで長期間学校を休むときには、詳しく連絡をとることなどが必要です。

C. 行事への参加

アメリカでは学年のはじめに、オープンハウスという教科の説明や学校内見

オープンハウス

オープンハウス(Open House)は、アメリカの現地校ではよく行われている学校説明の一つで、教師から授業方針、宿題、成績評価等について年間の方向が示されます。夜間に開かれることが多く、両親が教師に会い学校を理解するよい機会です。

学があったり、カンファレンスと呼ぶ保護者相談説明会や個人面談がありますが、できるだけ両親がそろって参加するのがよいとされています。また、子どもの課外活動の発表会や各種の表彰式などにはできるだけ参加すべきでしょう。

　ここで留意したいことは、外国では多くの国が小学生ぐらいの年齢の子どもや、それよりも小さい子どもだけを家に残して、両親が外出することは法律によっても禁じられていますので、小さい子がいれば子どもを友人にお願いしたり、あらかじめベビーシッターを頼むなどの準備が必要となります。

D. 先生に感謝の気持ちを表わす

　クリスマスカードを先生や校長先生、バスドライバーやボランティアの人に送り、子どもができる範囲の贈り物で感謝の気持ちを表わすことはよいことです。家庭で気をつけて、子どもに力をかしてやりましょう。ただ宗教上の祝祭には、個人の信仰と関連もありますので気をつけましょう。

(4) 渡航前に教育相談を

　海外赴任が決まって、父親や母親が現地の学校のことや帰国後の編入学、あるいは受験について調べるとき、それと並行して専門家の教育相談を受けることをお勧めします。自分だけの判断では、つい目先のことに流されてしまいがちですが、専門家は豊富な相談事例と数多くのデータをもとに広い視野でアドバイスしますので、参考になるところが多いでしょう。

　最近は、企業の人事部や海外事業部、多くの都市の教育委員会や教育センターなどに海外子女教育相談部門ができてきて、専門の人が相談に応じるシステムも整ってきました。

　また、帰国時の編入学や入学について、教育委員会や公・私立学校でも、帰国子女の受け入れについて相談に応じてくれています。そして帰国後の高校・大学受験をする際には、かならず学校に行って、受験できるかどうか相談をすることが必要です。

　当財団の教育相談室については、第6章「財団のサービスインフォメーション」をお読みください。

カンファレンス
アメリカの現地校では学校生活と両親とのかかわりが深く、個別に話し合う機会が多くもたれます。保護者相談説明会や個人面談がカンファレンスと呼ばれて開かれることもあり、できるだけ両親で参加することが望まれます。

3. 学校に入るための準備

　渡航前の準備として、子どもがどれだけ出発前に現地語を学んでいくかは、子どもが通う学校や年齢、それに現地語の種類によって違いがあって一概にはいえませんが、あいさつ程度はいえるようにしておきたいものです。

　たとえば小さなことですが、現地に到着して一夜が明けて外に出ると、ホテルのエレベーターの入口や玄関前で、土地の人は外国人が来たなと思いつつ現地語で「お早よう」と声をかけてくれるでしょう。それに応じて小さな子どもでも現地語で"Good morning"とか"Guten Morgen"とか、「朴草」とか答えられれば、外国生活の第一歩が明るくなることでしょう。

　ところで現地に到着後、日を経ずして子どもを学校に連れていき、面接を受け、教室で授業を受けさせることは、子どもにとってたいへんな緊張であることはいうまでもありません。特にことばも学校生活の様子もわからない子どもには不安がいっぱいです。

　しかし受け入れる学校や先生としては、ことばもわからないといっても、日本の子ども一人だけにかかわってはいられないのが実状です。また一方、一人の外国人の子どもを編入させるために、陰ではたいへんな心配りと工夫をしています。親はこのことに感謝する心をもって、できる範囲で事前の準備や編入学当日のことを考えましょう。

　たとえば、編入学の当日はできるだけ両親が子どもを連れて登校し、担当の先生やカウンセラーの先生とコミュニケーションをはかりましょう。また、わが子に学校内を日本語で説明して回り、トイレの位置や使いかた、ロッカーの使用法、ランチルームでの食事のとりかたなどを知らせてやることも必要です。

　特にスクールバスの利用については、先生とよく相談をして、子どもを停留所まで迎えに行くことを先生に伝えておくことが大事です。子どもには乗るバスのナンバーや下車する場所の確認、親が出迎えに出ていることなどをよく理解させておきましょう。これらのことで手を抜くと、子どもがバスの終点まで行ってしまったり、別の路線バスに乗ってしまったりすることもあります。

(1) 現地語の準備

　現地校や国際学校に編入学するときにはどこでも面接があり、そこで子どもの言語の様子を調べる検査をします。中学・高校生になると入学のための語学力の検査をすることから始めます。この検査をプレイスメントテストといいますが、これは入学試験ではなく、クラス分けなど入学以後の指導資料となるものです。

　小学校年齢の子どもがアメリカの現地校に編入学するときの英語力について、現地のESLには二通りの考えかたがあります。

　その一つは、入学時には英語ができなくても、授業が受けられるようになるまで英語力をつけるから心配はいらないという学校の場合です。日本から渡航する児童生徒は、このESLを頼りに渡航しています。

　もう一つは、世界のどこの国でもESLのような制度があるとは限りません。地域によっては予算削減のためESLを中止しているところもあります。たとえESLがあっても、現地生活に入る第一歩として、子ども自身が学校生活を送るために最低必要なことばを使えるようにしておくことは、現地生活に溶け込むためにも欠かせないと考える学校の場合です。

　それでは後者の場合、どんなことばを練習しておけばよいのでしょうか。

　アメリカでの滞在経験のあるお母さんたちによれば、たとえば英語なら"May I go to the restroom ?"のように、現地語で「トイレにいってもいいですか」は特に必要なことばです。

　このひとことがいえずにつらい思いをしたという子どもの例が多数あります。

　同じようなことばとして、「おなか（あたま）がいたいです」、「きぶんがわるいです」、「みずをのみにいってもいいですか」、「どうするのかおしえてください」、「わかりません」、「もっとゆっくりはなしてください」、「もう一度いってください」、「あそんでもいいですか」、「いじわるしないで」、「あそびましょう」、「ここでおろしてください」（スクールバスで）などがあげられます。

　これらのことばは学校に入ってからも教わるもので、学校生活を送るうえでもっとも基礎的なことばの例です。低学年の子どもで、これらのことばを覚えるのが難しい子どもには、カードを作って持たせて利用させましょう。

　次ページの英会話は、アメリカの学校で最低限必要と思われる会話の例です。繰り返し練習させておきましょう。英語以外の言語を使用している学校でも、状況はほとんど同じです。英語をその言語に置きかえてやります。

プレイスメントテスト
学力診断的なテストの意味で、現地校・国際学校等に編入する際、面接や筆記を用いて数学や英語の学習力等を調査します。編入後の指導資料に活用され、ESLの能力別クラス編成に使われることがあります。

アメリカの現地校で、すぐ使える英語の一例（小・中学生の心得）

Ⅰ 学校に行った最初の日に、先生やクラスの友達はこのように話しかけてきます。

　　先生：Hello. What's your name ?（こんにちは、名前は？）
　　自分：My name is 　〇〇〇〇．（私の名前は〇〇〇〇です）
　　　　　What's your name ?（あなた（先生）の名前は）
　　先生：My name is 　☆☆☆☆．（私の名前は☆☆☆☆です）
　　　　　Hi, 〇〇〇〇．（はじめまして〇〇〇〇さん）
　　自分：Hi, ☆☆☆☆．（はじめまして☆☆☆☆先生）

Ⅱ 授業中にトイレに行きたくなりました。先生のところに行って

　　自分：Mr.（Mrs.／Miss）　☆☆☆☆！（☆☆☆☆先生）
　　先生：What's the matter ?（どうしました）
　　自分：Bathroom, please！（トイレに行かしてください）
　　　　　（May I go to the bathroom ?）〈あるいは　the restroom ?〉
　　先生：Sure.

Ⅲ 授業中、急に頭が痛くなったり、おなかが痛くなったとき

　　自分：Mr.（Mrs./Miss）☆☆☆☆．
　　先生：What's the matter ?（どうしました）
　　自分：Headache！（頭が痛いです）
　　　　　Stomachache！（おなかが痛いです）
　　先生：All right. Go to the nurse.（保健室へ行きなさい）

Ⅳ 友達が遊んでいるのに仲間入りしたくなったとき

　　自分：May I join you ?（仲間に入れて）
　　友達：Sure. Come on.
　　自分：Hi. ☆☆☆☆，Can I play ?（遊べる）
　　友達：OK！

Ⅴ その他、授業で多く使われることばで、知っておくと便利なもの
　　Open your book.　Close your book.　Line up.　Raise your hand.
　　pencil／scissors／eraser／book／paper／page

（以上は、当財団の「現地校入学のための親子教室」テキストから）

（2）必要な手続き

義務教育年齢の子ども

　小・中学生の子どもが海外に転出する場合には、居住地の市・区役所に住民登録上の転出手続きをすれば、子どもは自動的にその地区における義務教育

の対象からはずされます。その前に、通学している学校にも保護者から必要な手続きをしなければなりません。

　外国に転居した場合には、日本に居住していないので日本の法律が適用されませんから、法令上の保護者に対する就学義務が免除されます。したがって義務教育に関する権利も除外されます。このため小・中学生は法令上では「退学」の扱いになるので、その手続きをして行くことになります。

　転学の手続きは、学校長宛に「退学届」を出さなければなりませんが、書類の様式については担任の先生と相談しましょう。退学届の提出後、ほかに受け取る書類もありますので、遅くとも出発の1か月前には、退学予定日を入れて提出したほうがよいでしょう。このときに、退学や転出後に現地の学校編入学に必要な書類（51ページ〜に詳述）の発行のお願いと、退学日までに支払う金額や積立金の返金などの相談をしておきましょう。

教科書の受領

　親の海外赴任にともなって出国する小・中学年齢の子どもは、現地の編入学予定校がどのような学校であっても、かならず当財団の窓口で日本の教科書の給与を受けて海外へ持参してください。国内で小・中学校の児童生徒に教科書が無償で給与されるのと同様に、次の手続きにより、日本政府から出発時だけでなく海外滞在中にも教科書が無償で給与されることになっています。

　なお、海外用として給与される教科書は、表2のとおり出版社が統一されています。

表2　海外子女用教科書一覧　　　　　　　　　　　　　（2006年度現在）

（小学校用）

科　目	発　行　所
国　語	光村図書出版（株）
書　写	〃
社　会	東京書籍（株）
地　図	（株）帝国書院
算　数	東京書籍（株）
理　科	大日本図書（株）
音　楽	（株）教育芸術社
図画工作	日本文教出版（株）
家　庭	開隆堂出版（株）
生活科	東京書籍（株）
保　健	（株）学習研究社

（中学校用）

科　目	発　行　所
国　語	光村図書出版（株）
書　写	〃
社　会	東京書籍（株）
地　図	（株）帝国書院
数　学	東京書籍（株）
理　科	〃
音楽（一般）	（株）教育芸術社
〃（楽器合奏）	〃
美　術	日本文教出版（株）
保健体育	（株）学習研究社
技術家庭	東京書籍（株）
英　語	〃

A. これから出国されるときの受領方法

　現在通学している学校から、「転学児童・生徒教科用図書給与証明書」(図2参照)以下略して「教科書給与証明書」といいますが、この証明書を交付してもらい出発する1か月前を過ぎたら当財団に持参し、窓口に備えてある、「海外出国学齢児童生徒用教科書給与申請書および通知書(受領書)」(図3)に必要事項を記入していっしょに提出し、教科書を受領してください。また「印鑑(認印)」が必要ですので、かならず持参してください。

　また学校から「教科書給与証明書」の交付を受けるときに、次のことを確認してください。

a. 現在使用している教科書の全教科の発行所(出版社)に○印がついていること。
  - 小学校2年生の場合は、1年生で支給された生活科、図工
  - 小学校5・6年生の場合は、4年生で支給された地図
  - 小学校4・6年生の場合は、3・5年生で支給された保健、図工、社会(4年のみ)
  - 中学校2年生の場合は、1年生で支給された地理、歴史、地図、器楽、保健体育、技術家庭、理1上、理2上
  - 中学校3年生の場合は、1年生で支給された地図、器楽、保健体育と2年生で支給された、理1下、理2下、書写、技術家庭、音楽、美術

b. 4月から小・中学校へ入学予定の新1年生で、日本の学校に入学せずに出国する方は、この「教科書給与証明書」は不要ですので、財団の窓口で申請書に記入するだけで受領できます。

c. 4月の新学期から渡航するまでの間、日本の学校に子どもを通学させる場合は、在籍校から新学年用の「教科書給与証明書」を交付してもらって提出してください。

d. 2学期(9月)に入り渡航するまでの間、子どもを通学させる場合は、通学している学校から2学期に給与を受けた教科書が記載されている「教科書給与証明書」を交付してもらってください。

　教科書は子どもが出国する1か月前から受領できますが、小学校後期の教科書は6月下旬ごろ、小・中学校の次年度前期の教科書は11月下旬ごろに当財団に入荷しますので、この時期に出国予定の方は電話等で入荷しているか確認してください。

　なお、東京・千葉・神奈川・埼玉・大阪・京都・奈良・兵庫以外の都道府県にお住まいの方は事前に電話等でお問い合わせください。教科書の郵送等をする場合には、送料を負担していただくことになります。

在留届

旅券により、外国に住所または居所を定めて3か月以上滞在する日本人は、住所または居所を管轄する日本国大使館または総領事館等(在外公館)に「在留届」を提出するよう義務づけられています。住所等が決まりましたら、必要事項を記入のうえ、すみやかに管轄の在外公館へ提出してください。世帯ごとに届出をすることもできますし、提出はFAXまたは郵送でも可能です。なお、2003(平成15)年4月15日から、インターネットでも在留届が提出できるようになりました。
＞＞52ページ

在外公館
＞＞51ページ

図2 転学児童教科用図書給与証明書

〔17年度用〕　　　　　　　　　　　　　　　　　　　　　　　　　　⑪

転学児童教科用図書給与証明書

＿＿＿＿＿立 　転学先　 学校長殿　　　　　　　　平成 10 年 2 月 28 日

（所在地）埼玉 都道府県 さいたま ⓜ区町村
さいたま市立 △△小 学校
TEL. 048(000)0000
校長名 平成 学 ㊞

貴校に転学する下記児童について、本校における教科用図書の給与の状況は、下記のとおり証明します。

記

児童氏名	財団一郎
学　　年	第 5 学年

給 与 教 科 用 図 書

種目	発行者の略称	教科用図書の記号・番号	種目	発行者の略称	教科用図書の記号・番号
国語	日書　東書　大書　学図　㊢教出㊣　光村	国語 533 534	生活	東書　大書　大日本　学図　教出　信教　光村　啓林館　一橋　日文	生活 ／
書写	日書　東書　大書　学図　㊢教出㊣　光村	書写 517	音楽	東書　㊢教出㊣　教芸	音楽 509
社会	㊢東書㊣　大書　教出　光村　日文	社会 527 528	図画工作	東書　開隆堂　㊢日文㊣	図工 510
地図	東書　㊢帝国㊣	地図 406	家庭	東書　㊢開隆堂㊣	家庭 506
算数	東書　大書　大日本　学図　教出　㊢啓林館㊣	算数 535 536	保健	東書　㊢大日本㊣　光村　学研　文教社　光文	保健 514
理科	東書　㊢大日本㊣　学図　教出　信教　啓林館	理科 529 530			

（注）1.「発行者の略称」欄は、該当する発行者の略称を○で囲むこと。なお、それ以外の発行者については、その名称を記入すること。
2.「教科用図書の記号・番号」欄は、教科書目録により記入すること。教科用図書の記号・番号が教科書目録に登載されていない教科用図書については、その名称を記入すること。
3. 転学する児童が、教科用図書の給与を受けていない場合は、「教科用図書の記号・番号」欄に斜線を引くこと。地図等の数か年使用の教科用図書については、引き続き転学の年度に使用している場合には、給与教科用図書として記入すること。
4. 転学する児童が、従前に転学した事実がある場合には、その学年における従前の転学に係る教科用図書給与証明書をすべて添付すること。

図3　海外出国学齢児童生徒用教科書給与申請書および通知書（受領書）

別紙様式1

海外出国学齢児童生徒用教科書給与申請書

受理番号	
受理月日	

平成　　年　　月　　日

文部科学大臣　　　　　　　　殿

申請者の住所（保護者）	（出国までの連絡先 TEL　　－　　－　　）
申請者の氏名	
勤務先名称（連絡先）	（TEL　　－　　－　　）

下記のとおり，教科書の給与を申請いたします。

記

児童・生徒の氏名	男 女　平成　年　月　日生	申請者（保護者）との続柄	
出国前の在籍校及び学年の区分	小学校 中学校 未就学　学年	1年　2年　3年　4年　5年　6年	
在留予定地	国名	都市名	
出国予定日	平成　年　月　日	在留地到着予定日	平成　年　月　日
在留予定期間	年	カ月	
在外教育施設等の区分	ア）日本人学校　イ）補習授業校　ウ）その他（　　）		

別紙様式2

海外出国学齢児童生徒用教科書給与通知書（受領書）

申請書受理番号　　　　　　平成　　年　　月　　日

申請者　　　　殿

文部科学大臣

先に給与申請のありました教科書について，下記のとおり給与しますので，お受け取りください。

記

在外教育施設等の区分	ア）日本人学校　イ）補習授業校　ウ）その他
給与教科書	別添「給与教科書明細書」のとおり
給与方法	ア）直接給与　イ）郵送　ウ）その他

受領書

平成　　年　　月　　日

文部科学大臣　　　　　　殿

受領者の住所（保護者）	（出国までの連絡先 TEL　　－　　－　　）
受領者の氏名	印（代理印）
国内の連絡先（勤務先）	（TEL　　－　　－　　）

上記のとおり，教科書を受領いたしました。

B. 渡航後の手続きと受領

渡航したあとの次の学年や後期の教科書は、現地で手続きをして受領します。現地に到着したらただちに居住地を管轄している在外公館（大使館、総領事館等）に「在留届」（在外公館に備えてあります。図4参照）を提出して、教科書の入手方法を担当官に確認し受領申込手続きを行ってください。

在外公館では、教科書申請者数にもとづいて年に2回（5月と9月）外務省に報告します。文部科学省ではこの数によって教科書を購入し、外務省を通じて在外公館に送る仕組みになっています。在留届は海外における住民票のようなもので、届けと教科書の申込手続きを行わないとお子さんの教科書は受領できませんから、特に注意が必要です。

なお、日本人学校、補習校によっては、学校が在外公館から一括して教科書を受領し、在籍児童生徒に配布するところもありますが、在外公館への届け出は必要です。

入学のための必要書類

A. 日本人学校への入学手続き

日本人学校または私立在外教育施設に入学や編入学をする場合には、現在通学している学校から在学証明書（卒業の場合は卒業証明書）を発行してもらい、提出する必要があります。

日本人学校等に行き手続きが済むと、日本人学校等から以前の学校へ転入通知が送付され、そこで改めてその他の関係書類が以前の学校から日本人学校等に送付される仕組みになっています。

なお、渡航する国によっては、子どもの長期滞在に際し就学ビザの取得を義務づけているところがあり、その場合、必要な手続きとして子どもの成績証明書を要求されることがあります。これに備えて、上記の書類のほか、成績証明書（通知表でも可）を発行してもらい、持参したほうがよいでしょう。

国内の学校から持参する書類は以上ですが、日本人学校にはそのほか入学時の必要書類が備えてあり、必要事項を記入して入学の許可を受けます。

学校のなかには、施設の収容力の関係で、入学を待たされる（ウェイティング）こともあります。到着後はなるべく早く学校に連絡しましょう。

B. 現地校・国際学校への入学手続き

現地公立校への入学手続きのために、必要な書類は次のとおりです。
a. 日本の学校の在学証明書と成績証明書、あるいは卒業証明書（いずれも英文）
b. 公式書類による国籍、生年月日などの証明書（パスポートとビザ）

在外公館
在外公館は、外国と外交を行う上での重要な拠点です。現在、世界各地に189あり、大使館、総領事館、領事館、政府代表部などがあります。大使館は、基本的に各国の首都におかれ、その国に対し日本を代表するもので、在留邦人の生命・財産を保護することも重要な任務です。総領事館や領事館は、世界の主要な都市に置かれ、その地域の在留邦人の保護などの仕事を行っています。

成績証明書
＞＞**59**ページ

文部科学省
＞＞**66**ページ

在学証明書
＞＞**137**ページ

図4　在留届

（別記第16号様式）						
在留届	在外公館受付日付					

| 氏名 | ローマ字（旅券記載どおり） | (Surname) | (Given name) | | 生年月日 西暦　年　月　日生 | |
| | 漢字 | （姓） | （名） | | （*）1.男　2.女 | （*）1.長期滞在　2.永住 |

本籍	
（*）職業	1. 民間企業関係者　2. 報道関係者　3. 自由業及び専門的職業関係者 4. 留学生・研究者・教師　5. 政府関係機関職員　6. その他（　　　）
旅券	旅券番号　　　発行年月日　西暦　年　月　日　　有効期間満了日　西暦　年　月　日
到着日	西暦　年　月　日　　滞在予定　西暦　年　月頃まで
在留地の住所又は居所	住所又は居所 　　　　　　　　　　　　　　　　　　　　　　　　　TEL 携帯電話　　　　　　　FAX　　　　　　　Email
在留地の緊急連絡先（注意事項5.参照）	氏名又は会社等所属先名　　　　　　　　　　本人との関係 住所 TEL　　　　　　　　FAX　　　　　　　Email
日本国内の連絡先	氏名　　　　　　　本人との関係　　　　　TEL 住所
日本国内の所属先	会社等所属先名 TEL

同居家族（注意事項6.参照）

続柄	氏名	ローマ字（旅券記載どおり）	(Surname)	(Given name)	生年月日 西暦　年　月　日生	
		漢字	（姓）	（名）	（*）1.男　2.女	（*）1.長期滞在　2.永住
	旅券	旅券番号　　　発行年月日　西暦　年　月　日　　有効期間満了日　西暦　年　月　日				
	到着日	西暦　年　月　日　　滞在予定　西暦　年　月頃まで				

続柄	氏名	ローマ字（旅券記載どおり）	(Surname)	(Given name)	生年月日 西暦　年　月　日生	
		漢字	（姓）	（名）	（*）1.男　2.女	（*）1.長期滞在　2.永住
	旅券	旅券番号　　　発行年月日　西暦　年　月　日　　有効期間満了日　西暦　年　月　日				
	到着日	西暦　年　月　日　　滞在予定　西暦　年　月頃まで				

続柄	氏名	ローマ字（旅券記載どおり）	(Surname)	(Given name)	生年月日 西暦　年　月　日生	
		漢字	（姓）	（名）	（*）1.男　2.女	（*）1.長期滞在　2.永住
	旅券	旅券番号　　　発行年月日　西暦　年　月　日　　有効期間満了日　西暦　年　月　日				
	到着日	西暦　年　月　日　　滞在予定　西暦　年　月頃まで				

用紙の大きさはA4

上記のとおり届出ます。　　　　　　　　　　　　　　　　　　西暦　年　月　日
　　　　　在　　　　大使 総領事 殿　　　　　届出人署名

注意事項
1. 外国に住所又は居所を定めて3月以上滞在する予定の方は、旅券法第16条の規定により在留届の届出義務がありますので、到着後遅滞なく、滞在する国又は地域の日本大使館又は総領事館（以下「在外公館」という。）の窓口にこの在留届を届け出て下さい（なお、届け出るべき在外公館が不明の場合等には、最寄りの在外公館に照会して下さい。また、届出は郵送又はFAXによって行っても差し支えありません。）。
　　この届出は、緊急事態等の発生の場合に在外公館からの連絡や保護を受けるのに必要です。
2. 住所、居所、その他の届出事項に変更を生じたとき又は在留地を去る（一時的な旅行を除く。）ときは、必ずその旨を届け出て下さい。
3. ローマ字による氏名表記は、旅券に記載されているとおりに記入して下さい。
4. 漢字による氏名は、戸籍に記載されているとおりの氏名を記入して下さい。国際結婚により氏を変更した方は、旧姓も併せて記入して下さい。
5. 企業又は何らかの組織に所属している場合には、「在留地の緊急連絡先」の欄には、所属している企業又は組織の連絡先を記入して下さい。なお、右企業等に夜間又は休日等連絡ができない場合は、友人、家主等連絡可能な方としても差し支えありません（ただし、この場合には、企業又は組織名と電話番号を括弧書で併記して下さい。）。
6. 同居家族のうちで、「本籍」、「日本国内の連絡先」が異なる方又は職業を別に有している方がいる場合には、この在留届はできるだけ各人毎に提出して下さい。また、同居家族が書き切れないときは、裏面の「在外公館記載欄」を適宜利用して下さい。
7. 「＊」印の箇所は、該当事項を○で囲んで下さい。

  c. 予防接種証明書(母子手帳の予防接種欄の英訳か現地語訳で医師のサインが必要)
  d. その他、現地でその学区に居住することを証明する書類(住宅の契約書等)と、学校指定の入学許可を受けるための書類

 a.のサンプルは図5～図9のとおりですが、c.の予防接種の証明書は、特にアメリカの学校に編入学するときにはかならず要求されますので、国内で準備するとよいと思います。その他の国でも編入学時に必要な国とそうでない国がありますが、たとえば、外国では子どもが外で転んで怪我をして医師にかかると、破傷風の注射がどうなっているかと聞かれたり、熱が出て発疹が出たりすると、はしかや三日ばしかの免疫のことを聞かれることがありますので、できるだけ医師のサインが入った英文の証明書をつくっておきましょう。

 また、ツベルクリンの反応を調べる国もあります。特にアメリカでは現在BCGを接種していないので、現地でツベルクリン反応が「陽性」となると、結核にかかっていることを疑われることがあります。したがって、日本からのBCG接種による既陽性の証明書を持参しましょう。

 これらの証明書は、普段かかりつけの医師か、赤十字病院、大学病院、あるいは居住区の保健所で作成してくれますが、英文併記ではない場合は、そのあとに翻訳が必要です。このための専門機関がありますのでご紹介します。

≪翻訳証明のできる医療機関≫
 a. 医療法人社団　光人会　新日本橋石井クリニック(英訳)
  〒103-0024　東京都中央区日本橋小舟町8-6　新江戸橋ビル3F
  Tel. 03-3662-5901
 b. 財団法人 日本検疫衛生協会(英訳)
  〒231-0023　神奈川県横浜市中区山下町2　産業貿易センター3F
  Tel. 045-671-7041(代)
 c. (株)予防医学推進センター
  〒169-0075　東京都新宿区高田馬場1-28-3　工新ビル801号
  Tel. 03-3200-6804

 また、現地の学校からの指示で、ドイツ語やフランス語の予防接種証明書を求められることがありますが、その場合、翻訳業者に翻訳を依頼し、在日大使館や領事館で「翻訳証明」を受ける方法もありますので、それぞれの在日大使館・領事館に問い合わせましょう。

 なお現地の学校では、このほか入学時に、たとえば「入学申込書」、「緊急時連絡用調査書」、「健康調査書」、「健康診断書」、「居住地を証明する書類」(住

予防接種証明書
渡航前に接種したワクチンについては記録を残しておくことが必要です。これが「予防接種証明書」で、原則として医療機関が作成します。また、長期滞在を予定している邦人が現地で医療機関を受診する際に、英文の健康診断書や予防接種証明書が必要になることがあります。なお、母子衛生研究会のホームページ(http://www.mcfh.net/)からこれらの「ひな型」をダウンロードできます。

第1章［渡航する前に］

図5　英文による在学証明書・成績証明書の文例（小学校用）

| II. STUDENT REPORT | 在学並びに学習成績 |

Date of Issue : _____ Month Day Year

Name of School : _____

Address : _____

Name of Student : _____
　　　　　　　　　Family name　　　　　　First Name

Date of Birth : _____　　　　　　　Sex : Male ／ Female
　　　　　　　Month Day Year

Date of Entry : _____ Grade _____
　　　　　　　Month Day Year

Date of Withdrawal : _____ Grade _____
　　　　　　　　　　Month Day Year

Grade / Period	Grade 1	Grade 2	Grade 3	Grade 4	Grade 5	Grade 6
Course Title	April	April	April	April	April	April
Japanese Language						
Social Studies						
Mathematics						
Science						
Life Environment Studies						
Music						
Drawing and Handicrafts						
Home Economics						
Physical Education						
*Period for Integrated Studies						
*Moral Education						
*Special Activities						
Attendance Record — Days Present						
Attendance Record — Days Absent						
Attendance Record — Days Off Roll						
Number of School Days						

Rating system is as follows. 3, 2 & 1 are all passing marks.
　　3 — Excellent　　2 — Working at grade level expectation　　1 — Working below expectation level
　　P — Pass　　NE — No Evaluation（数値などによる評価は行わない）

ご記入いただく学校へのお願い
・評定については、通知表の成績をもとにして3段階でご記入ください。
・年度途中の場合は、前年度末または直近の予測評価でも結構です。
・*印の教科・諸活動については、NE(No Evaluation)をご記入ください。

Principal _____

図6　英文による在学証明書・成績証明書の文例（中学校用）

II. STUDENT REPORT　在学並びに学習成績

Date of Issue : _____
　　　　　　　　　Month　Day　Year

Name of School : _____

Address : _____

Name of Student : _____
　　　　　　　　Family name　　　　First Name

Date of Birth : _____　　　　Sex : Male ／ Female
　　　　　　　Month　Day　Year

Date of Entry : _____　Grade _____
　　　　　　　Month　Day　Year

Date of Withdrawal : _____　Grade _____
　　　　　　　　　Month　Day　Year

Grade Period Course Title	Grade 7 April ~ _____	Grade 8 April ~ _____	Grade 9 April ~ _____
Japanese Language			
Social Studies			
Mathematics			
Science			
Music			
Arts			
Home Economics			
Health & Physical Education			
English			
*Moral Education			
*Special Activities			
*Elective Subjects (　　　)			
*Period for Integrated Studies			
Attendance Record — Days Present			
Attendance Record — Days Absent			
Attendance Record — Days Off Roll			
Number of School Days			

Rating system is as follows. 5,4,3,2 & 1 are all passing marks.
　5 － Excellent　　4 － Working above expectation for grade level　　3 － Working at grade level expectation
　2 － Working below expectation level　　1 － Poor but passing　　NE － No Evaluation（数値などによる評価は行わない）

ご記入いただく学校へのお願い
・評定については、通知表の成績をもとにして5段階でご記入ください。
・年度途中の場合は、前年度末または直近の予測評価でも結構です。
・＊印の教科・諸活動については、NE(No Evaluation)をご記入ください。

_____
Principal

図7　英文による在学証明書の文例（小・中・高等学校共通）

Name of School：＿＿＿＿＿＿＿＿＿＿＿＿＿＿

Address：＿＿＿＿＿＿＿＿＿＿＿＿＿＿＿＿＿

＿＿＿＿＿＿＿＿＿＿＿＿＿＿＿＿＿

Date：＿＿＿＿＿ ＿＿＿＿＿ , ＿＿＿＿＿
　　　　(Month)　　(Day)　　(Year)

CERTIFICATE

Name of Student：＿＿＿＿＿＿＿＿＿＿＿＿＿＿＿＿＿
　　　　　　　　　(First)　　　　　　　(Last)

Date of Birth：＿＿＿＿＿ ＿＿＿＿＿ , ＿＿＿＿＿　　Sex：<u>Male</u> ・ <u>Female</u>
　　　　　　　(Month)　　(Day)　　(Year)

We hereby certify that the person above mentioned has enrolled in grade ＿＿＿＿＿ at our school.

Principal's Signature ＿＿＿＿＿＿＿＿＿＿＿＿＿＿

図8　英文による在学・成績証明書の文例（高等学校用）

TRANSCRIPT OF SCHOOL RECORD

Name of School : ....

Adress : ....

NAME OF STUDENT : _____ _____   Date of Birth : ____ ____ ____
                              (Given Name) (Surname)   (Day) (Month) (Year)

Date of Entry : ____ ____ ____   Date of Graduation : ____ ____ ____
                           (Day) (Month) (Year)   (Day) (Month) (Year)

Subject Area	Subject	1ST YR.(10TH GR.)		2ND YR.(11TH GR.)		3RD YR.(12TH GR.)		Standing Number of Credits	Compulsory Subjects for all Students
		GRADE	CREDIT	GRADE	CREDIT	GRADE	CREDIT		
Japanese Language	Japanese Language Expression I							2	○
	Japanese Language Expression II							2	
	Integrated Japanese Language							4	
	Contemporary Japanese Language							4	
	Classics							4	
	Appreciation of Classics							2	
Geography and History	World History A							2	○
	World History B							4	
	Japanese History A							2	○
	Japanese History B							4	
	Geography A							2	
	Geography B							4	
Civics	Contemporary Society							2	Contemporary Society, Ethics and Politics and Economy
	Ethics							2	
	Politics and Economy							2	
Mathematics	Basic Mathematics							2	○
	Mathematics I							3	
	Mathematics II							4	
	Mathematics III							3	
	Mathematics A							2	
	Mathematics B							2	
	Mathematics C							2	
Science	Basic Science							2	Two subjects (must include at least one of Basic Science, Integrated Science A and Integrated Science B)
	Integrated Science A							2	
	Integrated Science B							2	
	Physics I							3	
	Physics II							3	
	Chemistry I							3	
	Chemistry II							3	
	Biology I							3	
	Biology II							3	
	Earth Science I							3	
	Earth Science II							3	
Health and Physical Education	Physical Education							7-8	○
	Health							2	○
Art	Music I							2	○
	Music II							2	
	Music III							2	
	Fine Art I							2	
	Fine Art II							2	
	Fine Art III							2	
	Crafts Production I							2	
	Crafts Production II							2	
	Crafts Production III							2	
	Calligraphy I							2	
	Calligraphy II							2	
	Calligraphy III							2	
Foreign Language	Oral Communication I							2	○
	Oral Communication II							4	
	English I							3	
	English II							4	
	Reading							4	
	Writing							4	
Home Economics	Basic Home Economics							2	○
	Integrated Home Economics							4	
	Home Life Techniques							4	
Information	Information A							2	○
	Information B							2	
	Information C							2	

Explanation of Grades : 5 – Excellent   4 – Very Good   3 – Average   2 – Unsatisfactory   1 – Failure, no credit
I certify the above statement to be accurate in every detail.

Date of this certificate issued : ____ ____ ____   Principal's Signature _____
                                                  (Day) (Month) (Year)   (Principal)

図9　英文による卒業証明書の文例（小・中・高等学校共通）

Name of School： _____

Address： _____
　　　　　_____

Date： _____ _____ , _____
　　　　(Month)　(Day)　　(Year)

THE CERTIFICATE OF GRADUATION

Name of Student： _____
　　　　　　　　　(First)　　　　　　(Last)

Date of Birth： _____ _____ , _____　　Sex： Male ・ Female
　　　　　　　 (Month)　(Day)　　(Year)

We hereby certify that the person above mentioned has enrolled in _____ school Since April _____ , _____ and graduated from the same school on March _____ , _____ after completing the _____ year course.

Principal's Signature _____

民票がない国では家の賃貸契約書、なかには電話やガスなどの支払書などでもよい国もある）の提出を求めることがありますが、国や地域によっても相違がありますので、ここでは省略いたします。

高等学校への編入学手続き

　現地高校か国際学校の高等部に編入学するには、原則として義務教育年齢時と同じ書類を持参しますが、日本の中学校（9年生）を卒業して現地校の10年生に編入学するときには、英文の中学校の卒業証明書と中学校3年間の成績証明書を持参してください。

　次に日本の高校から現地の高校へ編入学する場合、現地の学校によっては日本で取得した単位を現地の単位に換算して、組み入れてくれることがあります。これができると、現地の単位が取りやすくなりますので、日本の高校で英文の単位取得証明書（日本の中学校の学習内容・学習時数〈単位〉などを要求する学校もあります）を作成してもらいましょう。現地で英文の成績証明書の単位取得欄を説明することで認めてくれることがあります。この場合、日本でどのくらいの時間数を学習したかを聞かれることがありますので、時間割表などを持参すると便利です。

　健康診断書や予防接種の証明書などは、義務教育期間中の書類と同じです。

成績証明書
転校する場合、それまで在籍していた学校においてのそれまでの学年の成績を証明する書類が必要です。日本人学校への場合は、和文の指導要録の写し。国際学校・現地校への場合は、英文の成績証明書になります。海外から帰国する場合は、その内容を含む何らかの書類を在籍する学校から発行してもらいます。

(3) 用意する学用品

　海外渡航家族にとって、子どもたちのためにどのような学用品を用意すればよいのか、というのはよく聞かれる質問です。実際には渡航先や子どもの通学する学校の選択によって対応が異なりますが、一般的に次のように考えるとよいでしょう。

日本人学校に通う場合

　現在使用しているものは全部持参し、その他、次ページに掲げた表3を参考にして滞在中2年間程度のものを用意したらよいでしょう。最近は日本人が多く住む都市では、進出デパートなどで日本の学用品などを買うこともできますが、輸入品ですから割高ですので、表3・4の品目を参考に少し多めぐらいに持参しましょう。

　その他、辞書類や参考図書や読む本は、できるだけ多く用意されたほうがよいでしょう。特に海外に滞在していると本を読みたくなる傾向が強いものです。年齢に応じたものを多めに持参されることをお勧めします（資料編「海外子女のための推薦図書」参照）。

表3 渡航時に持参したい学用品等リスト（日本人学校小・中学生編）

分類	品目	分類	品目
共通	○ 鉛筆（2B〜HB） ○ 赤鉛筆 ○ 鉛筆削り ○ 消しゴム ○ 筆箱 ○ 下敷き ○ 多色マーカー ○ カラーペンセット（6色程度） ◎ 色折紙 ○ はさみ・カッター・のり ○ 油性ペン ○ セロテープ ○ ホチキス、ホチキスの針	体育	○ なわとび ◎ 紅白はちまき、紅白帽子 △ 体操着 △ 水着・水泳帽・水泳用ゴーグル
国語	○ 書き方鉛筆（2BまたはB） △ 硬筆用フェルトペン（書き方ペン）（小2以上） ◎ 毛筆習字セット（墨汁・半紙を含む）（小3以上）	一般	○ 通学鞄（ランドセルでも可） ◎ 弁当箱 ◎ 水筒 △ 上靴 ○ 運動靴 ○ A4ファイル（2穴） ◎ 個人学習用の参考書・問題集等
算数	○ 算数セット★ ◎ 15cm定規（小2以上） ◎ 30cm定規（小2以上） ◎ 三角定規（小3以上） ◎ 分度器（小4以上） ◎ コンパス（小4以上） △ そろばん（小4） △ 電卓（小4以上）	辞書類	◎ 国語辞典 ◎ 漢和辞典 ◎ 古語辞典（中学以上） ◎ 英和辞典 ◎ 和英辞典 ◎ 現地語辞典（中国語・フランス語等） ○ 電子辞書
図画工作	○ クレヨン（12色程度） ○ 色鉛筆（12色程度） ○ 水彩用具一式（絵の具、パレット、筆ほか） ○ 画板 △ 彫刻刀（小5以上）	ノート類	◎ 国語、漢字用ノート 注）小学校低学年の場合のマスや行の目安は、小1は8〜12マス、小2は12〜18マス、小3・4はタテ12〜15行などが標準的。小5以上は大学ノートでも可 ◎ 算数・数学用ノート 注）小学校低学年の場合のマスや行の目安は、小1は12マスや10×14行、小2は10×14〜13×17行、小3以上は10ミリ方眼などが標準的。小5以上は大学ノートでも可 ○ 原稿用紙 ○ 方眼紙（1mm、1cm） △ 音楽ノート（5線） ◎ 英語ノート（4線） ○ 大学ノート（横線） ○ 自由帳 ○ 連絡帳ノート ○ 絵日記帳
音楽	○ カスタネット（小1） ○ 鍵盤ハーモニカ（小4・5） ○ ソプラノリコーダー（ジャーマン式）（小3・4） ○ アルトリコーダー（バロック式）（中1・2）		
技術家庭	○ 裁縫用具（小4以上） △ 木工具セット（小5・6） △ エプロン、三角巾（小4〜6）		

※学校が決まっている場合には、その学校から具体的な情報を入手するといちばん確実です。財団でも入手することができます。まだ決まっていない場合は、この表を参考としてください。原則として、日本の学校ですでに使っているものは持って行くとよいでしょう。

〈表の見かた〉
・マーク　◎……持参すべきもの　○……持参したほうがよいもの　△……学校や地域によっては持参しなくてもよいもの　★……当財団窓口で販売しているもの
・カッコ内の対象学年は、学校により異なりますので、あくまでも目安としてください。

表4　渡航時に持参したい学用品等リスト（日本人学校新小学1年生編）

分類	品目	分類	品目
共通	○ 鉛筆（2B〜HB） ○ 赤鉛筆 ○ 鉛筆削り ○ 消しゴム ○ 筆箱 ○ 下敷き ○ 多色マーカー ○ カラーペンセット（6色程度） ◎ 色折紙 ○ はさみ・カッター・のり ○ 油性ペン ○ セロテープ ○ ホチキス、ホチキスの針	体育	○ なわとび ○ 紅白はちまき、紅白帽子 △ 体操着 △ 水着・水泳帽・水泳用ゴーグル
国語	○ 書き方鉛筆（2BまたはB）	一般	○ 通学鞄（ランドセルでも可） ◎ 弁当箱 ◎ 水筒 △ 上靴 ○ 運動靴 ○ A4ファイル（2穴） ○ 個人学習用の参考書・問題集等
算数	○ 算数セット★		
図画工作	○ クレヨン（12色程度） ○ 色鉛筆（12色程度） ○ 水彩用具一式（絵の具、パレット、筆ほか） ○ 画板	ノート類	◎ 国語、漢字用ノート 　注）小学校低学年の場合のマスや行の目安は、小1は8〜12マスが標準的。 ◎ 算数・数学用ノート 　注）小学校低学年の場合のマスや行の目安は、小1は12マスや10×14行が標準的。 ○ 原稿用紙 ○ 自由帳 ○ 連絡帳ノート ○ 絵日記帳
音楽	○ カスタネット		

※学校が決まっている場合には、その学校から具体的な情報を入手するといちばん確実です。財団でも入手することができます。まだ決まっていない場合は、この表を参考としてください。また、滞在年数によっては、次学年以上のもの（前ページ参照）も必要です。

〈表の見かた〉
・マーク　◎……持参すべきもの　○……持参したほうがよいもの　△……学校や地域によっては持参しなくてもよいもの　★……当財団窓口で販売しているもの

制服やカバン、靴などは多くの学校が決めていませんので、現在のものを持参していけばよいでしょう。

現地校に通う場合

学用品は現在使用しているものを多めに持参することと、和英、英和などの辞書類は当然ですが、高校生ではことばが専門的になりますので、大判の辞書や文法書、学校で使う言語の作文の本、現地国の歴史・地理のわかりやすい本、数学・物理・化学・生物などの参考書類を持参しましょう。たとえばアメリカならば、かならずアメリカ史や世界史をどこかの学年で勉強しますが、登場する人物名など初めて聞くのでは、ことばがわからないうえになおさらわかりにくいものです。少しでも日本語で予習をしていきましょう。

なお、原稿用紙や習字用具を持参して、海外生活中に日本語の作文や日本へ手紙を書くことや、習字による日本字の練習をお勧めします。正確な漢字は習字がいちばんよく覚えます。

学齢以前の場合

持参するものは、日本語を育てることに関連した絵本、読みもの、CD、DVDなどをお勧めします。海外では同じ本を子どもに何度も何度も読み聞かせて、楽しみながら日本語を学ばせています。特にことばを覚える時期の子どもには、絵本を与えて、お話しをさせたり、親が聞いてやるなどします（資料編「海外子女のための推薦図書」参照）。

幼稚園年齢の子どもには、「ひらがなカード」で字を覚えさせたり、「かずのべんきょう」のカードや用具で、日本式の数のとなえかたや、数字と実物との関係などを学ばせることは、よいことです。

現地にもありますが、当座のものとしてはクレヨン、スケッチブック、色鉛筆なども用意しておきましょう。

第2章 ［海外編Ⅰ（家庭教育と幼児教育）］

1.家庭教育
(1) 海外の教育環境
(2) 家庭教育で大事なこと

2.幼児教育
(1) 海外で幼児を育てる
(2) 海外でことばを育てる
(3) 現地志向、そのかたよりに気をつけて
(4) 現地不適応のかげりを見落とさない
(5) 幼稚園の入園
(6) 幼児教育の制度と施設

家族そろって日本を出発し、やがて遠く離れた外国の土地に足を降ろしたとき、誰もが考えることは新しく始まる生活への不安です。

まず最初に何から手をつけたらよいのか。住居は？　交通手段は？　毎日の買物は？　子どもの学校は？　日本での準備に手抜かりはなかっただろうか？等々、いろいろな不安が頭のなかを駆けめぐることでしょう。

けれども先は長いのです。あわてずに腰を落ち着けて手順を考えながら、まず身のまわりを見まわしてみましょう。

滞在地で現地にとけこむには

ローマのことはローマ人に聞けといいます。短期間の海外旅行とは違って、一定期間その地に滞在するからには、その地域の人びとの生活習慣を理解し、住民の一人として現地生活を送るという心がまえや態度が必要でしょう。その地の人たちに同化してしまえというのではありません。現地の文化を理解・尊重する姿勢が必要なのです。そのためには、まず、その土地のことばに慣れる努力を惜しまないことです。ことに母親が現地のことばに慣れるということは、一家そろっての現地生活にとって予想外の効用をもたらすものです。

マニラに赴任したT社のMさん一家は、到着後まもなく、長男が原因不明の熱病にかかってたいへんあわててしまいました。父親は仕事に追われて頼りになりません。そこで、母親がまったく不案内の市内を、医者と薬を求めて走りまわりました。医療と薬品類についてのことばを中心に、母親の現地語（英語とピリピノ語）理解の闘いが始まりました。身振りと単語を並べるだけの会話でしたが、子どもが全快したころには、母親の外国語アレルギーもすっかりぬぐわれ、何ごとによらず積極的に現地の環境や生活問題に飛び込んでいく態度ができ上がっていました。おかげで、Mさん一家の現地生活は隣人とのおつきあいはもちろん、買物もレクリエーションも快調に滑り出したということです。

駐在員夫人たちのボランティア活動が日本人の評価を高め、日本人グループの現地生活の向上に大きく作用している例もあります。現地生活は家族ぐるみの共同生活であるといえます。そのなかで、母親の働きがことのほか大きな意味をもっています。滞在地で現地にとけこむには、まず母親から始めよ、お母さんがんばれということです。

現地の自然や風土、人びとの習慣を知ることは、子どもたちにとって素晴らしい学習です。そして日本国内にいては得ることのできない貴重な体験は成長の糧でもあります。家族つれだっての散歩や買物、地図や案内書を頼りの名所・旧跡見学、写真や絵はがき集めとこれらをもとにした家族の語らいは、外国生活中の不安をとり除くことに役立つでしょう。

地域の様子がわかってきたら、わが子を子ども向けのサマー・スクールなど

の地域行事、スポーツクラブや文化サークルにすすんで参加させてみましょう。友だちづくりのまたとないチャンスです。

　楽しい現地の生活を送るためには、早く近隣の人たちと打ち解けるように心がけなければなりません。そのためには、まず、あいさつを交わすことです。現地流のあいさつをおぼえて、近所の方、友だち、お店の人、学校職員のみなさんに声をかけましょう。きっと笑顔といっしょに、すばらしいあいさつが返ってくることでしょう。現地の人たちとの親しい交流が、そこから始まります。

現地にとけこむ際の注意点

　家族ぐるみで現地の人たちとのおつきあいが深まるにつれて、注意しなければならないことも多くなります。大人も子どもも、守るべきその土地のマナーやエチケットをわきまえておかねばなりません。つまり、現地の実際を理解しなければいけないということです。風俗や生活習慣など、とりわけ宗教・信仰に由来する現地のしきたりをつかんでおかないと、たいへんな失敗やトラブルのもとになることがあります。

　たとえばインドネシアでは、左手で物の受け渡しをすることは、たいへん失礼にあたります。無神経に肌を出して人前に現われるのは、ヒンズーやイスラムの社会では避けなければならないことです。これらのことについては日本人も承知していますが、実際にはなかなか守られないようです。

　子どもにも、その土地のしきたりには謙虚に従うよう厳しく教えましょう。とかく、日本人は子どもに甘いといわれます。子どもだから失礼や迷惑は我慢しましょうという日本人同士の習慣は、外国では通用しません。

　人種についての偏見や優越感・劣等感をもつこと、宗教や信仰について立ち入った関心をもったり話題にしたりすることも厳に戒めたいことです。

　また、地域の住民として、住宅街のきまりや環境保全への配慮を忘れないようにしましょう。自宅2階の窓に洗濯ものを干してひんしゅくを買い、街中の話題にされたある都市在住の日本人の例も聞きます。

　日本人の常識が通らないのが外国生活です。慣れない土地で人間関係をつくる難しさがいろいろとあることでしょうが、国際協力も隣人一人ひとりとのおつきあいから始まると考えて、現地生活を進めましょう。滞在地域の理解と、隣人との交流が深まれば、外国生活の楽しさも急速にふくらむでしょう。

1. 家庭教育

(1) 海外の教育環境

どこの国でも、教育は自分の国の次代の国民を養成するためのものであって、その国にふさわしい国民的資質を育成することを目的としています。したがって日本の子どもたちが外国で教育を受けるには、日本国内の教育とは基本的な違いや制約があることを念頭におかなければいけません。

子どもの教育に関する分野には、学校教育・社会教育・家庭教育の三つが考えられます。国内ではこれらの三つの領域が連携を保って進められています。ところが海外では、日本人の子どものために、三つの領域の調和のある連携を求めることは難しいのが実情です。

学校教育を見ると、現地校はもちろん、日本人の子どもたちの教育機関として文部科学省から正規のものと認められている日本人学校でも、実質的には教育課程の編成、学校規模や施設などについては外国であるため、その実情を理解することが大切です。

社会教育については、その国の子どもたちにとっては問題のない教育環境であっても、日本人の子どもたちには異質の文化社会であるために、日本人としての人間形成という点では難しい問題がつきまといます。風俗習慣・社会行事や人々の考えかた・価値観・宗教などはもちろんのこと、それらを伝え啓蒙するテレビ・新聞などのマスメディア、さらに博物館などの文化施設に至るまで、地域社会のありかたは日本の状況とは大差があります。地域社会の教育環境としての違いは、学校教育のそれよりも大きいかもしれません。

家庭教育については、海外であるための制約を覚悟しなければなりません。海外駐在員家庭の多くが、祖父母や親戚から離れて生活する核家族化した家庭の子どもへの影響力について心配しています。多様な人格に接して成長するのが少年少女時代です。祖父母の不在による家庭の教育力の低下や、子どもの少ない家庭にありがちな過保護・過干渉の実体が、在外の家庭にもしばしばみられるからです。

以上、海外の教育環境が日本人の子どもを育てるには制限された困難な状

文部科学省
海外・帰国子女教育を担当する初等中等教育局では、初等中等教育の振興をはかるため、小・中・高等学校、中等教育学校、盲・聾（ろう）・養護学校、幼稚園の教育課程の基準の設定、生徒指導、進路指導の充実や国際理解教育・海外子女教育等の推進、教科書の検定や無償給与などに関する事務を行います。

況のもとにあると述べましたが、それは、海外でのわが子の教育について悲観的な見かたを強いるためではありません。むしろその逆に、これら難しい条件に留意して、問題点や気がかりな状況を乗り越えるように心がければ、海外での教育に期待するものは非常に大きいといいたいのです。

現在の日本の社会や政治・経済の構造は非常に早いスピードで国際化されつつありますが、その中軸となって働く者の資質として、外国での生活体験をもち異文化を理解・尊重して、日常的に異国の人々とつきあうことのできる実際的な能力が求められています。厳しい海外の環境・状況のなかで成長していく日本の子どもたちにこそ、その期待がかけられているわけです。

海外という独特な環境を、子どもの教育のプラスの条件ととらえていきましょう。その環境条件を大きく生かすのも無にするのも、親のかじとりいかんにかかっています。現地の教育環境の長所・短所をつかんで、きめ細かな指導を進めていくことが必要なのです。

(2) 家庭教育で大事なこと

最近、家庭をめぐる状況や人びとの考えかたが変化して、父母にとっては子育てがたいへんやりにくい時代になったといわれます。また、国内では家庭の教育機能が低下していると指摘されています。

子どもに対して過保護や甘やかし、過干渉に陥りがちなのは、海外の家庭ではなおさらです。海外赴任にあたって、わが家の子育ての現状と親の役割りをもう一度チェックしてみましょう。

将来の展望と明確な教育方針を

海外という異質の教育環境のなかで、子どもにとって誤りのない教育の道を歩ませるためにも、親は明確な教育方針をもつべきです。どのような学校に通わせるかということも大切ですが、海外では子どもの教育に関するごく基本的な方針と見通しをもつことがより重要です。子どもの人生のうえで、この海外生活、学校活動を通した異文化体験がどのような意義をもつのだろうかということを踏まえて、子どもにはどのような社会生活が期待されるだろうか、という将来の展望をはっきりと見据えて、その教育方針を確立しておくべきでしょう。

「海外へ子どもを連れて行きますが、どうすればよいか不安です」という人や「外国へ行けば何とかなりますよ」という人のなかには、子どもの教育方針をしっかりもっていない人が意外に多いようです。特に海外という異なった環境のなかだからこそ、親は明確な教育方針をもつべきです。

教育方針とは、子どもの理想像をめざして教育を進める基本的な教育構想

のことをいいます。このなかには親の教育観を中心とした、いろいろな教育の諸条件が加わります。

「心も体も健康で明るく、すすんで何ごともてきぱきと行い、人に親切で、心の暖かい素直な、賢い子に育てたい」。親として、このような子どもに育てたいという理想は、だれもがもっているはずです。では海外でこの理想を達成するために、どのような具体的な教育方針をたてればよいのでしょうか。

まず第一は、海外生活・学校生活を子どもにとって意義のあるものにすることです。つまり基本的に何を学ばせ、何を身につけさせ、子どもをどんな人間に育てるかを考えることです。たとえば、

① 海外でも日本の基礎教育を受けさせる。
② 海外で外国語を学ばせ、外国の学校教育を受けさせる。
③ 外国人と交流できる子に育てる。
④ 日本と異なる環境にも適応する能力を育てる。
⑤ 広い視野に立ってものごとを考える力を育てる。
⑥ 異文化を理解する能力を身につけさせる。
⑦ 日本語と日本文化への関心も高める。

など、具体的にあげるとたくさんあります。

次に、これからわが子にはどのような社会的活動が期待されるだろうかという、将来への展望をはっきり見据えてください。その際、子どもの個性・能力・特性をしっかり把握することが基本になることはいうまでもありません。子どもの能力や個性に添わない場合、子どもにとってその学校選択や進路選択は苦痛でしかありません。その結果、学校嫌いになり登校拒否を続けるという例が多く見られます。子どもの適性にもとづいた進路の展望がのぞましいのです。

ある帰国生の例ですが、父親の海外勤務にともなってフランスの現地校に編入学しました。彼は料理に興味をもっていたので、積極的に学習して現地の専門学校に通い、腕を磨いてあこがれの調理士になりました。この道一筋に努力をしたので、いまでは立派な料理の先生となっておおいに活躍しています。これは資質を海外で生かしたよい例の一つです。

このように適性を海外体験のなかで生かしていくとともに、日本人としての資質をどのように発展させたらよいかも考える必要があります。日本人としてのアイデンティティをどのように確立させるのか、そのために親はどんな配慮と指導をしたらよいのかということも考えて、確かな方針のもとで着実に実行することが望まれます。

どのような学校に通わせるか

家庭での教育方針が固まったら、次は具体的な学校選びです。第1章「海外

滞在中の方針を決める」の項と重複する部分もありますが、ここではもう一度慎重に考えましょう。

　通学する学校については、居住する地域、子どもの年齢・学年、滞在期間などの条件をもとに、事前に十分に調べる必要があります。その地域には、どんな学校があるのか、全日制日本人学校はあるのか、現地校、国際学校（インターナショナルスクール）は、ともにどんな状況か、英語系とその他の外国語系の学校ではどう違うのか、同じ英語系の学校でもイギリス系とアメリカ系ではカリキュラムはどう違うのか、などの問題点があります。両親の予備知識と理解が進んだら、子どもにも年齢・学年に応じた理解をもたせたいものです。特に日本人学校に通いたい、あるいは外国の学校に通いたいという子どもの希望をもとに選択を進めるときには、両者の学校の違いを十分に理解させておくことが、のちのちのために必要なことです。

　学校選びに加えて、さらに補習校や通信教育などをあわせて学習するという選択もあります。こうした就学形態をどのように選ぶかは、子ども一人ひとりに与えられた条件が異なるので一様に決められません。滞在期間の長短、幼児の場合、小・中学生の場合など年齢や、子どもの適性などにも関係があります。また滞在地域の言語や教育水準なども配慮してみなければなりません。

　そうしたもろもろの条件を考え総合的にみて、子どもにとってふさわしい学校や就学形態を選択することが必要です。そして何よりも大切なことは、選択の柱となる家庭の教育方針がどのようなものであるかを考えることです。学校の選択とはいいながら、実は子どもたちの人生の選択でもあるからです。

日本語の保持と子どものしつけ

　海外では、親がうっかりしていると、子どもの日本語力や日本人として求められる生活感覚が停滞したり減退したりするものです。たとえ日本人学校に通っていたとしても、少なからず影響はあるでしょう。そしてそれが帰国後の適応の問題につながり、影響が尾を引くことも予想されます。在外期間が長期にわたる場合は、特に顕著です。

　子どもが現地の幼稚園や学校に通うようになり、そこの受け入れ状況がよければよいほど子どもの日本離れが進みます。これは、特に英語圏の各地域で見られる傾向です。子どもが無雑作にもち帰る現地の生活習慣や行儀作法、考えかたそして外国語を、家庭でどう受けとめるかは親たちにとって頭の痛い問題です。

　外国生活が長くなるにつれて、子どもたちには外国流のやりかたが身についてきます。そのこと自体は決して悪いことではなく、むしろ外国体験として貴重なものです。しかしどんなに外国の言語に熟達して、外国の事情に精通し、外

国的に育ったとしても、日本人であることから離れることは不可能です。そして日本人であることは、やはり日本語に通じており、日本への理解をもち、日本人の感覚を備えていることが最大の要件であるといえるでしょう。

それではどのようにして日本語力をキープしたらよいでしょうか。また家庭でのしつけは、どうしたらよいでしょうか。

方法としてはいろいろ考えられますが、第一に家庭での会話は日本語で進めることです。それは、日本語会話と同時に日本の生活感覚を身につけていく助けにもなります。たとえば、帰宅したときに「ただいま……」、「お帰りなさい……」と交わすことばは、無事に帰ったよ、つかれたでしょうという会話であり、あいさつであり、日本式の心の交流であるわけです。

親が率先して、このような日本の生活習慣やマナーを実践してみせることが、もっとも効果のある方法です。子どもは具体的な場面で生きた日本語を学び、また同じことばであっても、その場の情景や内容によって使いかたに違いがあることを知ります。それは文字からだけでは果たすことのできない会話独特の持ち味です。もちろん読書や国語の学習も日本語力を育て維持するための重要な方法です。この面の指導も系統的に継続して行う必要があります。

あいさつのことばはあいさつを交わす態度や心とともに、敬語の使いかたはその対人関係の理解とともに、生活マナーはその場面、機会をとらえて教えたいものです。そして、日本の季節感や行事の雰囲気などについては、書物の読み聞かせや録音・録画の再生などを家族の会話のおりに加えていけば、とかく薄れがちな母国語や母国の記憶・感覚がよみがえるでしょう。

外国で育った子どもを外国しか知らない日本人で終わらせないためにも、美しく豊かな日本語力を養うことは欠くことのできないものです。それは親の責任であり、家庭以外では成し得ないことなのです。

的確な情報の入手

海外でその国の教育制度や学校事情の理解不足のために、思わぬ失敗をしてしまったという話を聞くことがあります。

たとえばイギリスでは、5歳の誕生日のあとに迎える新学期から学校に入学するのが普通です。また高等学校卒業といっても卒業証書が授与されるわけではありません。日本と同じだろうと思いこみ入学時期を遅れてしまった例や、帰国時期が近づいてから日本の大学進学の資格をととのえるのに悩んだ例などは、イギリスの教育制度を知らなかったという情報不足が原因です。

海外では、さまざまな教育関係の情報が日本人社会に飛び交っています。しかも実際よりおおげさであったり、一つの特殊な事例があたかも一般に共通する事柄であるかのようにとり上げられたりします。正確な情報にもとづく理解

をしていないと、むだな心配をしたり思わぬ失敗を招いたりします。進学問題などについては、特に気になるものです。正確な情報を入手して適切な判断と選択をして、無用な心配をしないようにしましょう。

　そうした的確な情報を入手する手段の一つとして、当財団のホームページ（URL http://www.joes.or.jp）がたいへん役立ちます。

　このホームページには、財団が海外子女・帰国子女のみなさんを応援するために、次のようなコンテンツを掲載しています。
○ 教育相談・インフォメーションサービス
○ 国内と海外の学校情報
○ 海外で使用する日本の教科書
○ 海外子女関連ニュース
○ 講座・教室・通信教育
○ 刊行物
○ リンク集

　これらのページをみていただければ、海外子女教育に関するいろいろな情報が的確に入手できます。ぜひ、みなさんには大いに活用していただきたいものです。

　また、当財団発行の月刊『海外子女教育』の記事に目を通したり、巡回相談会などに参加したりすることも必要でしょう。一時帰国のおりには、当財団の窓口を訪れ、教育相談（予約制）を申し込み、新しい資料を収集するなども適当な方法と思われます。

月刊『海外子女教育』
海外子女教育振興財団の機関誌で、海外の日本人学校・補習校や日本国内の受け入れ校の学校レポートをはじめとして、海外での子育てや帰国子女の経験にかかわる提言やエッセイ、最新のニュースなどをバラエティ豊かに掲載した、海外子女・帰国子女教育専門の月刊誌です。
>>281ページ

2.幼児教育

(1) 海外で幼児を育てる

　アメリカ人の子育ての大きな特徴は、保護よりも鍛えることにあるといわれます。冒険心と勇気をもち、どんな状況下でも生き残る強靱な肉体と精神の持ち主に育てることにその特徴があるということは、大陸開拓の歴史とともに根づいたアメリカン・ファミリーのたくましさのしるしであると理解できます。

　ユダヤ人の家庭では、子どもに早くから独立心を養い、社会的に高い地位や創造的な職業につかせるための英才教育をめざします。ユダヤ人としての誇りとアイデンティティを身につけさせるために、ユダヤ教やイスラエルの歴史を学ばせるなど積極的にユダヤ文化の教育をとり入れています。

　フィリピンは貧富の差の大きい社会ですが、どんな家庭でも家族の和と学校教育を大事にしています。学校に通う年齢の子どもはもちろんのこと、未就学の幼児でも家事の分担を引き受けさせて、その仕事を果たすことを家庭の和の大切なこととしてしつけていきます。

　ふりかえって、日本の子育ての特徴とは何でしょうか。わが家の子育てのよさはどこにあるのでしょうか。いま日本の家庭をとりまく社会状況や考えかたの変化から、日本の家庭教育が一つの曲り角にあり、家庭の教育機能が低下していると指摘されています。

　世界の国々では、それぞれの日本の家庭が見習うべき子育てを進めています。そうであれば、海外駐在は家庭の異文化体験としても絶好のチャンスです。外国の家庭の子育てに学びながら、そのよいところを採って、わが家の子育てに大いに生かそうではありませんか。

幼児教育で忘れてはならないこと
A.「子ども川ばた火の用心」

　幼児の事故は親の責任です。「子ども川ばた火の用心」といって、昔から親の油断を戒めています。まして、状況不案内の外国ではどんな危険が待ちかまえているかわかりません。子どもの安全確保の心がまえと目くばりを忘れないよ

うにすることが大切です。

　イギリスでは、親の立話中に子どもが車道にとび出して車にはねられたりすると、被害者である子どもの親が罰せられます。アメリカでも、自家用車の車内に幼児を残して親が買い物にスーパーに入ったりすると、警察官の取り締まりの対象になります。子どもを一人で公衆便所に行かせることなど、もってのほかです。子どもの健康・安全の確保に、親がはらう心づかいは国内の何倍も必要です。とかく日本人は、水と安全はただで手に入ると思いがちです。任地の空港に降りたったら、まず第一に子どもの安全を心がけましょう。

B. 子どもを笑って育てるゆとりを

　初めて住む異国の町、心細さや不安が先立って緊張の生活が続きます。幼な子の顔をのぞきこむ母親の目つきが険しいと、子どももおびえます。ところ変われば品変わるのはあたりまえ、その土地の風物や人の動きは珍しく、おもしろく、楽しい教材と解して心のゆとりをもちましょう。そうすれば、子どもの手を引く親の顔には笑みが浮かぶでしょう。

　昔ばなしにもあります。異国の町を行く二人の旅人が水売り商人の姿を見て「たいへんだ、ここでは水も買わなければいけない」というと、もう一人が「なに、水を売っても暮らせるらしい。何と楽しいところか……」と応じたという話のとおり、見かた、考えかたにゆとりの姿勢をもちましょう。ただし、その際でも「子ども川ばた火の用心」は忘れずに。

C. 「はてな、はてな？」は親子して

　せっかくの外国生活です。親が率先して知的関心を示しましょう。子どもは何を見ても、あれなあに……、これどうして……と質問を連発すると思います。それに対して母親の答えが、「どうだって、いいじゃないの……、ここは外国だから日本とは違うのよ」では子どもの好奇心・学習心の芽生えを摘みとってしまうことになります。親が先になって、あれは何かしら、日本とは違うけれどなぜかしら……と子どもたちに問いかけ、考え、解決の道へいざないましょう。「いいことに気がついたのね」という、ほめことばも忘れずに。

D. 母親は意識して対話の時間を

　親と子だけの核家族構成になる外国生活では、幼児にとって母親とことばを交わすほかに日本語に接する機会はあまり多くありません。母親が対話の時間をつくってやらなければ、幼児の日本語会話は不足しがちです。子どもは3、4歳ごろから言語形成期に入ります。母親との話し合いのなかで、語いを増やしことばづかいを覚えていきます。それとともに、ものごとへの興味をもち始め表

言語形成期
人が言葉を獲得していく期間のことで、一般的には0歳から10歳ころまでを指します。幼児音から標準音へ発達し、語いや文法の獲得が増し表現も豊かになっていく時期にあたります。したがって母語を育てる面で、この期間に複数の言語環境で育つ子どもの言語問題は配慮が必要です。

現力を伸ばしていくことになります。

　幼児が盛んに話しかけてくるようになれば、母親の聞く態度、幼児の話を引き出す方法が上手だったと自信をもってよいでしょう。子育てはことばの教育からといいます。意識して対話の時間をもちましょう。

　そのときの要領を参考までにあげておきます。

・子どもへの語りかけは、ゆっくりと。
・目と目を合わせて、聞き話す。
・相手の話を「聞く」態度が大切。
・ていねいに、よそ行きことばもまぜながら。
・乱暴、でたらめことばは、その場でなおさせて。
・じれったくとも、子どものことばは途中でとり上げ、じゃましない。
・ことばにそえてマナーもしつけましょう。
・自分のことは自分で。

基本的な生活習慣
食事、睡眠、排泄、衣類の着脱、清潔等の行動習慣を指し、自立した生活をするうえで欠かせないものです。就学までには身につけさせておきたいことですが、さらに集団生活をするうえで必要な時間を守る、約束を守る、挨拶をするなどが含まれてきます。

E. 幼児のときに基本的な生活習慣を

　アメリカをはじめ多くの国々では、子どもがごく幼いときから自立的に行動することを育児の目標にしています。日本でも、幼児に基本的な生活習慣を身につけさせることや、年齢に応じた自主性・社会性を育てることを大切に考えてきました。

　いま外国で生活を始めるにあたって、わが子に基本的な生活習慣が備わっているかふりかえってみましょう。基本的な生活習慣は4～5歳ごろまでに、家庭で身につけておくよう十分に指導すべきです。幼児の基本的な生活習慣とは、睡眠・食事・用便・衣服の着脱・清潔についての態度・技術・マナーなどです。

　就寝時間がきたら、あるいは昼寝のときにあまり世話をやかせないで目をつむる習慣がついていますか。食事の席で、食器でいたずらしたり、むやみに立ち歩いたりはしませんか。トイレ・トレーニングは、どうでしょう。年少児といえどもある程度のマナーを心得て、親の指示や注意がなくても自分で行動できるようなら、自主性も社会性も備えてきたといえるでしょう。

　自主性とは、母親や先生を頼らないで、自分からすすんで行動する気持ちや態度を意味します。入園前、入学前に、次のようなことができるでしょうか、個人差があることですから、一様には期待できませんが、一つの目安として参考にしてください。

・基本的生活習慣が、年齢相応に身についている。
・身近な人に、日常のあいさつができる。
・自分の名前（年長児なら、父母の名前も）がはっきりといえる。
・人の話を終わりまで聞くことができる。

- 友だちの遊びのなかに、自分から入っていける。
- 体の異常（頭やおなかが痛い、かゆいなど）について訴えることができる。

F. 三分しかって七分ほめる

　子どもをしかることよりも、ほめることを心がけましょう。ただしかるだけでは、子どもはしかられた行為がなぜ悪いのか、かわりにどんな行為をすればよいのか迷います。それとくらべると、ほめられれば子どもには自信がわきます。こうすればお母さんにほめられる、よし、またやろうと考えます。子どもが、これからもくりかえしてほしいような行為をしたときは、どんどんほめて勇気づけ、その行為が身につくように導くことです。外国では、親も先生も子どもをほめることが上手です。そのほめるコツを見習って、わが子の教育に生かしてください。

　ただし子どもがのぞましくない行為や、まわりに迷惑のかかるような行為をしたら厳しくしかり、なぜしかられたかをきちんと説明しなければいけません。自律的な子どもとは、自分でものごとの善悪の判断ができて、よいことはすすんでやる態度をもつような子どもをいいます。そんな子どもに育てるには、親が善悪の判断を示さなければいけません。親の善悪の判断の基準が基礎になって、子どもはそれを見習い、実践しながら善悪について正しい価値観をもつようになっていきます。

G. 幼くとも家族としての役割を

　食事のあとで自分の食器を流し台まで運ぶことを、3歳の幼児に自分の役割としてあたえているアメリカ人の家庭がありました。運びおえて、お父さんお母さんにほめられたあとの子どもの顔には、ちょっぴり誇りと自信のようなまなざしがみえました。アメリカ人の子どもたちにみられる、こうした年齢に応じた家事の役割や小遣いかせぎのアルバイトは、子どもの独立心を育てることに役立つといわれます。

　どんなたやすい仕事でも、家庭のなかで自分の役割をもちそれを果たす気持ちと実践は、子どもの自立心や家族の結びつきの心情を育てるのに役立つことでしょう。

母親と父親の役割を考える

　子どもの教育に関して親の果たす役割は、基本的には国内も外国も変わりないといえます。ことばを覚える初期の段階の子どもにとって、両親は先生です。家から外に出て友だちと遊ぶようになれば、父親は有力な遊び友だちであり、体力づくりのトレーニング・コーチでもあります。学校に通うころになれば、父母が協力する姿勢が必要です。少なくとも、子どもの教育について父母の共

通した考えかたと基本姿勢をもつことが大切です。年ごとに成長する子どもに対して、父親と母親の教育理念が相反したり、バラバラであったりでは子どもがとまどいます。国内でも同じことがいえますが、特に海外での父母の役割を考えたときの留意点は、次のような事柄です。

A. 現地校適応の指導員、それは母親

　保育園・幼稚園から、小・中・高校にいたるまで、現地の教育施設に通う子どもにとって、現地のことばをおぼえ、環境になじむまでは不安と緊張を強いられます。海外の学校は、ゆるやかでのんびりしている、そして穏やかな雰囲気に包まれているといわれていますが、それは現地に順応できるようになってからの感想で、始めのころは適応するために親子して懸命の思いが続きます。

　そのとき、子どもの様子を観察しながら適切な助けをさしむけられるのは母親です。幼稚園や学校などの連絡、マイカーでの送り迎え、先生との情報交換、子どもの学習の相手などは、仕事に追われる父親にはなかなかできません。毎朝子どもたちを勇気づけて送り出す心づかいは、国内にいるよりもはるかに負担のかかることですが、母親の責任範囲と心得ましょう。

B. 満点パパのありかたは

　一人の父親は、百人の校長にまさるというイギリスのいい伝えがあります。子どもの個性を知りぬいた父親のリーダーシップは、子どもにとって何よりも有効なガイダンスになるという意味でしょう。

　いま日本の家庭では、父親の権威が失われ、その存在感さえ稀薄になったと嘆かれています。海外の家庭では、父親がもっとも頼もしい、頼られる存在です。わが家の唯一無二のリーダーです。明るい家庭をつくるのも、強い家族の団結をつくるのもわが家での父親のありかたにかかっています。乳幼児期には母親の愛情と保護が不可欠ですが、子どもの成長に従って父親の影響が大きくなり、その姿が子どもの身近な目標として存在価値を増してきます。といっても、難しいことではありません。満点パパの心がまえを次にあげます。

- 日常、母親を助ける心づかいを見せること。きっと子どもが見習います。
- いつも、母親より先を見通したうえで、助言や決断をすること。
- すすんでわが家の渉外事項を引き受けてやること。ボランティア活動も含めて。
- 子どもの発育、発達（肉体・精神ともに）について十分承知していること。子どものよき相談相手であるために。
- 許せないこと（不正、ひきょう、弱い者いじめなど）に対して男らしい行動を子どもに見せてやること。

- 子どもと遊ぶ父親を実践すること。

海外での子育ての留意事項

　海外での子育てについて述べてきましたが、もっとも神経を使う3・4歳ごろの子育て、それも海外で暮らす家庭での留意事項を、この項のまとめとして記します。
- 両親が協力して、家庭内にゆったりした雰囲気をつくり出すこと。
- 子どもの遊びの環境を整え、遊びの楽しさを体得させること。
- 両親が家庭内に遊び心をとり入れ、ともに遊ぶ喜びをもつこと。
- 子どもの話すことをよく聞いてやったり、愛情をもって話しかけたりすること。
- 子どもの生活環境を広げ、可能なかぎり行動範囲を広げてやること。
- 家庭内に子どもにふさわしい役割をつくり、行動に自信をもたせること。
- 住居周辺について子どもの認識が深まるような、日常の同伴外出を計画的にもつこと。
- 近隣の子ども同士で交流する機会をつくること。

海外における家庭の幼児教材例

　幼児教材の代表的なものとしては、NHKのラジオ・テレビ放送番組があります。幼稚園や保育園に向けて放送されているものですが、海外においての家庭教育の教材としても最適でしょう。番組の録画・録音利用をお勧めします。番組によっては、録画シリーズ・セットとして日本放送教育協会から有料頒布しています。

　詳細は日本放送教育協会（〒150-0047 東京都渋谷区神山町1-2 第八共同ビル　Tel. 03-5454-1411）へお問い合わせください。

(2) 海外でことばを育てる

　海外で暮らす日本人家庭にとって、現地の語学習得と並ぶ問題は、わが子の日本語をどのように育てるかということです。小学生を現地校に通わせたらたちまち日本語を忘れてしまうのではないかと学校選択にも迷います。また逆に、外国にいる間は外国語を身につける絶好のチャンスだから、日本語の向上には目をつぶってしまおうと的をしぼる家庭もあります。日本語と外国語と、同時に二つのことばを学ぶ難しさにどの家庭も悩みます。いずれにしても、子どもはことばで考え、ことばでものごとを学び、ことばで情感をふくらませていきます。ことばを育てるということは、実は人を育てるということです。それでは言語を

育てる環境としては複雑な海外で、どんなことを心得ておくべきなのでしょうか。

日本語を育てる

A. なぜ、日本語が大切か

　いま、日本の教育問題の一つとして、国際人の育成ということが大きく論じられています。国際人という以上、優れた語学力をもち海外事情に精通し、国際的感覚を身につけることなどが重要でしょう。そのためには、まず外国語に通じることが必要です。そしてその前に、日本人としての優れた資質を身につけていなければ、ほんとうの国際人とはいえません。立派な日本人として認められる人間であればこそ、外国人からも尊敬される国際人と成り得るのではないでしょうか。現在、国際的活動をしている政界・財界・実業界の著名人や文化人を見れば、このことは明らかです。

　優れた国際人としての資質は、その重要な前提として立派な日本の知識人、教養人でなければならないですし、さらにその基本となるものは、日本語の力を十分に備えることです。国際人にふわしい立派な日本語を身につけることが、まず大切です。

B. ことばづくりの先生は母親

　ラジオやテレビのスイッチを入れても流れてくることばは外国語、道行く人の会話も耳なれないことば、看板やポスターにも、ショーウインドウや交通標識にも日本文字は見あたらない。日本語の環境としてはまったく不十分な滞在地で、幼い子どもにとって日本語を学ぶ方法は母親とことばを交わす以外ありません。子どもは3歳ごろから言語形成期に入ります。日本人幼稚園のない地域では、現地の幼稚園や小学校に通う子どもたちにとって正しい日本語を学ぶもっとも身近な教師、それは母親です。

　乳幼児には正確な名詞や名称を使うことを中心に、幼稚園児や小学校低学年児には語尾・ことばじりまで確実に発音することを、そして乱暴な会話やいいかげんなことばづかいを始めた兄や姉には、正しい「てにをは」の使いかたと敬語を中心に、心のこもった、やさしい語りかけをしてほしいものです。母親のまねをしながら、子どもたちはことばを身につけていきます。ことばの指導者としてのその役割は、非常に大きく大切です。特に海外にあっては、ことばづくりの最初で最良の先生は母親です。

C. 聞くことの訓練から

　生まれたばかりの赤ん坊は、まだ目がよく見えません。でも耳はよく聞こえます。聴力テストなどにびっくりして泣き出す場面もあるくらいです。これは、

教育相談室 Q&A

Question

小学3年生と1年生のわが子はアメリカ滞在が2年を経過したところです。最近、二人の日本語力が落ちてきているのが気になります。**日本語力の低下に、家庭ではどのように対応したらよいでしょうか。**

Answer

国語の学習は、「話す」、「聞く」、「読む」、「書く」の四つの領域があり、補習校や通信教育でも、これらの学習領域にしたがい学習が進められます。日常使う日本語をみても、「話すことば」、「聞くことば」、「読むことば」、「書くことば」とやはり同じ四つの領域に分かれます。このうち「話す」、「聞く」ことばとしての日本語は、どの家庭でも日常生活に密着した生活行動の基本ともなるものです。日本語環境が家庭中心となる海外にあっては、身近に、そして容易にとり上げられる子どもの「日本語」として、この領域に深い関心をもって日常的に指導していく必要があります。

ふだん何気なく使い、用が足りていると思っている家庭内のことばでも、落ち着いて正確にみると意外に省略され、乱れたことばが使われているものです。日ごろから正しく話し、正しく聞き取れる日本語を交わす努力が大切です。「えっ、もういちど言ってごらなさい」と、気軽に正してみるだけでもいいのです。親の耳で温かく育てていく姿勢が必要です。そうした日ごろの積み重ねが日本語力を高めるもとになるといえます。

「読む」ことばとしての日本語には、教科書の音読が効果的です。聞いてあげることによって、漢字の読みかたやアクセントなど、学習の状況を知ることもでき、ときにはことばの意味を聞いてみると理解度も把握することができます。

「書く」ことばとしての日本語には、口で話をつづる作文＜口頭作文＞も一つの方法です。「今日は学校でどんなことがあったの？」、「お友達とは？」など、一日の学校生活が終わってきた子に、こうした会話をしむけることは多いと思います。親のこうした質問に答えるときこそ、口頭作文のよい機会です。「質問の内容にそって、簡潔に、順序よく、わかりやすく答えているか」、「自分の感情や意識と出来事の内容とを区別しているか」、そんなところによく注意して聞きたいものです。話の途中でおかしな点があっても「聞き上手」として最後まで話の引き出し役に回り、注意したい点、言い直させたいことばは、話が終わったあとにします。口頭作文はどんなに短い内容でも、最後まで自分が話しつくす、話し終わるということが大切です。

家庭でなければできない指導として、以上のことを実践してみてはいかがでしょうか。

教育相談室 Q&A

Question

3歳児をアメリカに帯同してきて、今後5年間滞在します。すでに現地の幼児施設に入れましたが、**言語環境が変わるなかで、日本語（母語）の大切さとは、**どのようなことをさしているのでしょうか。

Answer

一般に、幼い子どもを帯同するときは、ことばの発達時期・区分に気をつかうことが大切です。

最初の喃語期は、何語ともいえないような発音をする時期における感情の表現を卒業するまでさしています。この時期に覚えた発音のしかたやことばは、その子にとって母語の土台となるといわれています。この時期を経て、4〜5歳ごろから訓練期に入り、8歳〜9歳ごろまでに唇の形、舌の動かしかた、発声法など、完全な母語になるように指導もされます。

このことは、どこの国にも共通する指導の経過や目標になっています。したがって、この訓練期に外国語だけの生活に浸りきってしまうと、外国語が身につくにしたがって母語の発達が止まり、それまで培われた日本語をも失われていきます。このような状態になると、あとで母語としての日本語を習得する場合、たいへんな苦労をすることになりますので、外国語の環境のなかでもしっかり母語を身につけさせることが必要です。

そのためには、「海外でことばを育てる」の項で述べてありますように、まずは両親の愛情こもった母語での話しかけが必要であり、絵本の読み聞かせなどによる「ことばづくり」が必要となります。日ごろから、家族の会話は正しい日本語、美しい日本語で交わすことを心がけたいものです。また、読み聞かせは少ない時間でも、両親が協力して毎日続けることが大切といえます。

成長につれて話しことばの習熟とともに、学習上のことばを習得することが不可欠になってきます。学校での国語学習という場合には、話しことばと書きことばの習得、使い分け、文字の習熟、文法の基礎などがおもな内容になります。

帰国後、学習適応の鍵となるのが国語力です。話しことばは自然に覚えられても、文字は意識的に訓練し練習しないと身につきません。したがって、海外で学年相応の国語力を身につけさせていくためには、現地校の学習と平行して、通信教育や補習校での学習は大切な要素となります。補習校に通うことができる場合は、そこでの学習はもちろんのこと、友達同士のおしゃべりが生きたことばの学習となりますので、ぜひ活用していただきたいものです。

ことばの教育について何事かを暗示しています。つまり、「まず聞くことから始めよう」と教えているのです。

　母親の話しかけがことばを育てる第一歩なら、聞くことのしつけはことばを育てる第二歩といえます。聞きとる態度から聞き分ける力へと導きましょう。子どもが聞きとることができるようになるためには、母親の話しかけが、ゆっくりとして適切な音声・音調であることが必要です。母親のことばの不明瞭や早口は、それを聞きとる幼児には難しい学習ですし、幼児の不明瞭なことばの原因にもなります。母親の話しかけは、「心をこめて笑顔でゆっくりと」です。

　本の読み聞かせがことばの習得にめざましい効果があると、多くの教育者や心理学者が実証的に説いています。母親が赤ん坊に話しかけを始めます。わかってもわからなくても、赤ん坊の顔をのぞきこんで話しかけます。本の読み聞かせも、そんなころから話しかけの調子で始めなさいといっています。

　子どもたちは、聞くことを通して集中力を養います。本のなかの場面の展開はだんだんと子どもたちの心をとらえて、多様な経験を積み上げます。その間に、数多くの語いを蓄え、ことばづかいを覚えて日本語を身につけるスピードを速めるでしょう。

　中・高学年の子どもにも、海外で暮らす場合の日本語学習の不足を補うために、家族そろっての本の読み聞かせや輪読をお勧めします。ぜひお父さんも仲間に加わってほしいものです。もっとも子どもが興味を示さない本を、無理に読み続けることはありません。「その次は……」「もっと読んで……」と乗ってくるようならば、その本の選定は九割がた成功しています。あとの一割は、読み手の腕まえによるでしょう。

D.日本語力と国語力

　外国で生活していると、子どもたちの日本語の力がだんだんと衰えていきます。北アメリカには1万5千名を超える子どもたちが現地校に通っています。その滞在期間の長さや、居住する地域に日本人が多いか少ないかによって一様ではありませんが、だんだんと衰退していく日本語能力について親たちは心配しています。日本語の語いがいっこうに増えない、逆に忘れていく、発音がおかしくなった、英語まじりの会話になってきた、「てにをは」の使いかたができない、文法の決まりがめちゃくちゃな話になる、漢字が読めない書けない、日本語の興味をなくし日本語で話すのをいやがってきた、親とは日本語で話すが兄弟同士では英語で話し合うなどの具体的な傾向が問題となっています。

　こととしだいによっては、いつの間にか日本語をまったく話せない日本人に育ってしまう危険すらあります。帰国に際してあわてることのないように、日ごろから家族の会話は正しい日本語、美しい日本語で交わすことを心がけましょう。

一般に日本語の力は、日常的な生活のなかでしゃべったり聞いたりすることができる能力と、小説や評論などの文章を読みとって理解し考える力、また日記・手紙などをはじめ感想文や論文・レポートなどを正しい文字と豊富な語いを用いて書き表わす力、つまり読解力と表現力といわれる能力との二つの面に分けて論じられます。便宜上、前者の生活言語については日本語力、後者の学習言語については国語力と分けていうことにしましょう。この二つの力は、学問上は一つの力として考えられるべきものですが、海外の子どもに対する日本語指導という観点から考えると、この両面からみる必要があります。

　生活言語としての日本語力の維持には、いままで述べてきたように家庭内の日本語による日常会話のなかで語いを増やし、ことばづかいを覚え、話題や内容を広げ語感を養うということに努めることが基本となります。

　しかし国語力の維持向上には、積極的な学習努力が必要です。学習プログラムに従って、継続した努力を払わなければいけません。しかもこの国語力は社会科、数学、理科その他すべての学習を理解するうえでの基礎となるもので、学問知識の習得や人間としての幅や力量をも形成する、基本的な能力に関連するきわめて重要な要素です。しかし海外という特殊な条件のもとでは、国内と同様の学習結果を期待することは困難です。

　海外では子どもたちが求めることのできる組織された国語力の学習プログラムとしては、補習校での学習、当財団の通信教育、読書、ビデオやCD・インターネットなどの学習教材の活用などがあります。これに加えて、日本の友だちとの文通や各種作文コンクールへの参加、読書会などのグループ活動と実践的な学習にも取り組んでみることも必要でしょう。国語力の伸長は、驚くほど他教科の学力向上に貢献するものです。

E. 海外での楽しみ・読書のすすめ

　学校教育のなかでも、読書指導は教科学習と並んで重要な教育の分野としてとり上げられていますが、特に海外の子どもの場合、大事な意義と効用をもっていると考えられます。

　子どもたちは読書を通して、教科書の勉強だけでは得られないような日本語の語い、ことばづかい、漢字・熟語を覚え、美しく豊かな表現法や語法などを学びます。日本語から隔離された言語環境のなかで、国語力の拡大のための豊かな源泉が読書です。また、日本の文化を知り民族の伝統を理解し、日本人の心情や思いを味わう機会にもなります。読書によって高められた日本についての関心、知識、教養は、日本人のアイデンティティを育てることにもつながります。いろいろの意味で日本との断絶を防ぐことにもなり、海外で学ぶ子どもたちにとって読書は欠くことのできないものといえます。

教育相談室 Q&A

Question

2歳児をオーストラリアに帯同し3年間滞在します。海外において母語形成は大切だと聞かされているのですが、**母語の形成にはどのような方法で対応していけば**よいのでしょうか。

Answer

滞在中の2歳から4歳という年齢は、母語を育てるうえで最も大事な時期といえますので、渡航後は母語の発達に十分気を配ることが必要です。

幼児は、生まれてから1歳前後までは、母親や周囲の人たちの会話を聞きながら、相手の顔つきや仕種などから内容を聞き分けたり、まねをしながら「ことば」を覚え、獲得していきます。その後、しだいに覚えた「ことば」を口にするようになり、1歳後半から2歳ごろになると、まとまった意味をもつ「ことば」をしゃべり始めるようになります。そして、体験を積むことによって発音が訓練されて、誰にでもわかるしゃべりかたができるようになります。そして幼稚園に通いだす3・4歳になると、「ことば」を通して周囲の人とコミュニケーションをとれるようになるのが普通です。

海外では、こうした日本語環境が極端に少なくなりますので、もっぱら家庭がその役割を果たすことなります。家庭では、母親のもと「豊かな日本語環境を与えて生き生きと楽しく」が大切です。日本語環境のなかで思いっきり遊ぶ体験は、子どもの心も身体も健やかに育てます。粘土遊び、指人形でのお話、絵描き歌など、家庭でできる遊び（活動）を工夫をしていただきたいものです。

特に海外では、子どもが接する日本語環境が少ないうえ、家庭で使うことばも、生活言語を中心とした、案外限られた範囲のものとなりがちです。子どもが小さいほど「何々しなさい」、「やめなさい」といった指示語が多くなります。したがって、できるだけ豊富な語りかけと質のよい対話を心がけることが大切です。

また、日常生活以外のことばを豊かに育てていくためには、「絵本」の読み聞かせが効果を発揮します。絵本はことばのみならず、絵からいろいろなことが想像でき、話の内容からは世のなかの善悪や規範を知ったり、美しさ、優しさ、悲しさといった豊かな心情を養うことができるからです。読み聞かせは、10分でも20分でも毎日続けることが大切です。「人の話を聞く姿勢」は、就学時の学習に良い影響を与えることにもなります。

巻末に「海外子女のための推薦図書一覧」をのせてあります。これを参考にして、滞在期間中、読み聞かせできる絵本をできるだけ十分に持参することをぜひお勧めします。

教育相談室 Q&A

Question

小学生を帯同してアメリカで2年間経過しました。親の目からは日英両言語が話せるバイリンガルになっていると見えます。**バイリンガルとはどういう状態のことでしょうか。**

Answer

難しい定義や学問上の意味づけなどはまずおいて、ここではバイリンガルとは、日英両言語が上手に使える2か国語の力というぐらいに理解していただきます。上手にとは、子どもの場合どのくらいのレベルをいうのかはっきりしませんが、たとえば6年生が学年相応の日本語力をもって学習しているとすれば、英語でも現地校の6年生と同等の学習ができるくらいの力をもつことを意味します。

2か国語を使いこなせるということは、頭のなかで日本語から英語に翻訳してから話す程度ではなく、日本語、英語の両言語とも、その場に応じて自然に口から出てくる状態であると考えてください。そして、会話力はもちろんのこと、読む力も書く力も学年相応に備わって、二つのことばを何の抵抗もなく使いこなせるようになったとき、バイリンガルに育ったといえるでしょう。

一般に、英会話力（生活言語力）はESLによって、1年から2年くらいで年齢相当のレベルに到達できるようです。これに対して、いわゆる教科書を理解していくのに必要な学習言語力が、学年相当のレベルに達するには5年から7年かかるといわれます。

したがって、子どもがアメリカへ来て2年経過し、日英両言語を話せるようになっているということですが、2年間のESLで英語が話せるようになったとしても、この期間ではまだバイリンガルの域に進んだとはいえないのではないかと思われます。今の状態が、日常会話中心に話せるようになっているだけなのか、それにともなって、学年相応の読み書きも十分できているのかをよく見極める必要があるでしょう。

小学生の年齢は、まだ母語としての日本語を伸ばし完成させていく時期にあたります。英語を理解できるだけの語い力が身についていかないと、英語力も伸びていきません。

現地校のESL教師も、親へのアドバイスとして「子どもの母国語の読み、書き、聞き、話す力を伸ばす努力を続けること」をあげています。つまり、母国語で自分の考えを発表できたり、文章で表現できる力がないと、英語での力も身についていかないということを示唆しています。

以上のことに十分留意しながら、これからもさらなるバイリンガル教育に臨んでいただきたいものです。

渡航後間もないころ、子どもは外国のテレビや映画などに親しみにくいため、日本にいるとき以上に読書を楽しみにします。海外赴任は、子どもを読書好きにする絶好の機会といえます。年齢、学年に相応した読みものをできるだけ多く持参するようにしましょう。子どもに与える読みものとしては、子どもの興味や関心に応じた読みもの、つまり適書を選ぶことが大切であることはいうまでもありません。（資料編「海外子女のための推薦図書」参照。）

　しかし海外という言語的にも環境的にも、日本とはるかに異なった文化条件下に置かれ、また日本の書物を求めにくい事情にあることなどからみて、適書・良書を選ぶということは容易なことではありません。そこですこし乱暴ないいかたですが、特に系統だてた選書というよりも、多面的に選んで、どんな本でも手あたり次第に読ませてみるという考えかたがよいでしょう。物語、小説、科学もの、歴史もの、自然風土、動植物に関するもの、高学年生には評論、エッセイの類など、ときには新聞や雑誌まで、いろいろな範ちゅうの読みものに触れさせるということです。

　ただし、注意しなければならないこともあります。十分な読書力も読書の意欲も身につけていない年齢の子どもに、全集ものなどの多くの本を与えることは、はじめは喜んでいろいろと手にとってみるかもしれませんが、興味が分散されて、かえって読もうとしなくなるものです。子どもたちが楽しく継続的に日本語になじめるようにとのことから、義務教育が始まる前の年齢の子どもたちには絵本を読ませ絵本に親しませていくことが大事です。そして、学齢になりましたら年齢相応の本を与えて読書の意欲を少しずつ高めていくようにしたいものです。

現地のことばを育てる

　外国で生活しているから外国語はうまくなるだろうと、単純に考える人が多いようです。事実、小さな子どもでも現地の環境に慣れて友達ができると、たちまちのうちに現地のことばを使いだします。親は、わが子が語学の天才かのように喜びますが、子どもが口にしている現地のことばは、その子どもの年齢相応のレベルのもので、そのうえ遊びや何かの必要に迫られた範囲でのことばを使っているにすぎません。したがって、幼少の子どもが流ちょうに外国語を話したとしても、それは異文化体験のなかでの成長のあかしとして現地のことばが身についた、と喜ぶわけにはいきません。

　2～3歳ごろから4歳ごろまでが、言語形成の大事な期間だといわれます。そしてほぼ同じ時期に幼稚園へ、続いて小学校へと、集団生活を通して、人格形成にも学習能力の養成にも重要な影響を受けます。そこへ外国語の習得という難しい問題が加わります。慎重な対応と親も子どもも忍耐強い努力が求めら

バイリンガル
定義は諸説あり定説はありません。二つの言語が四領域（聞く・話す・読む・書く）にわたり堪能であるというイメージですが、聞いてわかるが話せるのは片方だけ、聞いたり話したりできるが読み書きは片方だけというような状態でも、バイリンガルとしている場合があります。本書では、日本語と現地語を上手に使える言語能力があることとしています。

教育相談室 Q&A

Question

小学1年生をイギリスへ帯同し5年間滞在します。現地校で学ばせ、**英語と日本語のバイリンガルの子どもに育てたいのですが**、どのようにすればよいでしょうか。

Answer

結論から述べますと、日本語、英語のどちらも年齢相応の力に育て、場に応じた使い分けができるようにすることです。

外国語の習得には、まず第一に、その基礎となる母語である日本語の習得が大切といわれています。母語での言語形成の基本が身につく年齢は、つまり自分のことばで考えて表現したり、読んだり書いたりでき、コミュニケーションができるのは10歳前後と考えられています。この年齢で現地校に入学した子どもの場合には、外国語が母語に裏打ちされていくためバイリンガルの成功例は多いようです。外国語を習得するに足る母語が発達していることが、バイリンガルの条件といえます。

小学校1年生から5年間の滞在期間中にバイリンガルに育てたいようですが、子どもにとっては、母語を形成するための大切な期間にあたります。したがって、日本語環境の少ないなかでいかに日本語力を強め、そして現地校での英語力をも強めるかが大きな課題となります。そこで、家庭では常に日本語で会話し、それにしつけを通して子どもの行動パターンや価値観を保ち、日本人としてのアイデンティティを育てることが大切になります。この「家庭」では日本語、「学校」では英語という使い分けは、バイリンガルに育てる最も効果的な方法の一つです。しかし、滞在が長くなると学校で使う英語が「強いことば」、日本語が「弱いことば」になっていく傾向があります。このシフトを最小限にとどめるには、補習校あるいは通信教育を十分に活用することです。

日本語、英語の二つの言語はお互いに関係があり、一つのことばの力は他のことばの学習の基礎となっていきますので、まずは日本語を十分に伸ばし、それをバネに英語力を伸ばすことです。そして英語力が伸びてきたら、今度は英語力をバネにして日本語力を伸ばしていくという考えかたをしていかなければ、両言語に堪能にはなりません。

いずれにしても、二つの言語を、バランスを保って高めていくということはたいへんな難事業といえます。それは、たんに二つの言語を学ぶということではなく、ことばに裏打ちされた二つの文化を学ぶことになるからです。子どもは現地でバイリンガルの状態になったとしても、まだ小学生としての英語力にすぎませんので、帰国してからその保持・伸長をはかるためには、保持教室などの新たな対策を講じていく必要があるかと思われます。

れます。

　世界中の国々で日本人学校以外の学校に学ぶ子どもたちは、その大半が英語で教育を受けています。子どもたちの英語習得についての貴重な情報が今日まで積み上げられてきました。そのなかから、学齢段階にある子どもたちの英語習得について重要なポイントをとり上げてみます。

A. 現地校に早く適応するために

　現地校で授業がわかるようになるには時間がかかります。そのまえに、学校になじんで基本的な生活ができるようにならなければいけません。
　これについては、第1章の「3. 学校に入るための準備」をお読みください。

B. 学習用語の習得

　ことばがわからないのに学校の勉強についていけるのだろうかと、親も子どもも心配をします。小学校の高学年から中学1・2年では、レギュラー・クラスの学習についていけるようになるには、なかなかたいへんなようです。英語を習得するのに要する時間は、学校でのESLの授業、本人の英語に関しての意欲・関心等々により、一概にどれくらいとはいえず個人差が出てくるようです。一般的には、早くESLを終えることが大事なようです。
　日常の生活言語は、買い物をしたり友達との遊びに使うので習得までに数か月で足りるでしょう。しかし学習用語は国語をはじめ社会科、理科、数学などの科目学習における専門語ですから、この習得には相当の困難があり、たいへんな努力と覚悟が必要です。学習教科の内容は、科目によっては日本の科目内容と似通っている場合があるので、ことばの壁さえとり除くことができれば理解や習得に大きな障害は考えられません。算数・数学などは、ことばがわからなくても学習成績の良好なことも多いようです。
　学習用語の習得が進んだ日本人の子どもが、優秀な成績を上げて賞賛されている例は各地でみられます。また、宿題や明日の予習、テストの準備などに親子して取り組み、学習用語の不十分な時期を乗りきった涙ぐましい体験談も聞きます。TUTOR（家庭教師）による個人指導など、特別な対応や努力が実を結んだ例も多く報告されています。
　学習のための外国語を勉強する努力は、すべての教科の学習努力に優先すると考えて、学習用語の熟達にまい進させたいものです。
　なお、当財団では、算数（数学）・理科の学習用語が早く習得できるように、日本語と英語の対訳集『新・ことばのてびき』を発行・頒布しています。英語で学ぶ現地校・国際学校に通う際の活用をお勧めします。

『新・ことばのてびき』
財団が発行する刊行物の一つで、海外および日本の教科書によく使われる算数（数学）・理科の用語を集め、日英対訳で掲載した用語集（小3〜中学生向け）です。現地校や国際学校で学ぶ小・中学生にとって学習の力強い手助けとなります。
>>281ページ

(3) 現地志向、そのかたよりに気をつけて

　海外に在留する子女の実態調査などをみると、年齢別区分では3歳から5歳の幼児数が、全体のなかで大きな割合を占めています。しかしながら残念なことに、幼児の教育については、日本人学校や補習校などで一部受けられる程度であるため、外国語による現地幼稚園に通うという場合が多くなります。

　海外での幼児教育の問題は、国内と同様に基本的には家庭の役割に負うところが大きいのですが、現地の施設による幼児教育の問題とあいまって複雑なものにしています。幼児期は、その成長過程からみると重要な言語形成期であり、また生活意識や社会性などの重要な性格形成期でもあります。最近では、そうした発達段階にある幼児期教育の重要性について親の認識も高まっていますが、言語環境や生活条件が日本と大きく異なる海外で生活する場合、親はそれに合った理解と認識をもつことがいっそう必要になります。日本にいるときとは違った観点や対策をもった幼児教育が必要です。

海外での幼児教育の難しさ

　幼児期の指導の考えかたは、基本的には国内と変わりはありません。ただ問題点は、現地ではことばも環境もすべて外国のそれであり、発達の方向がともすれば現地に傾いて進みやすいということです。特に現地の保育園や幼稚園に通うようになると、先生の指導も友達との対話や動作も、すべて現地流にすすんでいきます。「まあいいだろう」と手をこまねいていると、日本流の"教え"が入り込むすきまがなくなってしまいます。

　幼い子どもは、いっしょに遊ぶアメリカ人の子どもがいたり、保育園や幼稚園に行き始めると急速に英語が上手になっていくたくさんの実例が、ニューヨークやロサンゼルス地域の日本人駐在員のコミュニティーから報告されています。「渡米直後の2年間、わが家では日本語を使うという方針をたてていれば、こんな苦労をせずに済んだのにと悔やみます。遊びに出たがるのをつかまえておいて『どうして日本語のお勉強をしなくちゃならないの』という子どもに日本語を教える苦闘は、二度とは繰り返したくありません」ともらされた感想は、この家庭ばかりではないようです。

　それでは、親はどういうことに心がけたらよいでしょうか。幼児期の指導の基本は、正しいことばと生活態度(習慣やしつけ)を育てること、それに発達段階に応じた知識や心情(思いやりや意欲など)を身につけさせることですが、それは国内でも外国でも同じことであるといえます。

　たとえば、ことばについて考えてみましょう。子どもは家庭で母親にまとわりつきながら、何くれとなくことばのやりとりを交わすなかで日本語を身につけていきます。最初は「うまうま」などの乳児語、そして「あんよ(足・歩く)」などとい

う幼児語へ、さらに成語としての日常語へと発展し、語いや表現も次第に増加していきます。外界のものや事象に対する興味や関心が高まると「これなあに」「あっ、あれは」といった発問を繰り返しながら、子どもは大人の返答を通して知識を吸収していきます。語いを増やすとか、日本語のきまりに従って話すとか、場面に応じたしゃべりかたをするとかは実際の場面で使ってみて、家族と話し合って、事柄を通していくうちに身につくものです。家族との対話を欠いた子どもは、ことばの成長を阻害されると考えていいでしょう。

　海外でも同様のパターンを歩むわけですが、大きく異なるのは、その相手役がほぼ母親に限られるということです。周りの子どももお隣のおばさんもお店のおじさんも、日本語の語り手ではありません。いつの間にか現地の影響を強く受けるようになる状況のなかでは、母親の配慮が日本国内にいるときの何倍も必要でしょう。母親の愛情のこもった子どもへの語りかけを通して、正しい日本語の発音、多様な意味あいをもつことば、感動を表わす表現などを教えるように努めましょう。特に現地の幼稚園などに通い始めると現地語の習得がすすみ、次第に身につけた日本語を追いはらう勢いをもつようになります。家庭での日本語の維持には、いっそうの努力が必要となってきます。絵本や読みものによる対話や読み聞かせ、童話のカセットなどの利用、童謡をいっしょに歌うことなどの工夫を試みましょう。

　また、ことばといっしょに日本の心ともいえる日本の四季折々の行事、たとえばお正月の遊びやひな祭り、七夕などに興味をもたせるようにしたいものです。語いを豊富にするとともに、日本的な心情を養うことになります。

　日本の生活様式にそった習慣やしつけも、無理な形にならぬよう自然にとり入れましょう。日常のマナー、あいさつやエチケット、身の回りの片づけ、整理などの習慣をつけていくときに現地流と同時に日本式のものも教えるようにしたいものです。

　現地ことばや生活習慣だけにかたよった子どもは、いつの日か日本に帰国したとき、その社会生活に順応するのに思いがけないほどの苦労を負うことになるのです。

(4) 現地不適応のかげりを見落とさない

　外国での幼児教育の途中で陥りやすい落とし穴に注意するという意味で、気をつけていただきたいことがあります。

　乳幼児をつれての海外生活は、母子ともにたいへんな負担がかかると覚悟したほうがよいといえます。いくつかの利点といっしょに、思いがけないつまずきもあります。多くの例を聞いてわが子もうまくなじむものと思ってすすめた保

育園通いが、子どもの心に負担と混乱を招いて言語習得が遅れ、母子ともに不安を募らせている状況が少なくありません。

子どもの不安やストレス

　これは、2歳2か月の男児をともないニューヨークに赴任したある駐在員一家の苦労話です。夫人のB子さんは現地に落ち着いて間もなく息子を保育園に通わせたところ、突然、英語の環境に入れられた当人は、とまどいと恐怖のなかで、日本人の子どもとはいきいきと遊ぶのに、保育園の現地の子どものなかでは、立ちつくすばかりだったそうです。

　やがて、保育園に通うことを拒否して、朝になると腹痛を訴えるようになり、外出すると母親にすがりつき離れない。「落ち着いた子ね」と周囲にほめられていた子が、やたらとキョロキョロして、神経性の下痢やチック症状をみせるまでになってしまいました。保育園でことばがわからず、先生とも友達ともコミュニケーションのない、けんかをしかけられてもいい返すこともできない孤立不安の状態が、いかにかわいそうなものか想像してみてください。

　わが子はお友達をすぐにつくって、周囲にとけこんでことばも上達してうまくやっていけるだろうと、親は思いがちです。しかし、友達のことばも先生のいうこともわからないまま、グループやクラスのなかで一人でぽつんとしているわが子の姿も想像してみなければいけません。保育園に預けて帰ろうとする母親を追って、悲鳴をあげている日本人の子どもの世話に悩むスタッフの方たちの話が実に多いのです。

　現地にとけ込めないということと似たような状況ですが、原因や動機がやや異なるケースもあります。

　外国の生活が始まってしばらくしてから、国内にいたころは明るく元気で屈託のなかった3～4歳の幼児が、次第にものおじしたり、へんにすねたり、母親のいうことを聞かなくなったり、妙にじれて口をきかなくなったりすることがあります。一種の自閉的な傾向です。これは日本にいるときと違って、近隣の人たちや遊び相手との交流がとだえて、わが家だけの核家族化、孤立的な生活になることが原因だといわれています。いままでのように外遊びもできず、外出も車による往復だけとなり、母親相手の家のなかだけの世界に閉じ込められ、見知らぬ人間や生活環境のなかに自分が押し込められたという、幼児なりのストレスの表われなのです。

父親と母親の役割の大切さ

　子どもたちにとって環境の急変や異言語のなかでの生活を強いられることは、こんなにも混乱を招き、心理的ストレスをよび、不安・不満をつのらせるも

のなのです。子どもが助けを求めて発しているシグナルを見落とさないで、適切な対応をすること、それこそ保護者である親のつとめです。

　まず父親と母親が気持ちをそろえて、わが子の毎日を見守っていく家庭の暖かい雰囲気が必要です。とかく、父親は海外赴任の忙しさに追われて、母親まかせの子育てを容認しがちです。日本にいるときには、母親一人で育児の情報を集めることもできますが、一時の悩みを相談する場も肉親の相談相手もない外国では、父親の育児無関心は母親のストレスをいっそう増大させます。それが子育ての障害のもとになることは間違いありません。海外での育児には、父親の協力が国内にいるときよりも必要だということです。育児のための家庭のやわらかく穏やかな雰囲気づくりが、父母の最初の役割と考えましょう。

順応へのゆっくりとしたリズムと指導のペース

　子どもに安心感をもたせるために、ゆっくりとした環境順応へのリズムを心がけましょう。住居環境や地域にとけ込むことも、友だちづくりも、保育園・幼稚園通いも徐々に慣らしていくようにしたいものです。親のゆっくりとした指導のペースが、子どもに外国生活の安心感を与えます。外国生活に対する子どもなりの適応への素地が整ってきてからの入園・入学でも遅くはありません。

　まず第一に、自宅の周囲の状況を子どもにわからせることです。隣の家はどんな形の家で、庭にはどんな植木や草花が植えられているか、家の近所にはどちらの方角に公園や広場があるか、この土地の子どもたちはどんな遊びをしているのかなど、一日に一度はかならずいっしょに散歩しながらわからせていきましょう。そして外国という違った環境でも、日本にいたときと同じように、わが家が安心できる生活の場であることを納得させる必要があります。

　第二には、こうした不安をとり除く努力を続けるなかで、親子で外国人の幼児との遊びの場をつくるように努めるのがよいでしょう。子どものことですから、ことばは通じなくても、互いに自分のおもちゃなどを見せ合いながらけっこう楽しく遊ぶものです。子ども同士の人間関係をつくることから、閉ざされた心を解きほぐしましょう。

　幼児がストレスを感じているような時期は、行儀のことやしつけめいたことは押しつけず、のびのびと振る舞うことができるようにしむけることです。いたずらに励ましたりしないで、わが子の心の推移を細かに観察しながら、子どもが自信をもって新しい世界を切り開いていくことができるように、心配りをしましょう。それが、ゆっくりとした順応のリズムと指導のペースでもあります。

(5) 幼稚園の入園

　幼稚園は幼児にとって家庭という狭い限られた生活領域から、初めて小さいながら社会という開かれた生活領域に経験を拡大する大切な学習の場です。言語や様式は日本のそれと異なるにせよ、やはり通園させることは大きな意味があると考えられます。

　どこの国にも日本の幼稚園にあたる教育施設があります。公立学校に併設された小学校入学の前段階としてのナーサリー・スクールやキンダーガーテン、あるいは学校から独立した私立の保育施設や幼稚園もあります。

　ここで心にとめなければならないことは、外国の幼稚園であるだけに、その教育やしつけはその国の伝統的な生活習慣や考えかたにもとづいて行われ、その国の幼児語を中心に、その国の幼児として教育がなされるということです。したがって、それがそのまま日本の生活に共通する性質のものであるとは限りません。これらの事情を正しく把握して通園させ、一方、家庭ではこの項までに述べてきたような"海外での幼児教育の留意点"をふまえて、適切な指導を加えることが大切です。

何歳から現地の幼児施設に入園させたらよいか

　ナーサリースクールからかキンダーガーテンからかと、多くの方が悩まれるようです。日本でも、1年保育、2年保育、3年保育あるいはゼロ歳からの保育というように就園はさまざまです。早期教育の重要性を説く方々も多く、おむつのとれないうちから"習いごと"をさせるといった現象さえ耳にします。教育熱心な親はどこの国でもみられますが、外国でもよい教育施設に預けるには、お金の問題と順番待ちが必要なところがたくさんあります。ウェイティング・リストに名前を登録してから入園まで数か月、長ければ1年も2年も待たされるという施設もあるようです。

　アメリカでは、その年5歳になる子が9月からキンダーガーテンに入園します。イギリスでは、小学校入学が5歳なので学齢前の幼児は、3歳を過ぎるとナーサリースクールに通います。この公立幼稚園は無償で設備も整っているので、常時、希望者が定員を超えていて入園できるとは限りません。

　地域の教育施設の受け入れ状況がどうかを考えなければいけませんが、わが子の入園を何歳からにするかの第一の要件は、「ことばは通じない、しかしせめてそこにある遊び道具から、遊びそのものが思い浮かび、イメージできる」ということです。そして第二に、子ども自身に遊ぼうとする意欲があることです。幼稚園は、子どものために特別に用意された子どもが活動しやすいように設定された場です。しかし子ども自身が教室にある諸道具から遊びをイメージできること、そしてそれを使って遊びたいという意欲のあることが出発点になります。

ナーサリー・スクール
アメリカのナーサリー・スクールは、一般的に2歳から4歳児を対象とした保育施設で、キンダーガーテンに入る前の学習準備や社会経験を積ませることに主眼が置かれ、教師は子どもの自発性や独立心を養うように導きます。保育時間はさまざまなコースが設定され本人の実態に合わせて選択できます。
>>94ページ

キンダーガーテン
アメリカのキンダーガーテンは就学前の準備教育として位置づけられている幼児教育施設です。教育内容には言葉や数、理科や社会科的なものまで含んでいるので、日本の幼稚園とは機能を異にします。一般的には公立校に併設されています。
>>95ページ

教育相談室 Q&A

Question

幼稚園児を海外へ帯同します。現地の幼児教育施設へ入れることになるのですが、**現地での幼児教育は、どんなことに心がけたらよいでしょうか。**

Answer

日本の幼稚園教育は、健康、人間関係、環境、言語、表現の五つの領域で進められています。しかし、現地の幼稚園がどのような教育目標のもとで行われているかは国によって異なってきます。また、日本の幼稚園の活動形態は、「一斉保育」が一般的ですが、海外は「自由保育」が主流の場合もあります。したがって入園に際しては、まず、その幼稚園がどんな点に力点を置いた教育を行っているのか、実際にその施設と子どもの様子を見学したうえで入園させたいものです。

次に通園を始める時期ですが、決して焦る必要はありません。親の目からみて、現地到着後の生活の急変に対しての緊張感や違和感が和らぎ、健康状態も平常に戻ったという時期が、通園可能なときと考えてよいでしょう。

入園後に留意すべき点としては、母語である日本語と外国語の関わりがあります。

入園すると、先生や子どもたちが使っている現地のことばを理解できなければ仲間に入っていけません。「みんなと遊びたい」、「みんなと話したい」、「友達をつくりたい」という気持ちから、幼児は懸命に外国語をわかろうとします。幼稚園の毎日の生活の動きとともに、ことばと行動・行為を一体のものとして覚えようともします。その結果、家では日本語、幼稚園では外国語と、二通りのことばの生活が始まることになります。

幼いころの外国語習得は、個性により左右されます。引っ込み思案の子、人見知りする子、無口な子などの場合は、一般にことばの習得は遅れがちになります。このような場合、親としては毎日の幼稚園生活に対し、ていねいな観察眼をもち続け、温かい保護者として接していくことが望まれます。

いずれにしても、外国語が身についてくると、今度は母語である日本語の発達が停滞していく恐れが出てきます。二つの言語習得が同時進行という環境のもとでは、外国語の習得は早いといえます。しかし、残念ながら幼児期に身についた外国語は、帰国後、日本語環境に慣れるにしたがい忘れてしまうことが多いようです。したがって、幼稚園での外国語は覚えるにまかせ、家庭においては日本語環境をしっかりつくり、母語の発達を促すことのほうが大切といえます。この点を一歩間違えますと、どちらの言語も習得できないまま学齢期を迎え、学習面で支障をきたすことになりますので、十分な注意が必要です。

たとえば教室に絵本が用意されています。それに気づいたとき、「ぼくの家にもある」という連想から、母親といっしょに本を見た姿をイメージして、それと同じ活動を自分からやろうとすることが必要です。その"自らやろうとする気持ち"の濃淡は、日常の衣服の着脱や排便、洗面、手洗い、食事などの基本的行動への取り組む姿から判断できます。これらの一つひとつに積極的に気持ちをこめて取り組んでいること、やりとげようとする自立の芽がうかがえること、これらが入園の前提です。

(6) 幼児教育の制度と施設

世界の国々には、それぞれにふさわしい幼児の教育機関が存在します。そのすべてを紹介することはできません。そこで、日本人に親しみ深くわかりやすいことと、世界各地に実際に多く設立されていることから、アメリカの幼児教育の制度と施設の概要を紹介します。日本の幼児教育とくらべてみてください。滞在する現地の幼児教育施設を考えるうえで参考資料となるでしょう。

もっともアメリカでも州により、そのなかの地域により教育制度や施設の様子が異なる場合があります。ここでは、おもにニューヨーク市の例をあげます。

デイケア・センター

日本の託児所と考えてよいでしょう。仕事をもつ親のためにつくられていて、朝7時ごろから夕方6時ごろまで子どもを預かってくれます。プレ・スクールと同様のタイプもあれば、インファント（幼少児）から小学生の下校後の世話（日本でいう留守家庭児童）もするデイケア・センターもあります。午前組、午後組と分かれているもの、朝から夕方までの終日保育のもの、公認のもの未公認のもの、さらに、教会や企業、学校、地域グループ等の運営者によって違いがあるものなど多種多様です。

プレ・スクール、ナーサリー・スクール

どちらも実質的には同じデイケア（託児所）と考えられます。2歳から5歳の幼児を対象にして、このあとに1年間の幼稚園教育を受けるための準備教育的な施設であるといえます。半日制のものもあれば、週に何日かのプログラムをもつというものもあります。子どもに協調性や幼児施設になじませるために、3歳くらいから入園させる傾向が増えてきたようです。日本の保育園と考えてもいいでしょう。プレ・スクールは午前だけのプログラムで、基礎学習やゲーム、図工などをとり上げています。ナーサリーでは、昼食や昼寝の時間をプログラムに組んで、午後3時ごろまでの保育時間が普通です。

キンダーガーテン

　公立の小学校に併設されています。小学校入学前の5歳児が1年間ここで教育を受けます。私立のキンダーガーテンもありますが、公立の場合は学区内の住民であれば全員入園でき、学費は無料です。日本でも幼稚園教育は学校教育の範ちゅうに入りますが、アメリカでも義務教育として小学校の入学準備のための基礎で、表現、言語、算数、理科、音楽などの遊びを中心にして学びます。しかし子どもの活動はあくまで自由な動きを大事にします。子どもの好きな活動については、描画、おもちゃ遊び、クッキーづくりなどいろいろで、その点は日本の幼稚園と趣きが違います。

　午前中で終了するもの、午後まであるもの、午後は週3日など学区によって違いがあります。

　これら幼児の教育施設は、いずれも公立と私立があります。私立のなかには、ナーサリー・スクールから12年生（日本の高校3年生）までの一貫教育を経営しているところもあります。場所によっては、日本人による日本語の幼児教育が選択可能な場合もありますが、基本的には地域の教育施設に預けることになります。

幼児教育施設を選ぶポイント

　子どもにとっては、初めて家庭を離れる経験が外国社会でということです。精神的負担の大きい毎日が始まるわけです。確かな情報を集めて、実際に施設を訪問、見学して納得のいく施設を選びたいものです。

　ロス・アンジェルスで日本語教師をしている伊藤裕子氏によれば、施設を選ぶにあたり次の点に注意するよう指導しているとのことです。

- ○ 施設職員（先生、アシスタント）のチームワークがよく、子どもたちへの配慮が行き届いていること。
- ○ 教育プログラム（カリキュラム）が充実していること。
- ○ 家庭的でくつろげる環境づくりがなされていること。
- ○ 設備、安全、保健などの管理が徹底していること。
- ○ 昼食やおやつは、栄養価が高く衛生的に準備されていること。
- ○ 指導記録や家庭との連絡方法などが、きちんと管理されていること。

　いくつかの施設を見学したり、在留邦人に評判を尋ねたりして、その特徴や違いをつかんで比較してみることが大事です。なお、訪問はかならずアポイントメントをとってからにしましょう。

第3章 ［海外編Ⅱ（学校教育）］

1. 全日制日本人学校
(1) 概　要
(2) 日本人学校で学ぶ意義
(3) 変遷の概略
(4) 規　模
(5) 運営の形態とその地位
(6) 教育内容
(7) 入学手続き

2. 私立在外教育施設等
(1) 学校を選ぶときの心構え
(2) 私立在外教育施設一覧

3. 外国の教育制度にもとづく学校
(1) 外国の教育制度にもとづく学校で学ぶということ
(2) 現地校、国際学校等の概要
(3) 現地校で学ぶ
(4) 国際学校（インターナショナルスクール）等で学ぶ
(5) 学校を選ぶときの心構え（まとめ）
(6) 言語習得の心構え
(7) 言語学習の実際、ESLなど

4. 高校生の帯同渡航と学校の選択
(1) 最近の傾向
(2) 帯同を決める前に
(3) 学校の選択
(4) 退学・休学・留学（出国前の心得）
(5) 現地の高校への受験と入学手続き
(6) 外国の学校における学力向上について

5. おもな国の学校制度
(1) アメリカの学校制度
(2) イギリスの学校制度
(3) フランスの学校制度
(4) ドイツの学校制度

6. 諸外国のおもな大学入学資格試験
(1) 国際バカロレア（International Baccalaureate）
(2) アメリカ
(3) イギリス
(4) フランス
(5) ドイツ

7. 補習授業校
(1) 補習授業校（略して補習校）とは
(2) 補習校の授業・教師・施設
(3) 入学手続きと教科書

8. 通信教育
(1) 小・中学生のための財団の通信教育（小・中学生コース）
(2) 通信教育（小・中学生コース）のしくみと内容
(3) 通信教育（小・中学生コース）の申し込み方法と費用
(4) 幼児のための財団の通信教育
(5) 財団の小論文の通信教育（小論文コース）

この章では、具体的に海外における学校形態や学校教育の内容、学校生活の様子、また帰国後、帰国子女として中学校、高校、大学に編・入学する場合に注意しなければならない受験の資格・条件などについて解説します。

海外での学校形態
　海外で選べる学校形態をまとめてみますと、およそ次の五つが考えられます。
(1) 全日制日本人学校（小・中学校が学齢対象で、通称「日本人学校」という）
(2) 私立在外教育施設等（日本の私立校や企業などが外国に設立した学校）
(3) 現地校（現地の国・公・私立の小・中学校、高校の総称）
(4) 国際学校等（インターナショナルスクールおよび通称「アメリカンスクール」、
　　「ブリティッシュスクール」、「フレンチスクール」などと呼ばれる特定の外国
　　人学校等）
(5) 補習授業校（通称「補習校」という）

　ただし、(5)の補習授業校は、現地校や国際学校、外国人学校に通学する児童生徒を対象に日本国内の小・中学校の一部教科の基本を補充する教育施設ですから、(1)(2)の学校とも(3)(4)の学校とも性格はまったく異なります。

　それぞれの学校には異なった教育目標があり、その実現のためにそれぞれの国の固有の伝統や文化に根ざした授業形態があります。どれを選択するのがいちばんよいかは、軽々しくいえませんが、以下にそれぞれの学校の特徴や形態を具体的に説明しますので、選択する際の参考にしていただきたいと思います。

1. 全日制日本人学校

(1) 概　要

　日本人学校は、世界各地の海外駐在員をはじめとする在留邦人が、義務教育年齢の子どもたちのために、日本国内の小・中学校と同等の教育を確保するために、自主的な発意と熱意によって設立した在外教育施設です。

　設立にあたっては、各地の在留邦人が組織した日本人会などがその主体となり、運営は、日本人会や進出企業の代表者、在外公館職員、日本人学校校長、保護者代表者等からなる学校運営委員会（学校によっては理事会）によって行われています。運営経費は、授業料などの保護者負担金、企業・団体の寄付金、および日本政府の種々の援助金等によって賄われています。日本人学校は、いわば非営利の公的な性格をもつ私立学校ということになります。

　1991（平成3）年11月、文部省（現・文部科学省）は在外教育施設に対する日本の法令上の取り扱いに関し、それまでの「文部大臣指定制度」を改善し、「文部大臣認定制度」を実施することを発表しました。

　この「認定制度」の趣旨は、在外教育施設における国際化に対応した教育をいっそう推進するとともに、その適切な運営と教育水準の維持向上をはかろうとするものです。具体的には、文部大臣が認定した在外教育施設における教育活動については原則としてわが国の教育課程の基準によりつつ、海外に所在する教育施設としての特色を十分に生かした教育課程を編成し、それぞれの地域にふさわしい創意と工夫をこらした教育活動を展開できることを明確にするとともに、認定した在外教育施設の生徒・教職員について、日本国内の小・中学校の生徒・教職員と同様の取り扱いを認める措置であることを意味します。

　その結果、海外の全日制日本人学校（小・中学部）については、この認定制度により、次の2点が明確化されたことになります。

① 指導に関することでは、小学部・中学部とも、それぞれ文部科学省の指導基準（学習指導要領）に準じて、指導の科目数、内容、方法、時間等、国内の学校の教育課程と同等の課程を有する学校であること。したがって、日本の子どもたちが各地の日本人学校にいつ編入しても、また帰国して日本の学

文部大臣認定制度
日本人学校および私立在外教育施設は、小学校、中学校または高等学校の課程と同等の課程を有する旨の認定を得ることができます。認定を得た場合には、当該在外教育施設の生徒について、高等学校または大学の入学資格等が付与されるとともに、教員についても、教員免許状等に関する取り扱いの一部を、国内の小学校、中学校または高等学校の教職員と同様にすることとしています。2002（平成14）年現在、日本人学校83校、私立在外教育施設14校、計97校の在外教育施設が認定されています。

学習指導要領
>>108ページ

校にいつ編入しても、学習上での連続性が保たれること。
② 資格等に関することでは、日本人学校の中学部を卒業する者は国内の中学校を卒業する者と同等以上の学力があると認められる者であること。

(2) 日本人学校で学ぶ意義

「日本人学校の小学部低学年でかけ算の九九や、暗算式の（繰り下げ式）引き算のやりかたを勉強していたので、現地校に編入したとき、算数でほめられ、それが自信のもとになった」、あるいは、「高校受験の年に帰国したが、日本人学校だったので、特別の勉強もせず心配もなかった」など、日本人学校で学ぶ意義を端的に物語る日本人学校経験者の感想を数多く聞きます。

これらの感想から日本人学校で学ぶ意義、ことばを換えていえば日本人学校を選ぶ理由は次のように、まとめることができるでしょう。

A. 日本人としての基礎教育を受けさせる。

日本人学校では、国内の義務教育に準じた教育が行われていますので、日本人としての基礎教育が受けられます。その基礎教育のうえに、各日本人学校が行う現地語ならびに現地理解教育などによって培われる国際的な資質のかん養が期待できます。

B. 学年相当の日本の生活常識を身につけさせたい。

滞在が終われば日本に帰り、日本人として生活することになります。その際に、発想の面でも、考えかたのうえでも、生活習慣の点でも、年齢相当の日本の生活常識、つまり日本式の礼儀や敬語などを身につけさせたいものです。それらはやはり日本人学校で学ぶことから、自然に育てることができると考えられます。

C. 学年相当の日本語を身につけさせたい。

母国語は、片言の話しかたが終わる4〜5歳くらいまでに土台ができ、小学校の低学年からその言語特有の、唇のかたち、息つぎ、舌の動かしかたなど訓練を受け、発達し定着していくといわれます。学年が進むにつれてさまざまな初歩的な文法の裏付け、学年相当の語いが増していきます。

将来、複雑な日本語を読みこなし話していかなければならないと考えれば、特にこの時期に日本語で学習することは大きな意義があります。

中学部卒業
文部大臣認定制度により日本人学校および私立在外教育施設は、小学校、中学校または高等学校の課程と同等の課程を有する旨の認定を得ることができます。ですからそれらの中学部を卒業すると、国内の中学校を卒業する者と同等以上の学力があると認められます。

D. 国内の教育との連続性をもたせ、学習上の戸惑いをなくしたい。

　どこの日本人学校も、文部科学省の学習指導要領に従い国内の学校の指導内容・指導時間に準じていますから、国内の学校に比べ進度に大きな違いはありません。ことばはもちろん日本語ですから、学習上の戸惑いもないといえるでしょう。

(3) 変遷の概略

　海外に設置された日本人学校の第1号をいずれにするかは議論の分かれるところですが、1953（昭和28）年には台北市にもっとも早く海外勤務者子女のための台北日本人学校が設立されています。在外公館が学校設立に初めて公式に関わったのは、1956年設立のタイのバンコク日本人学校以降でした。当初の10年あまりは指導にあたる教員の立場も、在籍する児童生徒の帰国後のさまざまな資格・条件も不安定なものでした。しかし内外の関係者の熱意や努力と外務省・文部科学省の諸施策の推進により、現在では日本人学校の内容も大幅に改善されてきました。

　たとえば、教員の派遣も政府派遣教員として、その学校の必要教員の8割が国から派遣されています。また、日本人学校で使用する教科書の給付も国内の児童生徒と同様、無償で行われています。さらに、国は日本人学校の一般教材や理科教材、コンピューター教育の整備等を行い、子どもたちの学習がスムーズに行えるよう補助をしています。海外の日本人学校の特色ある教育活動である国際理解教育・外国語教育の推進についても、国が同様の援助を行い充実をはかっています。このように、日本人学校の教育内容は、文部科学省・外務省の援助で年々充実してきています。

派遣教員
文部科学省は、国内の義務教育諸学校の教員のなかから、各都道府県教育委員会等が選考して推薦する教員について選考を行い、適任者を決定し、これらの教員を対象に研修を行ったうえで2年間の期間で文部科学大臣による派遣教員の委嘱を行い、原則として毎年度当初に各在外教育施設（日本人学校および大規模な補習校）に派遣しています。

(4) 規　模

　2005（平成17）年4月15日現在、日本人学校は世界50か国等に85校設立され、17,658人の小・中学生が学んでいます。規模は大小さまざまで、外務省の調査によると次の表5（次ページ）のとおりです。

　学級編成については、大規模校では1学年が数学級もあり学級活動もクラス単位でできますが、小規模校では単学級あるいは低、中、高の複式学級を組まざるを得ないところもあります。

　しかし小規模校では1学級の人数が少ないので、かえって先生の目が行き届き、きめ細かな個人指導ができますので、全体の雰囲気はきわめて家族的で、上級生と下級生の間には、兄弟姉妹のような関係さえみられます。

表5　規模別日本人学校数　　　　　　　　　　　　（2005年4月15日現在　外務省調べ）

区分		日本人学校数（％）	総児童・生徒数（％）	備考
500人以上	1,000人以上	4校（4.7）	7,464人（42.3）	シンガポール, バンコク, 上海, 香港
	500～999人	5校（5.9）	3,563人（20.2）	ジャカルタ, 北京, クアラルンプール, 台北, デュッセルドルフ
100～499人	400～499人	2校（2.4）	903人（5.1）	マニラ, ロンドン
	300～399人	2校（2.4）	655人（3.7）	ソウル, ブラッセル
	200～299人	6校（7.0）	1,413人（8.0）	
	100～199人	12校（14.1）	1,618人（9.2）	
	小　計	22校（25.9）	4,589人（26.0）	
100人未満	50～99人	13校（15.3）	932人（5.3）	
	50人未満	41校（48.2）	1,110人（6.2）	
	小　計	54校（63.5）	2,042人（11.5）	
	合　計	85校（100.0）	17,658人（100.0）	

　帰国子女の体験作文に、日本人学校で学んだ思い出として、規模の大小よりは先生や友達との心の結びつきを書いたものが多いのも、うなずけることです。

　このように各地の日本人学校の事情はさまざまですが、教職員はそれぞれに特徴をもったよい点を生かしながら、指導方法を工夫しています。各家庭がこれを理解・尊重し応ずる姿勢があれば、子どもたちの学習の効果を着実に上げることができるでしょう。

(5) 運営の形態とその地位

日本人学校の性格

　最初の項で、日本人学校は、公的性格をもつ私立学校であると述べましたが、その理由は日本人学校はその地域の在留邦人が、子どもたちのために日本国内の小・中学校と同等の教育を確保するため、自主的な発意と熱意とによって設立した学校だからです。したがって、保護者は運営経費として、入学金や授業料、スクールバス代、冷暖房費等、学校の運営委員会で決めた諸経費を負担しなければなりません。

　国の援助としては、外務省からは校舎の取得や借用についての費用補助、現地採用教員の人件費補助があり、また文部科学省からは、在籍児童生徒への教科書無償配付、学校教材・教具の整備、派遣教員人件費などがあります。このようなかなりの財政的援助が行われています。

　なお学校の運営は、現地の日本人会や企業関係者、地域によっては在外公館の代表者によって構成される運営委員会、または理事会が行っています。

現地採用教員
日本人学校の先生には、日本政府から派遣される派遣教員のほかに若干名の現地採用教員がいます。現地に在住している日本人や現地の人たちで、現地に適任者がいないときには、日本から招くこともあります。

教職員

　日本人学校の教育を支える教職員については、文部科学省が毎年、全国の小・中学校の教員のなかから選考を行い、原則として2年任期で派遣しています。この派遣制度は、日本人学校の教育条件整備の大きな柱となっており、2005（平成17）年4月現在、1,277人の教員が配置されています。

　また、日本人学校では派遣教員のほかに若干名の教員を現地採用する場合があります。これらの教員は、現地に在住している日本人や現地の人たちで、現地に適任者がいないときには、日本から招くこともあります。

　また学校の規模により違いはありますが、学校にはそのほかに事務、用務、警備、スクールバス運転手などの専門職員が勤務しており、学校の必要業務を担当しています。

現地における学校制度上の位置づけ

　日本人学校は外国に設置された学校ですので、それぞれの国からさまざまな法制上の制約を受けることは当然のことです。たとえば、教育課程のなかに所在国の言語とか文化に関する指導を盛り込むことが設立認可の条件として義務づけているような国もあります。

　特に法制上の位置づけは国によりさまざまで、現地の法律では正規の学校とみなされない場合もあります。

　しかし、日本人子女が入学した場合には、日本の法律（学校教育法施行規則等）により、日本国内の学校への進級や編入、卒業等の資格・条件に関しては、日本国内の小・中学校とすべて同様に取り扱われていますので、帰国後もまったく心配はありません。

(6) 教育内容
ある学校の教育目標から

　ある日本人学校の学校要覧に記載されていた学校教育目標は、
　1. 進んで学習し、よく考える子
　2. 礼儀正しく、おもいやりのある子
　3. ねばり強く、体力づくりをする子
　4. 世界に目をむける子

とあります。これらは国内の小・中学校と少しも変わらないようです。実はそれが日本人学校教育の根本なのです。前にも述べました「国外にいても、日本と変わらぬ教育を保証しよう」という日本人学校設立主旨の表われです。

　それはごく当然であり簡単そうにみえますが、周りの生活習慣が違い、学習

環境がまったく異なる外国で、この主旨を実現していくにはたいへんな努力を必要とします。これに加えて、その地域特有の風俗習慣や諸環境の特徴を生かして、そこでなければ育成できないもの、学べないことなどの内容を盛り込むのです。たとえば、「世界に目をむける子」の指導では、その地域の特色をうまく生かし、学習指導や地域との交流活動を進める工夫をしています。

教科、時間数等

　日本人学校で行われる学習科目は小・中学校とも約10〜12教科で、教科書は日本と同じものを用い、文部科学省の制定した小・中学校学習指導要領にもとづいて計画された学習が行われます。そのうえに現地を理解し現地のことばを学ぶために、その国の地理や歴史の時間、あるいは現地人の先生から現地語会話の時間などが加わるのが一般的です。

　参考までにいくつかの例を示しますと、英会話の授業は小学校1年からもっとも少なくて1時間、多いところでは3時間設定しています。中学生になると、この時間とは別に日本と同じ英語の時間が3〜4時間設けられます。授業をご覧になるとわかりますが、現地の先生といっしょに楽しそうに学習しています。

　現地理解の学習としては、その国や地域の地理・歴史を題材にする場合が多いようです。学校によって、たとえば国際学習とか現地学習の時間として設定しています。また、その学習成果を文化祭などで発表し、参観に来た地元の人たちからも喜ばれ、感心されています。

　学習上の最大のメリットは、使用言語が日本語のため帰国・編入に際してことばで戸惑うこともなく、学習用語を習う時間を特別に設ける必要がないということです。

教科以外や行事の活動

A. 教科以外の活動

　教科以外の活動では、日本と同じように児童会・生徒会（小学校は児童会、中学校は生徒会）の自治活動やクラブ活動などがありますが、学校によっては校庭の大きさの違い、児童・生徒数の違い、あるいはスクールバスの巡回経路・出発時刻、治安状況など、日本では考えられないような理由で、放課後のクラブ活動の種類や時間に制限があったりします。しかし、どこの日本人学校も先生方の工夫と努力で精一杯の活動をしています。

B. 行事活動

◎校内行事のおもなもの
・運動会……ほとんどの学校で小・中合同で行う一大イベントです。回を重ね

ているうちに、学校だけでなく、日本人会全体の行事になったところもあります。
- 学芸会・文化祭……歌あり劇ありダンスあり、ときには近隣の生徒を招いて、交流を深めることもあります。学校によっては、スピーチコンテストを計画し、習い覚えた現地語で一生懸命にスピーチする姿も見られます。
- 展覧会・展示会……遠足で見てきた自然を描いた風景画の展覧会、社会科見学で興味をひかれたことをさらに深く追求した研究物など、工夫をこらして展示されています。学校によっては近隣の学校との共同行事にして、交流展覧会としているところもあります。

これらのほかに学校規模によっては写生会、七夕まつり、もちつき大会、ひ

表6　ある日本人学校の時程表

朝の会	1校時	2校時	3校時	4校時	昼休み	5校時	6校時	帰りの会
8:30〜8:50	8:50〜9:35	9:40〜10:25	10:55〜11:40	11:45〜12:30	12:30〜1:00	1:30〜2:15	2:20〜3:05	3:05〜3:20

表7　ある学校の週当たりの授業時数（週当たり授業日数5日）

学年	教科	国語	算数(数学)	社会	理科	生活科	図工・工作	音楽	家庭・技術	体育	道徳	特別活動	英語	英会話	総合ほか	計
小学部	1	8	4			3	2	2		3	1	1		3	3	30
	2	8	5			3	2	2		3	1	1		3	2	30
	3	7	4	2	2		2	2		3	1	1		3	3	30
	4	7	4	2.5	2.5		2	2		3	1	1		2	3	30
	5	5	4	3	3		1.5	1.5	2	3	1	1		2	3	30
	6	5	4	3	3		1.5	1.5	2	3	1	1		2	3	30
中学部	1	4	4	3	3		1.5	1.5	2	3	1	1	4		2	30
	2	4	4	3	3		1.5	1.5	2	3	1	1	4		2	30
	3	4	4	3	3		2	1	2	3	1		5		2	30

表8　ある日本人学校の小・中学部の課外クラブ例

小学部

クラブ名	クラブ名	クラブ名
1. 空手	5. ソフトボール	9. 茶道
2. 陸上	6. テニス	10. 手芸
3. 卓球	7. バスケットボール	11. 絵画・工作
4. サッカー	8. クリケット	12. 音楽

中学部

クラブ名	クラブ名
1. 卓球	6. 陸上
2. サッカー	7. 軽音楽
3. テニス	8. 美術
4. バスケットボール	9. コンピューター
5. バドミントン	

なまつり、卒業生を送る会など独特の行事が計画されています。

◎校外行事のおもなもの
- 遠足見学会……学校がある地域のさまざまな状況があり一概にはいえませんが、地域理解や現地の自然に触れる目的で行われます。児童生徒の安全確保に万全を期しながらの計画です。
- 宿泊修学旅行……小学校6年生、中学3年生に多い行事です。その国や地域の治安状況によりますが、教職員の懸命の努力と地域の温かい理解で、実施している学校が数多くあります。

このほかに、校内外行事全体を通して地域の学校との授業交流会、スポーツ交歓会などが計画され、行事活動などの実際の体験を通して、地域理解や地域交流を、さらに深めようと工夫しています。

現地の人々は、日本人学校の児童生徒のこのような学ぶ姿勢、真剣に努力する様子にたいへん好意をもってみてくれています。場所によっては現地の人々と日本人学校との協力態勢が組まれているところもあります。

(7) 入学手続き

日本人学校を選択することが決まったら手続きがあります。学校訪問は、まず電話で都合を確かめてからのほうがよいでしょう。

学校訪問をする際には、できれば父親と母親がそろって、編入学する本人たちを連れて行くのがのぞましいでしょう。明日から数年間、お世話になる日本人学校の雰囲気を親子で直接、肌で感じてほしいと思います。

持参する書類は、日本の出身学校で渡された在学関係の書類（学校名の入った大型の封筒です。渡されなければありません）と在学証明書です。

校長（教頭）先生から日本人学校の概略をうかがった後、編入学の諸手続き・各種の書類の説明（入学願い・学校諸経費振込み書・スクールバス申請書・ジャパンクラブ加入書・PTA規約・学校規約等々）に移ります。そのあと学級担任を紹介され、簡単に校舎内をみせてくださるかもしれません。または、そのまま新しい学級の友達に紹介されることもあるでしょう。いよいよ日本人学校での学校生活が始まります。

なお、学校訪問の際には親子そろって通学の道順などを確かめましょう。途中でもしものことがあったら、どこでどのようにしたらよいかを、親子で共通理解しておくことも外国生活では欠かせない心構えです。

2. 私立在外教育施設等

　日本人学校のほかに、海外には「私立在外教育施設等」と呼ばれる全日制の日本の教育施設があります。これは日本国内にある私立校と同じ形態をとっている学校で、特に高等学校課程を設けている施設が多いのが特徴です。日本国内の学校法人が母体となっているもの、企業が主体になって設置しているものや、日本人を対象に現地の学校法人が設立した私立校などがあります。この項では、世界各地にある私立・企業立の教育施設について紹介します。

(1) 学校を選ぶときの心構え

　海外での学校選び、ことに、ここに紹介する私立在外教育施設等のなかから子どもに適した在外教育施設を選ぶにあたっての心構えを、いくつかの観点から考えてみましょう。選ぶ際には、本人を交えてその意思や意見を尊重し、あまり急がずに将来を見通し、共通理解をしながら検討していきましょう。

指導内容の点から

　小・中学校、高等学校とも文部科学省の学習指導要領にもとづいた教育がなされています。それに加えて各学校の特色ある国際理解教育が展開されます。なかでも日本国内の学校法人が母体となっている施設などは日本国内校とのつながりが密接です。帰国後の一貫性を求めることができます。

子どもの性格の面から

　子どもの性格によっては日本語以外の言語で学んだり、外国人と交際することに強い拒否反応を示すことがあります。特に中学・高校生段階になると現地校や国際学校の授業内容も難しくなり、それなりのレベルの日本語以外の言語を習得しなければならないなどの壁もあります。私立在外教育施設等であればその心配はないといえるでしょう。

学校生活の特別事情から

一つめは寮制です。小学校から寮生活に入る学校もあります。中学校からは完全に寮生活を主と考えなければならない場合が大半です。

二つめは帰国した際の受験資格・条件の問題です。大学受験に際しては高校在籍期間が帰国子女枠受験の資格・条件に該当しないもの、公立の高校受験の資格でも、滞在期間中、日本人学校と私立在外教育施設等だけに在籍し続けた場合、帰国子女の資格・条件を認めない県（教育委員会）があります。

三つめには現地語習得の問題があります。帰国子女というと英語が上手であるとか現地語がよくできるなどといわれ、それなりの期待をされたりみられたりすることがあります。そのような立場にこだわらない考えかたが必要です。

(2) 私立在外教育施設一覧

私立在外教育施設とは、日本国内の学校法人等が海外に設置した学校で、国内の学校教育と同等の教育を行っています。そしてこれらの学校は私立在外教育施設として、文部大臣が認定・指定した施設です。これらには幼児教育段階から課程を有しているものもありますが、特に高等学校課程を設けている施設が多いことが特徴としてあげられます。通学している子どもたちの保護者の滞在地が数か国に及ぶため、児童生徒のため寄宿舎（寮）を併設している教育施設もあります。

教育内容は、原則として日本人学校同様、文部科学省の指導基準（学習指導要領）に準拠したカリキュラムで行われています。それに加え、各学校独自の特色ある教育を行っています。

入学にあたっては、国内の私立校と同様、筆記試験や面接試験を国内および海外において実施しています。また、欠員がある場合には随時編入を行っている学校もあります。なお、受験に必要な書類、受験科目、日程などについては、それぞれ各学校の募集要項をみて確認してください。

教科書については、小・中学校では原則として日本人学校と同じ海外共通の教科書を使用します。高校では、その学校独自の教科書を使用するため、教科書については現地で入手するようになります。

世界各地にある在外教育施設の概要を表9（右ページ）に示しますので、学校選択の参考にしてください。

学習指導要領
文部科学省が定める小学校・中学校・高等学校の教育課程の基準です。1998（平成10）年に改定された新学習指導要領は、2003年に一部改正されました。完全学校週5日制のもとで、各学校が「ゆとり」のなかで「特色ある教育」を展開し、子どもたちに学習指導要領に示す基礎的・基本的な内容を確実に身につけさせることはもとより、自ら学び自ら考える力などの「生きる力」をはぐくむことをそのねらいとしています。

表9　私立在外教育施設（文部大臣指定および認定）の概要　　　（2005年12月1日現在）

名　称　等	設置学部	認定年月日
立教英国学院 　設立年月　1972年4月 　所在地　イギリス・ラジウィック	小学部（5, 6年のみ） 中学部 高等部	小学部, 中学部および 高等部認定 　　（1992年12月18日）
東海大学付属デンマーク校 　設立年月　1988年4月 　所在地　デンマーク・プレスト	中学部 高等部 ※2006年度より募集は停止	中学部および高等部認定 　　（1992年12月18日）
帝京ロンドン学園 　設立年月　1989年4月 　所在地　イギリス・ウェクサム	高等部	高等部認定 　　（1997年12月26日）
慶応義塾ニューヨーク学院 　設立年月　1990年9月 　所在地　アメリカ・ハリソン	中学部（3年のみ） 高等部	高等部認定 　　（1994年1月12日）
スイス公文学園 　設立年月　1990年9月 　所在地　スイス・レザン	高等部	高等部認定 　　（1992年3月26日）
早稲田渋谷シンガポール校 　設立年月　1991年4月 　所在地　シンガポール・シンガポール	高等部	高等部認定 　　（1992年3月26日）
トゥーレーヌ甲南学園 　設立年月　1991年4月 　所在地　フランス・サン・シール・シュール・ロワール	中学部 高等部	中学部および高等部認定 　　（1992年3月26日）
サウスクィーンズランドアカデミー 　設立年月　1992年 　所在地　オーストラリア・ジンブンバ	高等部	高等部認定 　　（1992年12月18日）
ドイツ桐蔭学園 　設立年月　1992年4月 　所在地　ドイツ・バート・ザウルガウ	中学部 高等部	中学部および高等部認定 　　（1994年1月12日）
聖学院アトランタ国際学校 　設立年月　1990年9月 　所在地　アメリカ・アトランタ	小学部 幼稚部	小学部および中等部認定 　　（1996年3月18日）
西大和学園カリフォルニア校 　設立年月　1993年4月 　所在地　アメリカ・ロミタ	中学部 小学部 幼稚部　補習部	小学部および中等部認定 　　（1996年3月18日）

3. 外国の教育制度にもとづく学校

(1) 外国の教育制度にもとづく学校で学ぶということ

　外国に滞在したとき、子どもが外国の教育制度にもとづく学校で学ぶ、あるいは学ばなければならないのは、どのような場合でしょうか。学校の種類や、その学校で学ぶ意義、選ぶときの心構え、入学・編入学の具体的な手続きについて確認しながら考えていきましょう。

滞在地の教育条件から

　滞在地に日本人学校や私立在外教育施設等がない場合には、選択の余地はなく、現地の学校で学ぶことになります。

　ただし、滞在する国、地域によっては法律的立場、宗教・言語の関係から、外国人の現地校への入学・編入学を認めていない場合がありますので注意する必要があります。そのときは、その地域に設置されている国際学校（インターナショナルスクール）や、特定の外国人学校（アメリカン・ブリティッシュ・フレンチスクールなど）で学ぶことになります。

子どもの年齢・滞在年数から

　帯同する子どもの年齢と滞在年数が関係することもあります。たとえ現地に日本人学校があっても、高校段階になるまで滞在が続くと予想されればできるだけ内容がやさしいうちから、現地校、国際学校、特定の外国人学校などで学ばせることが考えられます。

家庭の教育方針から

　子ども自身の意思や、家庭の教育方針で選択を決意する場合もあります。日本を離れてある地域に滞在するのだから、このチャンスに日本では得られない体験をしたい、させたいと考える場合です。苦労は大きいでしょうが、得られるものも多いでしょう。

　それぞれの選択にはさまざまな背景があり、重要な意義があります。これに

対して事情を知らない第三者が無責任に、その選択は間違いだとか、それよりこっちの選択のほうがよいなどと、簡単にいえることではありません。また、それらに惑わされないだけの、自信のもてる選びかたが大切といえます。

この章ではこれらの外国の教育制度の学校について、いろいろな面から具体的に説明します。学校選択をするうえでの参考にしてください。

(2) 現地校、国際学校等の概要

現地校

現地校とは、その国の法律や教育法規などに適合する教育目標や内容、指導方針や方法、施設や設備、教師数などを整備し、設立を認められた公・私立の学校をいいます。国によっては国立（王立）の学校もあります。使用する言語は、当然その国の言語になります。

一般に公立校への入学・編入学は、その学区内に正式に居住する手続きをし認可されて、その国・地域の居住者としての義務や責任を負う立場が明確になれば、願い出ることによって認めてもらえます。

ただし、私立学校の場合は学校によってさまざまな条件があったり、入学試験などがあったりしますので、直接交渉することが必要になります。

また、たとえ現地校であっても、その国の法律や教育法規や、宗教上の理由、言語指導上の問題などで、他の国の子女の入学・編入学を認めない場合があります。事前に可能な限り現地の教育情報を入手して、準備を進めることが必要です。

国際学校等（インターナショナルスクール、特定の外国人学校）

A. 国際学校（インターナショナルスクール）

国際学校は、一般にインターナショナルスクールと呼ばれ、ある国の都市におもに個人や法人の資力や意志で、国籍を問わず入学させ教育することを目的として設立した学校です。

といっても無制限に入学許可にはなりません。学年定員や入学希望する人の言語力の程度で、かならずしも希望どおりになるとは限りません。したがって事前に状況を確かめる必要があります。

その学校で行われる教育は、設立した個人や援助した国の影響を濃厚に受ける場合もありますが、数か国語のコース（日本語コースはきわめて少ない）を設けている学校もあります。

高等部（高校）を卒業後、アメリカ、イギリスの大学進学のための資格テストや、世界的に大学進学資格と認められているインターナショナル・バカロレア

(I.B.)を受験することができるように配慮している国際学校も多くあります。

B. 特定の外国人学校

ある国が自国の外国駐在員の子女に、母国の教育を保障するために設立した学校です。たとえばアメリカンスクール、ブリティッシュスクール、フレンチスクール、中華学校、韓国人学校などがこれにあたります。国名のあとにスクールとつけて一般に「インターナショナル」とつけないのが一般的です。日本人学校や大半の私立在外教育施設等もこの部類に入ります。

忘れてはならないことは、どの学校を選択するに際しても「お世話になります」という謙虚な態度が必要です。ことばがわからず、習慣も考えかたも行動のしかたも違う子どもが入学したとき、その学級の子どもたちにも先生方にもたいへんな負担がかかります。学級だけでなく学校全体で配慮することになります。

ニューヨークやロス・アンジェルスの現地校に、日本の子どもが集中して通うという現象がみられます。駐在員子女の編入時期をずらしてほしいとか、1カ所の学区に固まらず分散する住みかたを考えてほしいなどと、学校関係者が要望することがあるくらいです。ぜひ心にとどめておきたいことです。

（3）現地校で学ぶ

現地校で学ぶ意義

現地校で学ぶ場合には、学習内容の違いはもとより使用言語、指導方法、学習習慣などの違いでたいへんな戸惑いがあることは当然のことです。そうした厳しい条件のなかで学ぶ意義にはどんなことが考えられるでしょうか。

国際化・国際理解の重要性がいわれている現在、外国に生活の根を下ろし、その国の人々と直接交わり、その国の言語で教育を受け、いままでとまったく違う生活習慣を理解しながら、さまざまな不自由さやことばの壁を家族が一つになって協力しながら乗り越え、生活を営むことの意義深さをかみしめてみる必要があると思います。この意義を家族全員で積極的に理解し、本当の国際理解と国際性を養う絶好の機会として活用しましょう。

ただそのためには、これまでの学校とどのような点が異なり、不便を感じ戸惑うかをあらかじめ調べ、助言できるようにしておくことが、親の務めです。

現地校はその国の法制にもとづいた学校ですから、入学するにあたっては教育制度や教育内容、使用言語などを、よく理解しておくことが大切です。

アメリカでは州によって教育制度の違いがあったり、ときには同じ州、同じ都市でも地域によって違うことがあり戸惑います。あるいはイギリス、ドイツ、フランスなどのように、最初から内容も制度も違う複線型の学校制度もあります。

その他、国によりさまざまな制度にもとづいて運営されていますので、これらを十分に理解しておくことが基本になります。

就学年数

　義務教育の期間は国によって異なり、一般的には9年が主でなかには11年という国もあります。義務教育とは、普通、中学校あるいは前期中等教育と呼ばれるまでの年限に行われるものです。大学進学をめざす人には、さらに2～3年学習したのちに進学資格を得られるように、義務教育を延長したような形態で後期中等教育つまり高等学校で学習できるようにしているのが一般的です。方法はさまざまですが、教育期間全体で12年間という年数はほとんど共通しています。なかには13年間という国もあります。

　帰国して帰国子女の資格で高校受験をする場合は、日本の中学3年にあたる9年を、大学受験を希望する場合は、高校3年にあたる12年をそれぞれ修了しているかどうかが、資格の有無の基準になります。もしその国の高校修了が13年であったり、11年であったりする場合には、希望する大学に相談する必要があります。高校、大学の受験資格には、さらに細かい諸条件がありますので、事前に十分に調べることが重要です。

　日本の義務教育期間中に帰国した場合の編入学年は、外国での学年や経歴は関係なく、学齢相当の学年になります。したがって現地にいる間は、日本の学年での基本的な学習内容を理解しておき、帰国した場合に、まったく授業についていけないということのないような心構えが大切です。

学年制度

　日本の学校教育における学年制度は国内、国外を問わず6-3-3に統一されていますが、外国の教育ではかならずしも統一されているとは限りません。

　たとえば、アメリカ合衆国では州ばかりか、州内の都市によって違うことは珍しいことではありません。

　たとえば、カリフォルニア州には小・中・高の学年がそれぞれ5-4-3、5-3-4、6-3-3、6-2-4制の地域があります。ニューヨーク州には小・中をいっしょにした形で8-4、また中・高をいっしょにしたような6-6の地域もあります。合計は12年間で同じです。したがって、同じ生年月日でも小学校6年生の地域もあれば、中学校1年生に該当する地域もあるわけです。まぎらわしくなりますので、12年生までを通し番号で呼ぶ習慣になっています。満6歳で1年生になることは日本と同じですから、7年生は日本の中学1年生、10年生が高1、12年生修了で高校3年卒業に相当することになります。

　この情報を得るためには、居住地域あるいは学区の教育委員会に尋ねてみ

ることが必要です。

　国によっては前述のように学校そのものが複線型で設立されている場合もあります。その場合はそれぞれの学校によって学年制度が違うのは当然といえます。この情報を得るには、希望する学校に直接尋ねる以外にありません。希望する学校が制度が違うために学年の呼びかたが独特な場合などは、帰国して高校受験、大学受験をする際に資格認定に影響するかもしれませんので、日本の相当学年を慎重に調べ、受験希望の高校や大学と相談する必要があります。

現地での学年

　日本の学校に在学している子どもが外国の現地校に入学・編入学する場合、教育制度の違いでかならずしも日本と同じ時期に同じ学年になれるとは限りません。渡航する時期によって、学年が違ってきます。また、使用する言語の習熟度によって、もとの学年より下げたほうがよいのではとアドバイスを受ける場合もあります。

　このようなとき、もし日本の高校受験の学年になっている場合や、大学受験の年齢に達している場合は、慎重に考えることが大切です。それ以外では学校のアドバイスを尊重するほうが、実際に授業を受ける子どものためにも妥当性のある取り扱いと考えられます。

　現地では何年生になるのだろうか、ということを年齢だけで考える場合のよりどころは、次のようなことが主になります。

A. 年度の始まり、終わり

　アメリカ、ヨーロッパの諸国では年度始めが9月、終わりが6月が一般的なため、日本とほぼ半年ずれることになります。

　したがって学年基準日も違います。たとえば日本で4月から小学校1年生になった子ども二人が、5月に渡米（渡欧）し現地校に編入すると、本人の生年月日により、一人は9月になって初めて1年生になる場合と、一人は6月で同じ1年生を終え9月から1年上の2年生に進級する場合とに分かれることがあります。これは、学年を決める学年基準日が違うからなのです。ただし、1年生になる年齢が満5歳（イギリス、おもにイングランド州）、満7歳から（おもにブラジル）と

表10　おもな国の学期始め時期

月	国　名	月	国　名
2月	オーストラリア等約20か国	8月	ドイツ, スウェーデン等約10か国
3月	韓国, チリ等12か国	9月	アメリカ, イギリス, フランス, 中国等約100か国
4月	日本等		

いう制度の国では、さらに1年を加減して考えなければなりません。

B. 学年基準日の違い

　多くの国・地域では学年基準日が8月末日になっていて、その日に満何歳になっているかで学年を決めることからくる違いです。一般に基準日までに満6歳になっていれば、9月から1年生になります。これで上にあげた例の学年の違いがおわかりと思います。

　また、基準日が10月1日や12月1日で、入学は9月となっている地域もあります。こうした地域ではさらに違いの範囲が大きくなります。南米諸国やオーストラリア、インドの一部のように2月から新年度、12月で年度終わりという制度の国では、2月1日が基準日になっていることが多いので当然違ってきます。

　したがって、年度の始まり、終わりが日本とあまりずれていない国で、しかも満6歳から1年生という場合は、それほど大きな差はないことになります。

編入学の時期

　入学については、かならず学年始めに合わせなければならない、ということはありません。現地校側では、編入希望のあった時点で、子どもの年齢、地域慣れの状態などを適切に判断して学年を決めてくれるでしょう。

　ただ、前にも説明しましたように、年度終わりの1～2か月前ごろは学習のまとめの時期にあたり、十分に面倒をみられない、できればこの時期を避けてという現地側の意向もあるようです。しかし、会社の人事発令、異動時期を無視することはできません。このような時期に編入しなければならないことは当然あることです。礼をつくして事情を説明し、理解してもらうことが大切です。

　編入の時期を決める一つの目安として各学期の始まり、終わりがあります。しかし外国では、学期制が学校ごとに違うといってもよいくらいさまざまです。日本の公立校のように3学期制もあれば、2学期制で、期と期の間に短期間の休みを設けている学校もあります。また、その各期をさらに2期に分けて、1学期から4学期までの場合もあります。期間休みの設けかたや、それらの開始・終了の日は、まさに学校独自であるといわなければなりません。

公立校と私立校の選択

　多くの国の現地校には公立校と私立校とがあります。まれに国立（王立）もあります。現地でどの学校を選択するかは、さまざまな点で違いがありますから、一概にあちらがよいこちらがよいとはいい切れません。本人の意思・意欲などがもっとも尊重しなければならないことですが、このほかに意思決定するために調べておきたい点を、いくつか述べてみましょう。

A. 家庭の教育方針は確立しているか

公立校と私立校のもっとも大きな違いは資格・条件です。前者は地域住民であれば、一般的に人種、性別、貧富、宗教、社会的身分・立場等に関係なく入学が許可されます。しかし後者は何らかの条件をクリアーした希望者が入学します。家庭としてはどちらの教育環境、教育条件を選ぶかということになります。その基準になるのが家庭の教育方針です。

B. 学校の教育目標、方針は理解できるか

どの国もだいたい同じですが、公立校はその国の諸法律に基準を置いています。私立校は宗教等の独特の教育目標、方針のもとに指導を行っているのが一般的です。事前にこれらを十分に理解しておかないと期待していた内容との違いが生じ、親子で不満を感じることがあります。

事前の相談で、あるいは学校要覧などの案内書で十分に理解を深めておくことが、悔いのない学校選択の心構えになります。

C. 教育課程はどうか

学校の教育目標などを実現していくために、たとえば国語では何年生にどの教材を何時間で学習させる、などのように各教科の教材を学年に配当し時間数を決めます。行事なども同じようにどの学年ではどのような内容を何時間にするかを決めます。これが、教育課程の編成です。

このときに、たとえば他校と同じ目標であっても、その学校の特徴が盛り込まれるのです。一般に公立校は地域の教育委員会が示したごくおおまかな指導内容がありますが、私立校は自由な立場です。その学校の特徴に賛同できるかどうかを調べておく必要があります。

D. 登下校の手段について

スクールバスが利用できる学校では、少々遠くても通学に無理はないでしょう。下校時が少々遅くなっても、心配することも少なくなるでしょう。もし、家庭での送り迎えとなるならば、だれがどのような方法でやるのか？ 万一それができないときにはどうするのか？ 知らない土地で、しかも土地のことばもよくわからない状態でできる方法は？ などと細かいことまで考える必要があります。

また、その学校の学校区内の交通便利な地域に、住居を決めることも大切です。

E. 費用はどうか

　公立校は公費で運営されていますので、私立校ほどには学費はかからないのが一般的です。私立校の場合は詳細に調べないと、案内書や募集要項に掲載されていない費用を徴収されることもあり、トラブルになる場合があります。面談あるいは説明会などで確かめておくことが必要です。

F. 入学の難易度はどうか

　公立校でも学年によっては、学習効果を十分に上げるための配慮から主として言語力の点で、下の学年に入れられることがあります。ことに私立校では、一般に授業にまったく支障がない程度の言語を要求されますから、希望どおりになるとは限りません。

　学年決定は、年齢によっては帰国後、高校・大学の受験や進学資格に影響してきますので、慎重に考える必要があります。

G. 入学後の適応指導は適切か

　公立校、私立校それぞれに特徴のある適応指導が工夫されています。編入する子どもの状況から、どのような適応指導を望むかを考え、その指導を少しでもよく行っている学校を選ぶ必要があります。

　特に言語指導では、アメリカ系の学校はESLの指導が組織化されています。しかし、それを専任の教師が行っているか、他国籍児童生徒に対しての特別な適応指導はどうなっているか、などが検討項目として考えられます。

H. 寮制度に問題はないか

　高学年で事情によって寮を考えなければならない場合、私立校を目標に探すことになります。公立校には高校段階まではほとんど寮制度はありません。

　学校によっては、寮生活に最近いろいろな問題、たとえば友人どうしでの不正薬物使用とか計画的な金品貸借のこじれ、不純な異性交遊などが増加しているのも事実です。

　事前に学校と十分に話し合い、特に健康面の配慮、風紀指導、家庭との連絡方法などについて理解を深め、入寮後に不平、不満をもつことのないよう慎重に調べることが必要な昨今の状況です。

(4) 国際学校(インターナショナルスクール)等で学ぶ
国際学校等で学ぶ意義

　一般的に国際学校とは、個人または法人として、その国(所在国)の教育制度に規制されず、しかも独自の指導内容・運営方法等によりさまざまな国の教育に対応できる内容をもって、設置された学校を指します。

　したがって、国際学校ではさまざまな国の子どもたちが教育を受けています。授業が数か国語のコースで行われているのも国際学校の特徴です。

　この学校では、それぞれの国の習慣も考えかたも、行動のしかたも違う子どもたちと、机を並べて勉強することになります。一つの国だけの子どもとの付き合いかたでは数多い友人はできないし、心豊かな学校生活も、効果的な学習もできないことになります。それにはどうしたらよいのでしょうか。

　さまざまな人を、まずあるがままに理解し認め尊重する態度が土台になります。これが国際性、国際的視野、国際的判断力といわれるものの基本です。これらのことを日々の生活のなかで、ごく自然に学び取り身につけていくことが大事です。

　国際学校は前述したように、設置された国の教育制度に規制されることはありませんが、設置した主体や本国の教育思想や制度の影響は受けます。その学校の「学校説明書」「学校要覧」などで設立目的や指導内容などをよく読んで、どこの国の系統なのか、どの国の影響を大きく受けているかを調べ、現地校の内容などと比較してみましょう。たとえば学校年度、年度始まり・終わり、学年制度、進学資格・条件等は本国に準じていたり、完全に通用することになっていたりします。

国際学校を選ぶときの心構え

　国際学校の場合は事前に十分に調べないと、修了や卒業してもなんの資格も得られない場合があります。それではどのような点に気をつければよいのでしょうか。

学校のステータス
学校の存立基盤のことで、日本人学校の場合、所在国の法制上どのように位置づけられているかを指します。たとえば、所在国の法令にもとづく学校として認められているもの、在外公館付属施設とされているもの、文化団体活動の一環として運営されているものなどです。

A. 認可条件を調べる

　「その学校のステータスは？」ということをよく耳にします。その学校を設置した本国や、所在国がどのような認めかたをしているか、ということを表わしています。これは在籍中、そして卒業後どのような資格になるかという、たいへん重要な意味をもっています。

　設置した本国が正式な学校と認めていれば、そこで得られる資格などは本国内ではまったく同等に扱うでしょうが、かならずしも所在国で同等と認めるとは限りません。その国での進学に影響があります。現在の日本国内に設置されて

教育相談室 Q&A

Question

バンコクの国際学校に、中学3年生の息子を編入学させたいと思っています。しかし、編入学にはウェイティングや編入試験があると聞きました。**国際学校に編入学するにはどのようにしたらよいのでしょうか。**

Answer

まず、世界の国際学校（インターナショナルスクール）は、G11、12の教育課程から、それぞれイギリス系、アメリカ系、国際系等の特色がはっきり出てくるということを認識してください。中学校3年生の子どもの帯同ですから、将来の大学進学に備えてそのことをしっかりと頭に入れておくことが重要でしょう。

すなわち、大学入学資格試験といって、G11、12の2年間で、イギリス系はGCE-Aレベル、アメリカ系はSATⅠ、SATⅡ、国際系はI.B.という、それぞれの大学入学資格試験の取得をめざすことになります。

次に、バンコクには国際学校がたくさんありますので、国際学校の情報をインターネットのホームページや書物などから取得してください。そして、上記の大学入学資格試験、ESL、学校の教育内容、授業料等々の情報を確認して、何系の国際学校にいくかを決め、最終的に志望校を絞り込みます。

志望の国際学校が決まりましたら、その学校に赴任の数か月前には、かならず日本からコンタクトをとって、「ウェイティングの有無」、「プレイスメントテストの有無」などについてお聞きください。

ウエイティングがあるとすれば、その順番は希望の学年の何番目なのか、編入学の可能性はあるのかなどをしっかりと確認しましょう。また、プレイスメントテストがあるならば、その内容や科目、試験はいつどこで行うのかなどの詳細についても調べましょう。一般的には、プレイスメントテストでは英語と数学の試験があります。これは編入学したあと、学校の授業についていける学力・英語力があるかの学校側からの確認と思ってください。

さらに、その学校へ編入学を希望するならば、インターネットからダウンロードして入学願書や成績証明書・在学証明書などの書類の用紙を取得することも必要です。その書類を日本で作成し、学校に送付することになります。

最終的には、編入学の意思を学校に示してから、学校側からの指示を待つことになります。バンコクに行ったからといって、国際学校にすぐに入れるものではありません。かならず日本にいる間に、学校とコンタクトをとるよう心がけなければなりません。

いる国際学校や特定の外国人学校に対する取り扱いがその例です。

もし何年か後、現地の上級校に進学しなければならないと予想できるときには、所在国での認められかたを十分に調べておくことが大切になります。

また、インターナショナルという名称であっても、たんに語学学校であったりする場合もあります。十分な情報を入手して、後悔のない学校選びが大切です。

B. 日本での認めかた

帰国して小・中学校の義務教育期間中に公立校へ編入する場合には、資格・条件のうえではまったく問題はありません。また、条件は設けられていますが、国立、私立の小・中学校への編入資格もあります。複雑になるのは義務教育期間が過ぎてからです。

特に、帰国して高校受験をする、あるいは編入する場合、帰国後に居住する各地方の教育委員会が、国際学校などをどのように認めているかが重要な問題点になります。

くどいようですが、ある国や地域で、その国の法律や宗教、言語などの関係から現地校で学ぶことができないため、国際学校等で学習しなければならず、かつ、帰国時に高校受験、高校編入の時期になることが予想されるならば、念のために都道府県の教育委員会に事情を説明し、帰国後の資格・条件に関する正確な情報を得て、現地での準備を進めることが重要です。

帰国して大学受験をする際にもほとんどの大学が、国際学校等の成績証明や最終学年の修了証明があれば資格を認めています。しかし大学によってはその他の証明書類を求める場合がありますので、希望する大学に直接、連絡をとり確認しましょう。

C. 教育課程に無理はないか

ここでいう教育課程では、特に指導内容、授業時間、クラブ活動の種類・内容がどのようであるかを考えてみましょう。

正式に認可された国際学校でも、実施している教育課程は独特です。国際学校の地位や性格上、学校内のさまざまな問題には、本国の法律もあまり及びませんし、所在国でも必要以上に干渉することもできません。その学校独自の判断で実行されるのが実情です。

したがって、実際の内容については、直接学校と相談したり、通学体験者から情報を入手するしかありません。せっかく入学しても登校するのが無意味であったり不登校が続いたり、それがこうじて登校拒否に結びつくようなことにならないような事前の準備が大切です。

D. 生活指導上の問題点はないか

　在籍している児童生徒はそれぞれ習慣や考えかた、行動のしかたが違う国の生徒たちです。特に高校の段階では、急激な時代の流れ、母国の状況などが微妙に影響し合い、いままでにはみられなかった薬物使用や売買、生徒間の対立とか暴力などの問題で、その対策に苦しんでいる学校も目立ち始めました。

　しかし、仮にこのような状況があったとしても、滞在地域に一校しかないという場合もあるでしょう。学校と相談をしながらわが子が横道にそれないよう、親としても十分な配慮が必要になります。

(5) 学校を選ぶときの心構え（まとめ）

　海外では多様な教育形態があることやそれぞれの特徴、またその一つひとつを選択する場合の注意点をこれまで述べてきました。この項では日本人学校を含めて、どの学校にするかの最終決定をする際の基本になることを、体験者の意見などを参考にしながら、まとめてみたいと思います。

子どもの年齢・学年は

　学校選択には、帯同する子どもの年齢、学年を無視できません。滞在期間中に、高校段階にかかり、その間も帯同すると決定されていれば、少なくともその学校の中学段階から編入することがよいと考えられます。

　それは、学年が上になればなるほど学習用語の程度が高くなり、専門化してくるからです。体験者の意見として、「前歴に小学校高学年で2～3年の英語使用の学習経験がある場合は別として、いきなり高校段階に編入した場合、授業をようやく英語で理解し答えられるころには卒業期になっていました。もっと早くから……」ということが圧倒的に多く述べられています。

　このことは、日本での中学校と高校の関係に置き換えてみれば容易にわかることです。中学段階をとばして高校の学習内容を理解しようとしても、無理なことです。まして、高度に専門化された異言語で学習することになるのですから、できるだけやさしいうちから、使用する学習用語の基本を学び取っておくことが必要です。

子どもの意思を尊重しましょう

　子どもが「私はこうしたい」という意思をもっているならば、その希望をじっくりと聞いてあげることです。なかには未熟な考えかたがあるかもしれません。親としての責任で、指導しなければならない内容があるかもしれません。しかし、渡航後の自分の進む道を自らすすんで意識することは、現地の生活に責任をも

たせる意味でも重要なことです。

　現地での、特に学習生活がうまくいっているときは、だれが決めた方法でも問題はありません。しかし、いったんつまずきが出てくると、だれでも責任を自分以外にもっていきたくなるものです。「あのとき、お父さんが僕の意見を聞いてくれなかったのでこうなった」などといい出す可能性があります。「いま歩んでいる道は自分が選んだ道なんだ」と自覚できるようにしておくことが、主体的に問題解決に立ち向かう基本になります。

家庭の教育方針を確立しましょう

　まず親が「現地でどのような子どもに育てるか」という家庭の教育方針を練り上げることです。英語圏でなくても現地語で教育を受けさせ、現地の文化理解や交流を深め視野を広げるようにと考えるか、日本の教育を徹底しようと決めるか。あるいは外国語使用の国際学校等で外国語を身につけさせ、さまざまな国の子どもと付き合い、国際感覚・国際的視野や判断力を育てようと決めるか。いずれにしても子どもとじっくり話し合い、家族全体が共通理解できるように努力することです。

　外国の教育制度にもとづく学校に編入学を決めた場合、学習内容は日本人学校のそれとは当然異なるわけです。編入した際に子どもが戸惑うことがあっても、親の役目はどっしり構え暖かく援助してやることです。

子どもを多面的に理解しましょう

　「教育は対象の徹底的理解に始まる」といわれます。わが子はどのような能力・性格なのか。たとえば、違った環境に対面するとまったく引っ込み思案になるのか、平気でまたたく間にリーダーになるようなタイプなのか。日本語以外の言語に感覚的に向いているほうなのか。異なった事柄に興味をもつほうなのか、避けるほうなのか、友人づくりが得意なほうなのか、不得意なのかなどなど。

　どのようにわが子を理解しておられるでしょうか。わが子の短所・長所はこれこれだから、思い切ってこの新しい違った環境に入れることによって直していこう、あるいは伸ばしていこうなど、常にわが子を見つめ理解することから出発することが大切です。また、そのように考えたことを、家族全体が共通理解できるように、じっくりと話し合うことが必要です。

信念を通しましょう

　どの学校を選ぶのが最善なのか？　これに模範解答がないことはたびたび述べたとおりです。学校を選択する場合、選択前の参考意見としてならば、体験者の話は情報として尊重すべきです。しかしいったん方針を決定したら、無

闇に他人の意見に動かされないことです。家族全体が共通理解のうえで選んだ道を、最初の目的を達成できるように信念をもってその道を歩むことです。

4〜5年の滞在期間中に道を変えることは、道を変える前とあとの両方ともに成果を上げられず、むだな時間を過ごすことになりかねません。また、幼少時に「こっちがだめだったら、あっちで救ってもらおう」といった安易な考えかたで、子どもにいわれのない挫折感などを経験させたくはありません。

いままでとは違った道を進むのですから、当然なんらかの戸惑いや苦労することはあります。完全にピッタリという道を見つけることができたら、むしろ幸運といわなければならないでしょう。

(6) 言語習得の心構え

異言語の習得にはたいへんな苦労がともないます。まずこの項では、言語を習得する際の心構えを、次の項では、家庭ではどうしたらよいのか、学校での指導はどのようになっているのかを具体的に説明します。

生活言語……習うより慣れろ

現地校にせよ国際学校等にせよ、外国の学校で学習するということに直面して、親子で心配になるのは言語の問題でしょう。ことばがわからなくて学校生活や勉強についていけるだろうか、友達と仲よくやっていけるだろうか、先生の注意などがわからずしかられてばかりということはないだろうかなど、渡航する際の最大の心配ごとであるに違いありません。

現地での言語の習得・育成については、日常の生活言語と学習用語とに分けて考えることが大切です。生活言語は買物をしたり友達と遊んだりで使う会話ですから、数か月のうちにある程度のレベルにはなれるものです。積極的に交わっていけばいくほど、早くできるようになり語いも増えるといわれます。

ことばは「まず聞いて、積極的に話して初めて身につくもの」といわれます。また、「習うより慣れろ」ともいわれます。語順がどうかとか文法的に完全かなどを意識せず、恥ずかしがる気持ちを捨てて、積極的に話してみることです。わかってくれないなら絵を描けばいいくらいに考えるほうが、はるかに早くことばに慣れます。

学習用語……「授業理解に何年かかるか？」

しかし、学習用語の習得となると話は別です。幼稚園、小学校低学年では生活言語が勉強のなかでもかなり使われます。しかしそれほど難しいと感じない場合でも、子どもの性格によっては、授業中にひとこともいわない期間が1年

教育相談室 Q&A

Question

わが子は現地生まれの小学四年生です。漢字学習が山を迎えているのに**漢字が書けなくなっています。帰国後、学習上困ることに**なるのではと心配しています。

Answer

パソコンの普及がますます進んでいますが、状況がどう変わってもご本人が日本語を読んで判断していく必要は変わらないでしょう。漢字で意味を捉えたり書き表わしたりすることは日本語の学習で最も重要なことの一つです。4年生ごろから漢字で意味を表わす学習内容が増えます。この時期は親の指導を素直に受け入れる時期の最終段階の年齢でもあります。一方、これまでの学校生活では漢字は本人に必要なかったのでしょう。家庭学習で適切な勉強のしかたを身につけさせる最後のチャンスと考え、親が指導してください。要点・留意点を記します。

本人が意欲をもって自分のこととして学習を持続・発展させることが重要です。学習方法がわからない段階から始め、視点を自分でもつように時間をかけて導き、自分の学習法をもち、自分で学習を進められるように、ことばでなく具体的な指導で導くのが目標です。

漢字学習は、意味理解をともなうことが大切で、系統発展性も重視して教材は補習校の宿題や教科書、通信教育、読み物などに求めます。教材の選択と1回の分量の特定は最後まで親が関わります。

うまくいくと次もやる気になるので、かならずできるものから始める。1回の分量と学習時間を少なくする。何があっても毎日継続し、学習中は集中をはかる。この三つが重要です。

学習するのは本人です。それを見守って、次の目標を見つけさせ、自分の視点をもつまで育てるのがよいでしょう。指導者は学習中は見守りながら、何をどう指導すれば次の適切な学びに結びつくかをみつけてやってください。筆圧高く字を書く、「とめ・はね・はらい」ができるようになる、筆順を正しく書く、その字の意味や使いかた、語源を知るなど、目標は沢山ありますが、毎回の達成目標は少ないほうがよいでしょう。また、初期の進歩はよくみていないと見逃すほどわずかですが、毎日学習を重ねるなかで次第にできるようになります。進歩をみつけてほめることで達成感がわきます。次第に手を離していけるのですが見守らないでしかるのが一番悪いやりかたです。

手を使って書く、声を出して読むを併用するとよく覚えられます。字体の手本は教科書です。何をがんばれたか、次はどこをがんばるかを明日の準備をしながら話し合うことにより自分で目標をたてるように導きます。少量を短時間集中して毎日することが肝心です。

も続いたなどという体験談をよく聞きます。低学年だからことばを早く習得でき、授業にもすぐついていけると思われがちですが、そうはいかない場合もあるという例でしょう。

　そして高学年になるに従い学習用語は教科の専門用語が多くなり、これを外国語のままで聞き取り理解し、外国語で答えを出していくことが難しくなっていきます。体験者のなかに「想像を絶する苦労がともなう」といい切る人が多数いることが、このことを物語っています。おしゃべり上手と授業の理解とは、別のことという端的な例でしょう。

　では、授業を理解しついていけるようになるまでに、どのくらいの期間がかかるのでしょうか。この質問には「その回答はありません。回答できません」と答えるしかありません。それほど個人差があることなのです。たとえば、その言語に比較的耳慣れしているとか、以前に滞在経験があってその言語を使ったことがあるとか、言語感覚が鋭いほうで新しい言語を使うのがたいへん得意だなどの個人差があります。ですから、何年しんぼうすればいいのか、もう何年も経ったのにまだだめだとか考えずに、わかるようになるまでが、わが子に必要な年月と考えて、根気よく適切な応援をしてやりましょう。

学習内容を比べてみると……「壁」は、やはり言語

　日本の同じ学年と学習内容の水準や程度を比較したとき、大きな差があるとはいえません。教えかたの違いがあったり、教科書の編纂方針が異なっていたり一概にはいえませんが、科目によっては日本のほうが進んでいる場合もあります。問題は異言語という壁で、内容理解に苦しむというのが実態です。

　事実、この言語習得がある程度進んだ日本の子どもたちは、急速に成績向上をみせ、現地の優秀生徒として注目され称賛されるという例もあります。大いに自信を深めて、がんばっていただきたいと思います。

　外国の学校で学習する場合、言語の習得を第一として、言語の習得のために子ども自身の忍耐や努力が求められます。それと同時に、この苦労に立ち向かっていく意欲を絶やさぬよう、特に親や周囲の人たちのよき理解と適切な応援が望まれます。

(7) 言語学習の実際、ESLなど
家庭での工夫や努力

　学習用語の習得は決して簡単なことではありません。ただ聞いているだけで、理解し応用できるようになるまでに高めるなど、とても不可能です。どうしても、本格的な学習に取り組むことが必要になってきます。

外国滞在を経験した方々の言語学習法で圧倒的に多いのは、一家をあげて家庭教師に習う方法です。指導してもらう内容にも違いがあります。母親は主として生活言語になるでしょう。なにしろ隣近所とのつきあいをしなければならず、買物はしなければならず、待ったなしの現地語生活が始まります。いちばん必要なのは日常会話の練習でしょう。

　学校に通う子どもにとって、切実な問題は学習用語の理解・習得のはずです。時間を分けて、前半は一家そろって会話の猛練習、後半はできれば学校で使う教科書を教えてもらい、学習用語を早く覚え込む勉強時間にするなどの工夫が必要です。

　もう一つの工夫として、子どもが学校から帰宅して1時間なり2時間は、片言の連続でもいいから、現地語だけで話し合うというパターンをつくることです。現地語アレルギーをなくしていく工夫です。

　学校でも次に述べるような、さまざまな方法で指導してくれることでしょうが、それにばかり頼らず、家庭でもさらにいろいろな工夫や努力をしてみることが、言語習得意欲を高めることになります。これは体験者の率直な感想です。

学校での指導、ESL

A. ESLとは

　現地校や国際学校等では、学習言語がわからない他国籍の子どもたちに教育制度として校内で特別に指導している場合があります。たとえば、アメリカやアメリカ系の国際学校等ではESL (English as a Second Language) プログラムを実施しています。学年によって内容・方法は違いますが、学校生活に必要な単語から始めて、学習用語の習得にまで高めていく指導方式で、たいへん喜ばれています。

　しかし最近、指導者の数や予算の関係で内容や方法が変わってきていますから、州や都市により違いがありますので注意を要します。州によっては、たとえば数校のグループにセンター校を1校設け、ESLクラスの生徒は引率されてそこで指導を受け、また在籍校に帰り一般授業を受けます。またはESLの指導者が学校を巡回し指導するなどの方法もとられるようになっています。

B. 指導の実際、期間

◎指導者、指導形態

　指導には、特別にESL指導に関する専門課程を修了した有資格者があたります。

　一般的な指導形態は、小学校低学年では国籍の違う子ども数名をグループにして、おしゃべり感覚で進められます。小学校高学年から中学・高校生段階

では講義式が多くみられ、内容も難しくなります。ただ高校段階になると、すべての学校で実施しているとは限りません。小・中学校・高校のそれぞれの段階でも、一人ひとりの言語レベルによって、1週間を通しての設定のしかたが違いますし、内容も方法も違うのが一般的です。これをグレード別指導といいます。

時間設定にしても、地域によってある一定期間の集中指導方式を採用し、学期ごとに到達度テストを行って修了や進級を決める方式を採用しています。この方法は比較的、中学・高校のような高学年の指導に採用されています。

これに対して、特に小学校段階で用いられているナチュラル・アプローチ方式というのがあります。これは、幼児がことばを覚えていく過程は「生活のなかで聞いたり話したり、字の形を絵本などから視覚的に覚えたりして、自然に習得できる」という考えかたを基本にする方式です。

◎指導の期間

「ESLの指導は何年くらいで修了できるのでしょうか」。これは現地でも指導者に対してかならず質問されるようです。しかし、「決まった期間はありません」、「きわめて個人差のあることです」、「その子なりの習得期間がESL期間です」と答えざるを得ないというのが、指導者共通の回答です。

ただ、前節で述べたナチュラル・アプローチ方式では最終段階までを、長くても3年という目標期間はあるようです。しかし、習得できずに修了させられるということはありません。中・高校生段階の体験談では、初めてであれば授業を理解するまでには2〜3年はかかるというのが多いようです。まさに、ESL指導者の回答のとおりです。根気よくがんばることが大切です。

ただ、ある地域の国際学校等では、ESLクラスに仮編入し一定期間中の到達目標が示され、到達できないうちは一般学級への完全編入が許されなかったり、延長期間内に到達できない場合には、退学、転校を勧告されたりすることもあります。

正式に編入ができなかった場合の共通点を、指導者は口をそろえて「"パーフェクト"を意識するあまり積極的態度に欠ける」と指摘しています。ここからも「習うより慣れよ」、「まずは話してみて身につけよ」の積極さが、言語習得の秘訣であることを示しているといえるでしょう。

C. 他の国の例

他の国でも、たとえばイギリス・ロンドンのある学校には英語特別ルームがあります。中学・高校段階への編入希望を申し出ると、学校が推薦したり指定したりするランゲージスクールに一定期間通学し、言語研修をしてから、と指示されることもあります。あるいは、学校で担任が中心になって指導してくれるな

インテンシブ・イングリッシュ・ランゲージスクール
日本の子どもからみれば英語研修学校のことです。オーストラリアでは現地校で学ぶにあたり英語力の低い者には、一定期間英語の研修を受けさせることがあります。Introductory English Centerと呼ぶ地域もあり、アメリカのESLにあたる機能があります。

どの形態もあります。
　オーストラリアのシドニーの場合には、インテンシブ・イングリッシュ・ランゲージスクールなどで言語研修をしてからというような配慮があります。
　特に、移住者が少なくその国の言語指導に、それほど意識しなくてもよい国では、教育施策として組織化された言語指導の形態は少ないようですが、編入したそれぞれの学校で、担任が中心になって面倒をみてくれたという例が数多く報告されています。
　しかし、やはり学校側の特別配慮に頼るだけでなく、前にも述べましたように、家庭でも語学学校や個人指導などで、相応の努力をすることが必要でしょう。ことに中学校や高校段階で渡航し異言語で学習する場合は、学習内容もより高度になっていますので、入学前の語学準備ものぞましいことです。

　次に、アメリカの公立小学校のESLクラスのレベルを決めるための面接内容（プレイスメント・テスト）の例をあげますので参考にしてください。

図10 ESLクラス編入に際し行われるインタビューの一例
Primary ESL Oral Interview (Revised Edition)

```
                                    Testing Date_____
                                    Tester _____
Name_____ Age_____ Birthdate _____
Address_____
Telephone No._____ Country_____ Native Language_____

A. Personal Data
  (The first five answers can be written on the lines above.)
  1. What's your name ?
  2. Where do you live ?
  3. How old are you ?
  4. Where are you from ?
  5. When is your birthday ?
  6. What does your mother do ? _____
  7. What does your father do ? _____
  8. Do you have any brother or sisters ? _____
  9. Can _____ (parent or relative) speak English ?_____
  10. Are you older or younger than your brother (sister) ?_____
  11. Do you have a bike ? _____
  12. How do you go to school ?_____
  13. What kind of ice cream do you like ? _____
```

図11 ESL／ELCクラスで習う初歩的な語の一例
SOME ITEMS THAT COULD BE INCORPORATED INTO THEMES BEGINNERS

1. <u>Shapes</u>　　triangle, oval, rectangle, circle, square.
2. <u>Numbers</u>　Recognize numbers to 100, count orally to 100, manipulate concrete objects to show quantities up to twenty.
3. <u>Colours</u>　basic.
4. <u>Alphabet</u>　orally state the alphabet without visual cue, state letter names when shown printed form, point to printed form when given letter name.
5. <u>Myself</u>　　personal information (date of birth, first and last name, address, phone number, name of teacher, school), emotional states e.g. happy, physical states e.g. sick.
6. <u>School</u>　　<u>Building</u>: office, classroom, exit, and entrance door (s), lunchroom (cafeteria), hallway, bathroom, stairs, medical room, gym.
　　　　　　<u>Objects</u>: book, chair, table, pencil, pen, chalk, paper, board, brush, notebook, eraser.
　　　　　　<u>Personnel</u>: teacher, children, secretary, principal, custodian, nurse, librarian, janitor.
7. <u>Home</u>　　<u>Kichen</u>: stove, sink, refrigerator, table, chair, window, cupboard, telephone, cellular phone.
　　　　　　<u>Others</u> (living room): sofa, couch, T.V., coffee table, armchair, bookshelf.
　　　　　　<u>Bedroom</u>: bed, lamp, rug, closet, blanket, pillow, sheet.
　　　　　　<u>Bathroom</u>: bathtub, sink, toilet, shower, mirror, tap, (faucet).
　　　　　　<u>upstairs.</u> basement, garage, carport, entrance.
　　　　　　<u>Outside</u>: lawn, driveway, car, garden, fence, sidewalk.
8. <u>Food</u>　　fruit, vegetables, meat, milk products, wheat products.
9. <u>Clothes</u>　shirt, blouse, skirt, dress, pants, socks, shoes, underwear, hat, coat, gloves (mittens), jeans.
　　　　　　<u>Miscellaneous</u>: zipper, button, shoe lace, umbrella, boots, runners, skates.
10. <u>Toys</u>　　games, jump rope, doll, trucks, ball, train, video game.
11. <u>Family</u>　mother, father, brother, sister, grandparents, uncle, aunt, cousin.

単　語　表

student	desk	head	hair
teacher	chair	ear	neck
map	pencil	face	finger
pen	notebook	hand	elbow
book	blackboard	leg	foot
crayon	eraser	eye	knee
paper	chalk	nose	toe
		tooth	stomach
		lip	

4. 高校生の帯同渡航と学校の選択

(1) 最近の傾向

　海外に子どもを帯同する家庭の考えかたは、最近大きく変わってきたようです。以前は幼児や小学校の児童の帯同が中心で、中学生や高校生の帯同はきわめてまれでした。渡航後も中学段階になると高等学校の受験に備えて、父親の勤務とは関係なく、母親と子どもは一足先に帰国する傾向がありました。ところが最近は、中学生や高校生の子どもも帯同することが一般的になってきました。これは、日本国内の高校や大学で帰国子女の受け入れ体制が整備され、大学への入学の道も大きく開かれるようになり、帰国後の進学問題の不安が緩和されてきたことが有力な原因と考えられます。さらに、子どもたちが中学・高校時代に海外体験をすることの意義を、家庭も学校も認識するようになったことがその一因であると思われます。

　確かに中学・高校段階における海外生活体験は、幼少時の場合と違い、文化的にも比較的水準の高い学習体験が得られることになるため、将来の国際社会に生きるうえからも有意義であることはいうまでもありません。

(2) 帯同を決める前に

現地の教育事情を調べる

　北米の公立校のように、原則としていつでも編入学させてくれる国もありますが、高学年になると「ことば」の関係から現地校に編入学するのが困難な国もあります。事前に教育事情をよく調査し、赴任してから編入する学校がなく、帰国させるなどという事態の起こらないよう注意しましょう。

　「第1章 2. 海外滞在中の方針を固める」の項で「現地の様子を調べる」、「学校を選ぶ」ことについて詳しく述べてありますので、再度読み返してください。

本人の意思を確認する

　高校段階になると学校への編入学のみならず、小・中学校までとは教育条件

の違いが大きく、子どもへの負担も増加します。その苦しみや困難を乗り越えるのは子ども自身ですから、親の一方的な判断によって帯同を決定することは避けなければなりません。

　子どもには子どもの世界があり、生活があります。ましてや高校生ともなれば、漠然としたものでも、将来の進路や生活に対する構想をもつようになります。そこへ突然、家庭生活や学校生活を180度転換させるような海外渡航の話が飛び出してくれば、高校生ならずとも戸惑いや不安を生じるのは当然です。

　ですから子どもの性格によっては、慎重にことをはこび、話し合いのタイミングをはかり、海外赴任に対する家庭の立場や実情、親の希望などを話したうえで、本人の考えや希望を確認し、同意を得てから帯同を決定するか、場合によっては残留も考える必要があるのではないでしょうか。

将来への見通しをもつ

　高校段階で子女を帯同する場合は、父親の滞在期間を考慮しながら、高校修了後の大学進学について、概要を話し合っておく必要があります。そのためには、将来の見通しをもった家庭の教育方針と本人の意向とを十分検討しておくことが大切です。

情報の集めかた

A. 企業の人事部などの担当者から

　企業によっては、教育相談室を設けて専任の教育相談員を配置し、教育相談に応じている会社もありますが、多くの企業では人事部を中心として担当者を置き、海外赴任者の相談に応じています。ですから赴任地に前任者がいる場合には、担当者を通して現地の実態を知るのがもっとも身近で確実な情報といえましょう。前任者がいない場合でも担当者が相談に乗ってくれると思いますから、まず会社に相談するのがよいでしょう。

B. 海外子女教育振興財団から

　当財団には、海外に出国する方や帰国してくる方の子女の教育問題について、お手伝いができるように教育相談室を設けています。

　教育相談室では世界各国の教育情報や帰国子女の受け入れ校についての資料・情報を収集し、海外子女教育や帰国子女教育などに詳しい教育相談員が常時、相談に応じています。電話で予約のうえお越しください。満足のいく情報が得られるでしょう。

　また、財団ではホームページ（URL http://www.joes.or.jp）も開設してますので、海外からもアクセスして情報収集に役立ててください。

教育相談室 Q&A

Question

アメリカに3年間滞在予定で高校1年生を帯同してきました。英語力は日本の高校生の標準レベルで編入し、**1年間が経過しましたが、現地の高校の学習適応に苦労しています。**今後の学習適応の見通しはありますか。

Answer

まず、学習状況の実態を把握する必要があります。基本的な英語力が不足しているために、英語以外の教科の学習も困難になることはよくあることです。通知簿にあたる成績表の読み取りも大事な状況把握になります。

一般的に高校の成績はABCDFの5段階評価です。どの科目が劣っているかですが、全体にCが多い程度であれば、それほど心配はいりません。まだ1年目であることを考えれば当然ということもできます。テストの結果が思わしくない場合も、理解力不足なのか、ことばの問題なのかをさぐる必要があるでしょう。

授業中の発言や宿題も評価の対象になります。宿題も記述が大半ですから、最初のうちは苦戦するでしょう。宿題の指示（内容や条件）を聞き取れず、未提出とか不備とコメントされることもあります。その都度、原因を確かめておくと次のステップが踏めます。

次に対策ですが、自発的に教師やスクールカウンセラーなどに相談されることをお勧めします。実情を理解してもらい、学習の方法などについての助言を得ることもありますが、今後、単位を修得して卒業までの見通しをつけることがポイントです。

アメリカの高校では、9月の初めに教科履修登録（Registration）をすることになっています。教科目のガイドと時間割を調べて、年間の自分の選択する教科を決め、登録するしくみです。自分で判断がつかない場合はカウンセラーに相談することが一般的ですから、遠慮することはありません。先の学習上の問題点などをふまえて適切なアドバイスがほしいと要望することです。学校にもよりますが、同じ社会科の教科でもESLで社会を選べることもあります。ハンディを考慮してもらい、少しでも負担を軽減した科目選択が得策といえるでしょう。

一方で総合的な学力をつける意味でも、英語力を高める必要があります。さまざまな学習法がありますが、基本は本人の意思と努力によることです。しかし、本人の資質の問題もありますから、自分の努力だけでは無理なようでしたら家庭教師をつけることも有効な方法です。

ともかく短期間で解決するのは無理なようです。あせらず着実に努力することがなによりも大切でしょう。

C. その他

　教育相談だけでなく、海外生活のノウハウを有料で教えてくれる民間の相談室もあります。

D. 自分で確かめる

　会社によっては、赴任前に親を現地に出張させ、実際に自分の足で学校を探し、自分の目で学校の実態をみて、学校との話し合いをさせてくれるケースもあります。このような調査ができれば高校生であっても安心して帯同することができるのですが、一応会社にお願いしてみるとよいでしょう。

(3) 学校の選択

　高校段階での学校選択は、現地校（公立・私立）、国際学校、特定の外国人学校、日本の私立在外教育施設等から選ぶことになります。この私立在外教育施設等は世界に十数校（「第3章　2．私立在外教育施設等」を参照）しかありませんので限りがあります。ここではおもに現地校や国際学校または特定の外国人学校で学習することを前提に、考えてみることにします。

ことばの関係から

　高校生の場合、できれば3年間以内にことばをマスターして現地の学習が身につくところまで到達したいものです。そのためにはまるっきりゼロから学習する言語よりも、日本の中学校で3年間学習している英語を中心として考えることが得策ではないでしょうか。これは日本社会が外国語は英語を中心にしているため、帰国後の大学生活や社会生活にも役立つと思います。

　英語以外の言語が役に立たないわけではありません。英語よりもたいへんかもしれませんが、自分の将来の志望と考え合わせた結果なら、早くから必要な外国語に親しむことは賢明な判断だと思います。方針がはっきりしていればチャレンジしてみましょう。

学校制度や学校の種類から

　同じ英語圏でも、教育制度の違いが将来の大学進学に影響を与えることがあります。イギリス系の学校は日本と学校制度の違いが大きく、大学受験資格を取得するのがたいへんです。

　一般に国際学校（インターナショナルスクール）と呼ばれている学校が、世界の各都市に存在しています。多国籍の児童生徒を収容している外国人学校（その国の子どもたちの学校ではないという意味の学校）のことです。

世界中では、その数は1,000校を超え、学校規模、カリキュラム、通学児童生徒の国籍別構成などからみて、きわめて多種多様であるといえます。しかし、そのうちの大多数は英語による教育を実施しています。一例をあげますと、

A. インターナショナルスクール・バンコク（I.S.B.）……タイ、バンコク
B. ガーデン・インターナショナルスクール（G.I.S.）……マレーシア、クアラ・ルンプール
C. アメリカン・コミュニティー・スクール（A.C.S.）……イギリス、ロンドン

この3校は、いずれも英語による教育指導を実施している学校の例です。多くの国際学校のなかにはフランス語、ドイツ語、スペイン語などによる教育を実施している学校もあります。

D. フレンチ・インターナショナルスクール（F.I.S.）……ホンコン

この学校は、フランス語による教育を実施していますが、英語による教育コースも併設しています。

まず「その学校は何語で教育しているか」が選択の第一のポイントになるでしょう。日本人生徒の多くは英語系の国際学校で学んでいますが、その背景には英語系の学校が多いということ、帰国後の日本の学校が第一外国語を英語として教育していること、ビジネス用語として英語が広く使われているという社会の実情などが影響しているのでしょう。

次に留意しなければならないポイントは、同じ英語系の国際学校でもイギリス方式の教育を採用している学校と、アメリカ方式の教育を採用している学校との違いがあることです。このイギリス方式とアメリカ方式の違いは、入学してからの英語集中指導（ESL）の方法の違いから、カリキュラムや教材の違い、卒業までの修業年限、卒業時の取得資格の違いにまで及び、進学できる大学や進路コースにまで関係してきます。たとえば、前述のA.、B.、C.の3校は同じ英語系の国際学校ですが、次のような違いがあります。

◎I.S.B.校、A.C.S.校……アメリカ方式、修業年限1年生から12年生まで、ESL指導クラス、IBコース指導
◎G.I.S.校……イギリス方式、修業年限1年生から11年生まで、イギリス型ESL指導、GCSE試験指導

さらに注意をする点として付け加えておくことがあります。それは、ひとくちにアメリカ方式（アメリカンシステム）と呼んでいる学校にも、2種類あります。一つは、合衆国政府の所管になる海外の米国民、たとえば国外駐留米軍の軍人・軍属子弟のための教育施設であるアメリカンスクール（米国人学校）。もう一つは多くの国の子どもたちに門戸を開いている国際学校で、アメリカン・コミュニティ・スクールなどは後者の学校を指します。

このように国際学校には、設置の背景や性格の異なった学校が何種類かあ

ります。多くの国際学校と称するもののなかには、名前だけは国際学校で実質は語学学校や塾のような学校もあります。地域から信頼されている評価の高い国際学校を選ばなければいけません。それには、所在国の政府、文教機関から公認されて現地校と同様の学校資格をもっているか、さもなければ国際的に評価のある学校協会に加盟し、その規格や基準に合格した国際学校であるかどうかを確認することが重要な選択のポイントといえます。ちなみに、上述のI.S.B.校はWASC、NAIS、ISSの加盟認定校、A.C.S.校はNEASC、ECIS、ISSの加盟認定校です。また、G.I.S.校はマレーシア文部科学省認定の私立校です。

≪参考≫
　WASC：Western Association of Schools and College
　NAIS：National Association of Independent Schools
　ISS：International School Services
　NEASC：New England Association of Schools
　ECIS：European Council of International Schools

私立在外教育施設等

　たまたま滞在地に私立在外教育施設等がある場合で、3年間では外国語の習得が十分にできないと判断した場合には、日本語で学習のできる私立在外教育施設等も学校選択の対象になると思います。私立在外教育施設等は寮を完備している学校が多いので、親と滞在国が違っても学習には問題はありませんが、日本に残留させた場合とどう違うのか、いろいろな角度から検討して判断するようお勧めします。

(4) 退学・休学・留学（出国前の心得）

　日本の高校に在学中の生徒が海外の学校に転出する場合、その学籍の手続きは、一般的には「退学」という手続きをとります。退学は文字通りその学校をやめることで、復学することはできません。再び高校に入学を希望するときは「編入学」という方式になり、あらためて入試を受けることになります。
　「退学」以外の形としては「休学」「留学」という方法があります。「休学」は届け出の日から1年間だけその学校の生徒として籍が保留され、1年後に「復学願」を学校に提出することによって原学年（休学時の学年）に復学が認められます。個々の学校の規則によってはもう1年程度休学の延長が認められますが、その場合でも復学時の学年はもとの学年への復学となります。
　「留学」という制度は、日本の高校在学者の場合は次のとおりです。外国の学校で学んだ留学期間中の1年間だけを日本で履修したのと同等のものとして30

教育相談室 Q&A

Question

アメリカに2年間滞在予定で高校2年生を帯同してきました。**現地校を修了してからの大学進学は可能でしょうか。**

Answer

まず、渡米の時点で日本の高校2年に相当する11年生に編入学が許可されるかどうかが問題です。渡米の時期、生年月日と滞在地の入学年齢基準日の関係もあります。4月の時点ですと10年生の途中編入、9月の新学期からですと11年生に編入できることが、2年間で現地校を修了できるかどうかの要件になります。

次にアメリカの高校卒業に必要な単位を修得していく見通しをつけることです。これにはやはり、編入時にスクールカウンセラーとよく相談をしておく必要があります。具体的には日本から持参した成績証明書をもとに、国内で学習した教科の内容を詳細に説明し（もしくは記述した証明書があればなおよい）、現地校での履修科目に換算してもらうことです。換算された科目が多いほど、現地校の卒業までに必要な科目と単位は少なくてすみます。

アメリカの高校は生徒の進路によって卒業認定が異なりますが、大学進学には大学進学証明書（Advanced Studies Diploma）の取得が必要です。それに従って履修すべき教科・科目が定められています。編入時に履修科目や単位を確認する必要は、ここにも関係します。

これらの単位を修得するためには、相応の英語力が必要です。さらに大学受験にあたっては、各高校で定めた科目・単位の修得に加えて、卒業資格試験（Competency Test - 英・数 - ）に合格する必要があります。このCTは、9年生から11年生で受検し（毎年3月ごろ実施）します。不合格の場合は12年生の間に3〜4回実施してくれる高校もあります。

滞在期間が2年ぐらいの場合は、現地の大学進学のための統一テスト（SATなど）の基準点まで到達するのはかなり困難であるかと思われます。ただこの統一テストの結果を要求するのは4年制大学です。アメリカには日本の短大にあたる2年制の大学（City College or Community College）がありますが、この2年制大学には高校卒業資格で入学できます。

帰国して日本の大学進学をめざす場合は、やはり高校修了（12年間の課程の修了）が条件になります。全部ではありませんが、学校によっては統一試験のスコアも必要になります。あらかじめ志望大学の出願資格・条件を確認してください。

単位分（ほぼ高校1学年分の履修単位数）を認定し、1年後の帰国時には学年の途中であっても年次が遅れることなく進級した学年に復学できるという制度です。したがって休学の場合はもとの学年に復学するのに対して、留学の場合は進級した学年に復学できるという違いがあります。ただし留学期間が2年以上にわたっても帰国後の認定はあくまで30単位分だけなので、進級も1年だけということになります。

　この「休学」と「留学」の方式は、原則的にはその休学または留学の期間が終了した時点（おおよそ1年間）で帰国し、もとの学校に復学することを前提とした制度です。したがって海外勤務者の子どもの場合は在外期間が数年にわたるなどの関係から、かならずしも利用度の高い制度とはいえませんが、個々の事情によってはこの制度の活用を考えてみるのもよいでしょう。

　特に現地の編入高校が決まっていないときには、万一の場合を考えて、一時的に「休学」扱いにしていただくか、退学の日時を外国での編入学が決定したあとにしていただくなど、出国の前に学校側とよく話し合っておくとよいでしょう。ただしこの制度は国・公・私立および都道府県によって取り扱いが違っていますから、在学校に相談して確かめてください。

(5) 現地の高校への受験と入学手続き

　現地の高校への受験および入学手続きは、前述した義務教育の児童生徒の場合に準じます。

① 日本の学校の在学証明書と成績証明書、あるいは卒業証明書（いずれも英文）
② パスポートなど公式書類による国籍、生年月日などの証明書
③ 予防接種の証明書（母子手帳の記録を英文か現地語訳にし、医師のサインが必要）
④ 公立校は、その学校区に居住する旨を証明する書類（住宅の契約書等）

これらを用意し、直接学校に持参して入学を申し込みます。

　公立校では、どの学年に入学を認めてもらえるかは現地校の指示に従うのがよいでしょう。私立校（国際学校を含む）の場合には、受験日、受験内容等について学校の指示を受けます。

　入学の時期は、かならずしもその学校の学年の始まる時期（欧米の場合は9月）に合わせなくてもよく、渡航した時点で、なるべく早く学校側と接触をし、指示を受けるとよいでしょう。また入学までに期間があれば、サマースクールやランゲージスクールなどで学習用語について勉強し、学習の効果を上げるよう努力しましょう。

在学証明書
転校する場合の、それまで在学していた学校で何学年に在学していたかを証明する書類のことです。日本人学校への場合は和文の在学証明書、国際学校・現地校への場合は、一般的には英文の在学証明書が必要になります。海外から帰国する場合は、その内容を含む何らかの書類を在籍する学校から発行してもらいます。

(6) 外国の学校における学力向上について

　現地の高校における在学期間は、できるだけ長い期間を確保したいものです。一般的には現地校の学習に支障のない語学力を身につけ、現地校生並みにいろいろな学習活動に参加できる状態に到達するには、少なくとも2年半ないし3年の月日を要するといわれています。それだけの苦労を克服したうえで、真に学力の向上をみる段階に到るには、さらにその後、1～2年の経過が必要とするのが共通したプロセスです。

　もちろん渡航時の年齢・学年や資質などで個人差はあります。高校段階の渡航の場合には、現地の高校卒業までの期間が短いため、このプロセスを完結するまでに時間的余裕がなく、本人に対する負担も相当過重になります。その理由は、世間に例の多い1～2年程度のいわゆる体験的留学の場合とその目的や性格が異なるからで、現地校の就学がそのまま重要な学歴を形成するからです。つまり、学力や教養面でも現地生徒の水準まで到達することが求められ、それがその後の大学進学の基礎条件となるからです。

　現在、国内の大学では帰国子女受け入れ枠を設けるところが多くなりましたが、大学側もこうした水準に達した学生を求めています。それは合格者の海外での学校の就学期間がおよそ3年以上であることからも十分うなずけます。

　このように考えますと、高校段階の子どもたちの渡航は慎重な計画にもとづく方針と学校選択、さらに滞在中の学習努力を特に必要とするといえます。

　高校3年生もしくはこれに近い時期の子どもの帯同渡航は、上述した事情からみて問題が多すぎます。この場合はむしろ日本の高校を卒業することが先決問題です。高校卒業はその後の将来のあらゆる進路に関して基本的な意味をもつからです。そのうえで両親の待つ海外に呼び寄せるのが、問題の少ない選択といえるのではないでしょうか。

　その場合、大学進学をどうするかが問題となります。できることなら日本の大学または短大に入学を果たし大学生の身分を確保したうえで、適切な時期に「休学」の手続きをとって渡航し、海外におけるしかるべき転学の方法によって、外国の大学に学ぶという方策をとるのがよいように思います。

　大学のなかには海外の大学と交換留学を実施している場合もありますから、大学と直接相談し、選択肢に入れるのも一つの方法でしょう。

　また日本の高校卒業の資格があれば、外国の大学に進学する方法も可能です。ただこの場合は現地の外国人生徒と同等の入学テストを経なければならないため、語学の問題をはじめかなりの困難が予想されます。

教育相談室 Q&A

Question

オーストラリアのキャンベラに、現地校に編入予定の高校1年生の娘を帯同して赴任します。**日本の高校生の教科書等を持参したほうがよいのでしょうか。**

Answer

現地の高校に編入学の予定で、高校1年生を帯同するとのことですが、現地の高校の学習も日本の高校同様、かなり難しい学習内容になってきます。特に理科（生物・化学・物理・地学・宇宙等）と数学（数学Ⅰ、Ⅱ、幾何等）は学習言語もかなり高度になってきます。このような学習の場合、日本の高校の教科書が身近にあれば、それと現地の教科書とを対比させながら学習を進めることで、学習内容を理解することが容易になるでしょう。

また、将来、日本の大学に帰国枠入試で入学する場合、日本の高校の日本史や世界史、国語、数学、理科などの学習が欠如のままでは、大学の講義を理解しかねることになるでしょう。そのようなこともあわせて考えますと、日本の高校の学習を現地で自学することはたいへん重要になってきます。

では、高校の教科書はどのようにしたら入手できるのでしょうか。義務教育の場合、教科書は無償で配布されましたが、高校の教科書は有償となります。子どもが高校1年に在学中ですから、在学している高校にその学校の教科書販売を扱っている書店を教えてもらいましょう。そして、その書店から、主要5教科の教科書（国語・数学・理科・社会・英語）の高校2年生、3年生分を購入するとよいでしょう。

その際に、教科書だけではなく各教科の市販の参考書や問題集も購入するとよいでしょう。できれば、教科書を学習するために、数学、理科、英語（Reader、Grammar）の教科書ガイド（教科書レーダー、自習書ともいわれています）を購入しておきますと、自学する際にたいへん役立つでしょう。

現地校の学習と平行しながら日本の高校の学習も進めていくことはたいへん難しいことです。しかし現地校の学習理解と同時に、日本の大学入学のためにも役立ちますから、がんばって継続してほしいと思います。

以上の理由から、ぜひ日本の高等学校の教科書等は、引っ越し荷物のなかに入れて持参してほしいと思います。

5. おもな国の学校制度

日本の学校制度は、戦後6-3-3制に改められ、文部科学省から示された学習指導要領に準拠した学習が、国内はもとより海外の日本人学校でも実施されています。しかし海外では、このように学校制度が一本化され統一されている国は珍しく、多くの国では州や教育区ごとに学校制度が定められています。

ここでは、日本の子どもたちが現地校に多く通っているアメリカ、イギリス、フランス、ドイツの学校制度について国別にその概要を説明します。

海外の滞在先が決まったらその地域の学校制度の概要を理解し、現地での学校選択や教育方針の考えかたなどの参考にしてください。

(1) アメリカの学校制度

アメリカにおいては、教育は州の専管事項とされ、特に初等・中等教育は、学区（School District）に権限の多くが委譲され、教育制度や義務教育開始年齢・年限、州の統一試験、高校の卒業要件などさまざまな面で州により異なることがあります。

初等・中等教育の大きな枠組みは、小学校から高校へつながる12年間の公費による教育期間と単線型の教育制度は全国共通です。一方、義務教育の年限や初等・中等教育12年間のなかの区切り等は、州によっても州内の学校区によってもきわめて多様です。また、それらは流動的（非固定的）で、地域・学区の状況や学校年度ごとの状況に応じた運用がなされていることがみられます。

就学前教育・義務教育

就学前教育は、幼稚園（Kindergarten）のほか保育学校（Nursery School）などで行われ、通常3〜5歳児を対象にします。

就学前教育を受けることを義務づけている州はメリーランド州やバージニア州など一部の州ですが、ほとんどの州では各学区に対して就学前教育の機会

図12　アメリカ合衆国の学校系統図

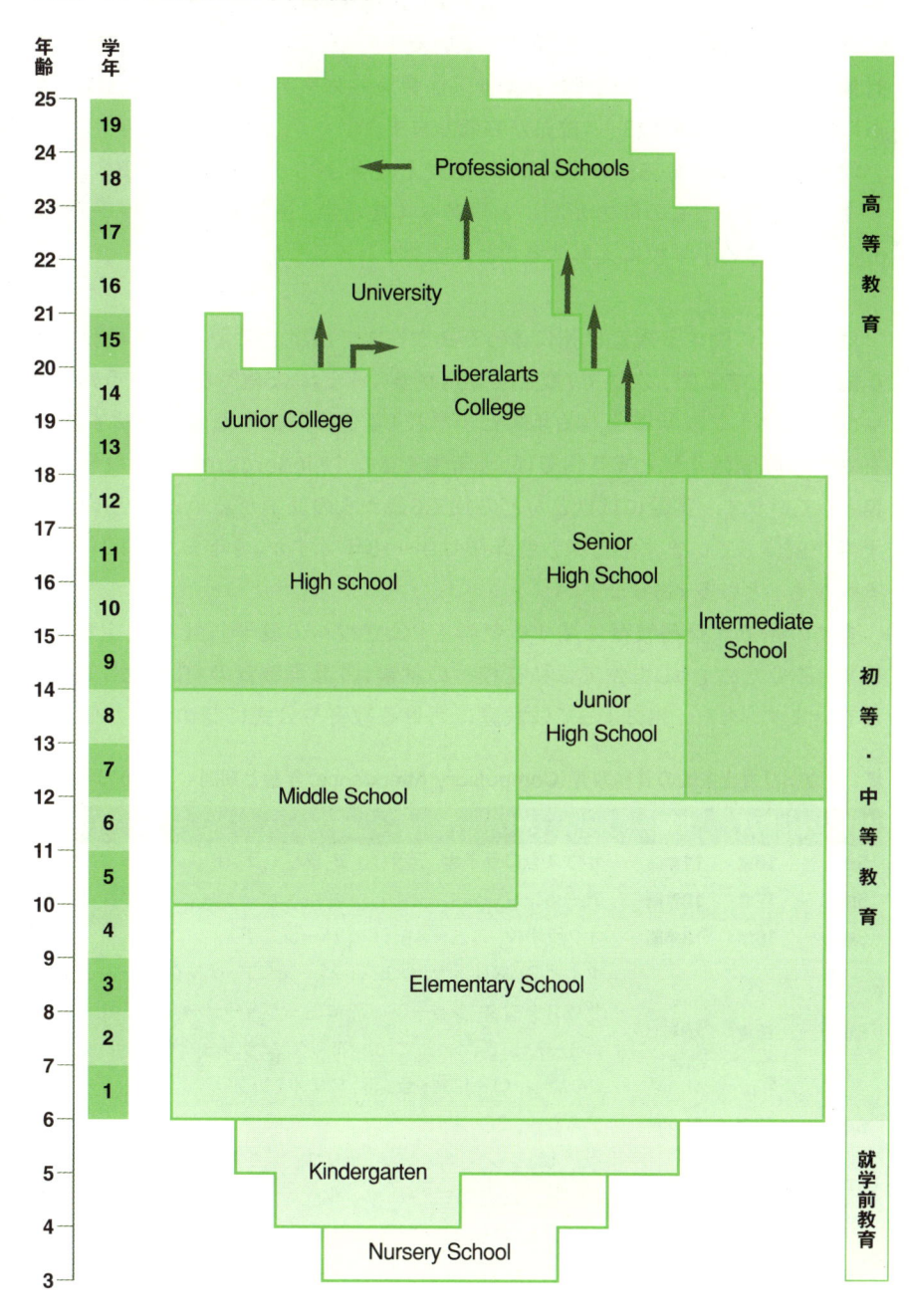

年齢	学年		
25	19		高等教育
24	18	Professional Schools	
23	17		
22	16	University	
21	15		
20	14	Junior College / Liberal arts College	
19	13		
18	12		初等・中等教育
17	11	High school / Senior High School	
16	10		
15	9	Intermediate School	
14	8	Middle School / Junior High School	
13	7		
12	6		
11	5	Elementary School	
10	4		
9	3		
8	2		
7	1		
6		Kindergarten	就学前教育
5			
4		Nursery School	
3			

文部科学省「2004 諸外国の教育の動き」より

（半日課程あるいは全日課程のいずれか）の提供を義務づけています。

幼稚園は通常、公立校に付設されているもので、ここでは主として5歳児を対象とした1年間の教育が行われます。保育施設は大半は私立で、ここにはおもに幼稚園就園以前の3～4歳児が在籍します。

幼稚園および保育施設の在籍率は、5歳児の場合88.4%（1999年）です。

なお、その子どもの能力が高いと認められた場合、通常の入学年齢（一般に6歳）よりも早く小学校に入学することが認められることがあります。

就学義務に関する規定は州によって異なります（表11参照）。就学義務開始年齢を6歳とする州、次いで7歳とする州が多くみられ、5歳や8歳とする州もあります。しかし、就学義務開始年齢と小学校1年生の開始年齢は一致せず、5歳を就学義務開始年齢とする州では、1年生ではなくKindergartenへの就学を義務としています。実際にはほとんどの州で6歳からの就学が認められ、6歳児の大半が就学しています。義務教育年限は9～13年ですが、9年または10年とする州がもっとも多くあります。

多くの州では義務教育に関する就学を「公立校への就学」として規定しています。このためそうした州では私立校への就学は「義務教育の免除」として扱われています。また、州によっては家庭における教育や公式に認められた個人学

表11　アメリカ合衆国の義務教育（Compulsory Attendance）年齢と期間　　（2003年現在）

始期 ～ 終期	年限	州名	州数
5歳 ～ 16歳	11年間	サウスカロライナ, デラウェア, メリーランド	3州
5歳 ～ 17歳	12年間	アーカンソー	1州
5歳 ～ 18歳	13年間	オクラホマ, ニューメキシコ, バージニア	3州
6歳 ～ 16歳	10年間	アイオワ, アリゾナ, ウエストバージニア, ケンタッキー, サウスダコタ, ジョージョア, ニュージャージー, ニューハンプシャー, ニューヨーク, マサチューセッツ, ミシガン, ロードアイランド, ワイオミング	13州
6歳 ～ 17歳	11年間	テネシー, ミシシッピ	2州
6歳 ～ 18歳	12年間	ウィスコンシン, オハイオ, カリフォルニア, テキサス, ハワイ, フロリダ, ユタ, ワシントン	7州
7歳 ～ 16歳	9年間	アイダホ, アラスカ, アラバマ, イリノイ, インディアナ, コネティカット, ネブラスカ, ノースカロライナ, ノースダコタ, バーモント, ミズーリ, モンタナ	12州
7歳 ～ 17歳	10年間	ネバダ, メイン, ルイジアナ	3州
7歳 ～ 18歳	11年間	オレゴン, カンザス, ミネソタ	3州
8歳 ～ 17歳	9年間	ペンシルベニア	1州
8歳 ～ 18歳	10年間	ワシントン	1州

習なども義務教育と同等と認められている場合があります。

初等・中等教育

　前述のようにアメリカでは教育は州の専管事項とされ、特に初等・中等教育については、初等・中等教育を専門的に担う学区に権限の多くが委譲されています。このため進学・終了要件をはじめ、初等・中等教育12年間のなかの区切り（学校種）などは、州あるいは学区によって多様です。

　学校制度については、初等・中等教育12年間を①6－3－3年制、②6－2－4年制、③5－3－4年制、④4－4－4年制、⑤6－6年制、⑥8－4年制とするなど形態はさまざまですが、高校を4年間とするところが多く、それ以前の課程を5－3年制や6－2年制とするところが多くみられます。表11を参照してください。

A. 初等教育

　初等教育は小学校（Elementary School）で行われます。

　小学校の修業年限も州あるいは学区ごとにきわめて多様ですが、伝統的な8年制や6年制のほか、3年制、4年制、5年制などの小学校があります。最近は5年制の小学校がもっとも多く、次いで6年制が多くみられます。また、Kindergartenを併設している場合が多くみられます。

　生徒数は、およそ500人程度の学校が多いようです。

B. 中等教育

　中等教育の修業年限も多様で、学校種もさまざまです。6年生から始まり8年生で終わるミドルスクール（Middle School）、7年生から始まり8年生で終わるジュニアハイスクール（Junior High School）、9年生から始まり12年生で終わるハイスクール（High School）などに大別されます。

　このうち前期中等教育は、ミドルスクールやジュニアハイスクールで行われます。ミドルスクールとジュニアハイスクールの区分は明確ではありません。しいていうならば、学年ごとに教員チームが組織され担当する学年の授業を行うミドルスクールと、科目ごとの教育を重視し教員も教科ごとに組織されたジュニアハイスクールといった区分になるかもしれません。

　中等教育の後期課程はハイスクールで行われますが、過半のハイスクールは4年制をとっています。公立のハイスクールの場合は、生徒の多様な希望や能力、適性などに応じて普通教育と職業教育を行う総合性がとられています。

　ハイスクールは単位制で運営されていて、修業年限にかかわりなくハイスクールを修了（卒業）するためには、必修教科と選択教科それぞれに定められた単位を取得しなければ修了することができず、成績評価も厳しくなっています。

特色あるプログラムを提供する学校

　公立校における中退者や怠学者などの問題の深刻化を背景に、従来の公立校では十分な学習効果を得られなくなりました。こうした児童生徒のニーズにあった学習機会を提供するために、1970年代以降、特色ある教育プログラムを提供する学校が設けられるようになりました。

　このような学校は一般にオルタナティブ・スクールと呼ばれます。ここでは、その実態に対応してカリキュラム選択の幅が広くとられています。

　また、マグネット・スクールと呼ばれる学校もあります。これは特定分野における才能が著しく優れた児童生徒に対して、専門的・高度な教育を行うことを特色としています。

　さらに近年では、チャーター・スクールと呼ばれる新しいタイプの学校が設置されるようになりました。これは公費によって運営されていて、さまざまな教育問題に取り組むため、親や教員、地域団体などが州や学区の認可（チャーター）を受けて設けたものです。一般の公立校に比べると小規模ですが、それぞれ独自の理念や方針にもとづいて柔軟な教育プログラムを提供することが可能となり、カリキュラムや指導方法、学年構成は学校によりたいへん多様です。

特殊教育

　特殊教育の方針決定やサービスの提供は、通常の教育と同じように基本的には州および学区によって行われます。しかし、障害をもつ人々を対象とした連邦政府の政策の強化により、障害をもつ子ども一人ひとりにたてられる個別教育計画にもとづいて、さまざまな教育機会のなかからもっとも制約の少ない環境が提供されるという特殊教育の原則が守られています。

　連邦教育省の統計によれば、障害をもつ児童生徒を対象としたサービスを受けている子どもたち約570万人（1996年度）のうち半数近くにあたる約260万人が、通常学級を中心に教育を受けています。

高等教育

　アメリカの高等教育機関はきわめて多様ですが、大別すると2年制大学と4年制大学とに分けられます。

　4年制大学は、歴史的には学部段階の教養教育を行うリベラルアーツ・カレッジとして始まりましたが、その後大学院教育や職業専門教育をあわせもつ総合大学へと発展し、現在では総合大学が主流となっています。このほか職業専門教育を行う専門大学もありますが、その多くは大学院レベルの教育が主体となっています。

　2年制大学には、コミュニティ・カレッジと呼ばれる州立2年制大学と、ジュニ

ア・カレッジと呼ばれる私立2年制大学がありますが、課程の内容などにおいて両者にほとんど差はありません。

A. 総合大学（Universities）

　総合大学に分類される機関は、一般教養や職業専門分野を含むさまざまな教育を行い、そのレベルも学士課程から博士課程にまで至ります。総合大学では特に大学院教育と研究活動に重点を置いています。

B. リベラルアーツ・カレッジ（Liberal Arts Colleges）

　リベラルアーツ・カレッジ（文理大学）は学部段階の一般教養教育を重視し、学士号取得をめざした教育に重点が置かれています。

C. 専門大学（Separately Organized Professional School）

　これは職業専門教育を提供する一つの独立した高等教育機関で、医科大学院や法科大学院、聖職者養成機関、芸術大学などがあります。

D. 短期大学（Community College／Junior College）

　2年間の教育を実施する短期大学には、基本的に4年制大学編入を目的とする課程と、2年間で修了完結する課程とがあります。前者は学士号課程の前半を提供し、後者は「準学士」や他の種々の資格取得を目的とします。

全国統一テスト等

　アメリカの多くの大学では、日本のセンター試験や個々の大学による入学試験を実施しない代わりに、全国統一テストの結果を入学審査の資料の一つにしています。これは The Collelge Board（CB）が実施する、SAT（Ⅰ,Ⅱ）、ACTといったテストで、大学入試には欠かせないものです。また日本の大学でも帰国子女受け入れの際、アメリカ方式の高校で勉強した生徒については、多くの場合SAT（Ⅰ,Ⅱ）の点数を提示するよう求めています。

　これらの統一テストについては、後述の「諸外国におけるおもな大学入学資格試験」（168ページ〜）をお読みください。

学年暦

　州によっては、制度上、学年度の始期を7月1日、終わりを翌年の6月30日というように州法で定めているところもあります。実際には、学年始期、学期区分、休暇・休日を含めた年間予定は、一般に州が定めている年間授業日数をはじめとする規定に反しないように、学区（School district）ごとに決められてい

ACT
SATとならぶアメリカの大学入学のための標準テストです。英語、数学、読解、科学的論証の4科目、および小論文を選択するものとしないものとの2形式があります。実力試験的傾向の強いSATと比べ、こちらは「カリキュラムに即した」テストとして知られ、内容的には広い範囲から出題されています。
＞＞170ページ

表12　アメリカの公立小・中学校の学期区分

9月	11月	2月	4月	6月　　　　　　9月
\multicolumn{2}{First Semester 第1セメスター（前期）}	\multicolumn{2}{Second Semester 第2セメスター（後期）}	Summer Vacation 夏休み
First Quarter 1学期	Second Quarter 2学期	Third Quarter 3学期	Fourth Quarter 4学期	

ます。通常、学年度は9月初め頃に開始され、5月末から6月半ばの間に終わります。

年間授業日数は174～182日まで幅はありますが、180日とする州がもっとも多くみられす。また、すべての州で土曜・日曜を休日とする完全週5日制が実施されています。

小学校では、3学期制、4学期制などが用いられていますが、これも学区によって多様です。これに対しハイスクールは、ほとんどの場合、前期・後期の2学期制となっています。前期は9月初め頃に始まり1月半ばまで、後期は1月半ばから1月末の間に始まり6月の初めから半ばまでの間に終わります。

(2) イギリスの学校制度

イギリス（連合王国）の学校制度は、イングランド、ウエールズ、スコットランド（以上グレート・ブリテン）および北アイルランドの4地域に分かれ、それぞれ独自の制度で運営されています。しかし旧制度が残っている地域もあり、たいへん複雑です。また単線型の日本の学校制度と違い、いわゆる「複線型」であるのが特徴です。ここではイングランドの制度について概要を紹介します。図13（次ページ）を参照してください。

就学前教育

公立（営）の就学前教育機関としては、①2～5歳未満児を対象とする保育学校（Nursery School）、②主として3～5歳未満児対象とする初等学校付設の保育学級（Nursery Class）、③初等学校入学直前の幼児を早期に受け入れるレセプション・クラス（Reception／First Class）があります。

以上のような教育を目的とする機関のほか、就学前児のための社会福祉施設として保育所（Day Nursery）があります。また、量的にみても就学前児の保育にもっとも大きな役割を果たしているのが、親によって運営されているプレイグループ（Playgroup）と呼ばれる組織で、運営費の一部について社会サービス当局から補助を受けています。

147

図13　イギリスの学校系統図

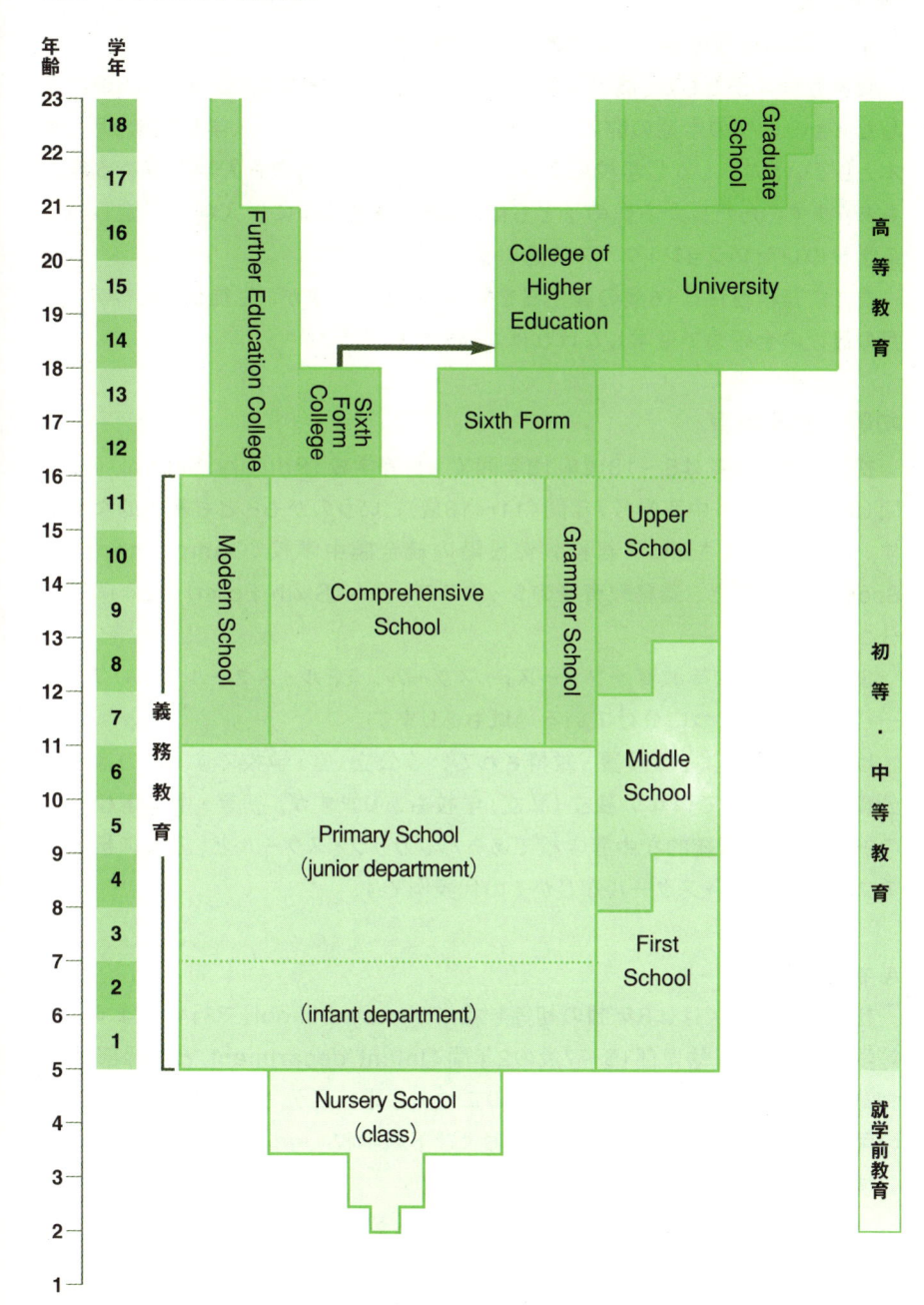

年齢	学年		
23	18		
22	17		Graduate School
21	16		
20	15	Further Education College	College of Higher Education / University
19	14		
18	13		
17	12		Sixth Form College / Sixth Form
16	11		
15	10	Modern School / Comprehensive School / Grammer School	Upper School
14	9		
13	8		
12	7		
11	6		Middle School
10	5	Primary School (junior department)	
9	4		
8	3		First School
7	2	(infant department)	
6	1		
5		Nursery School (class)	
4			
3			
2			
1			

義務教育

高等教育 / 初等・中等教育 / 就学前教育

文部科学省「2004 諸外国の教育の動き」より

義務教育

イギリスの義務教育は5～16歳の11年間です。

義務教育は子どもが5歳の誕生日を迎えた日に始まりますが、親には5歳に達したあとの最初の学期の開始までその義務は生じません。入学は通常9月を基本としています。しかし学校により、1月、さらに3(4)月にも入学を認める場合もあります。ただし大多数の子どもは、5歳に達する年には入学を予定している学校のレセプション・クラスに通います。

また、義務教育は16歳の誕生日をもって終了しますが、生徒はその学年の6月の最後の金曜まで就学しなければなりません。

初等・中等教育

初等・中等教育は5～18歳の13年間で、初等学校（Primary School）の6年間（5～11歳）と、中等学校7年間（11～18歳）というのがもっとも基本的な形です。中等学校はさらに、義務教育段階の統合制中学校（Comprehensive Scool）の5年間と、義務教育後のシックスフォーム（Sixth Form）の2年間に区分されます。

また、初等・中等教育をファースト・スクール、ミドル・スクールおよびアッパー・スクールの三つに分けている地域もあります。

以上は公費によって設置・維持されている公立（営）学校です。このほかに公費補助を受けていない独立（私立）学校もありますが、初等・中等学校全体の9％弱です。伝統的な中等学校であるパブリック・スクールと、これに接続するプレパラトリー・スクールなどがその代表例です。

A. 初等教育

初等教育の多くはは6年制の初等学校（Primary School）で行われます。初等学校はさらに、幼児部（5～7歳の2年間：infant department）と下級部（7～11歳の4年間：junior department）の二つの段階に区分されます。一部にはこの両者を幼児学校（Infant School）および下級学校（Junior School）という別の学校として設置しているところもあります。

また中等教育への円滑な移行をはかるという観点から、ファーストスクール（5～8、9または10歳）とこれに接続するミドルスクール（8～12歳、9～13または10～14歳）を設けているところもあります。

B. 中等教育

中等教育は11～18歳の7年間で、最初の5年間が義務教育です。

一般的な形態は総合制中等学校（Comprehensive School）で、公立（営）の

中等学校全体の9割を占めています。ここでは初等学校の修了者を無試験で受け入れ、生徒の能力・適性・志望などに応じた教育を行っています。総合制中等学校には前期・後期一貫型の7年制の学校と前期（義務教育段階）のみの学校があり、両者はほぼ半々です。

　総合制中学校の第5学年の終わりの時期（6月ごろ）に、全国いっせいにGCSE（General Certificate of Secondary Education）の試験が行われます。これは義務教育修了資格テストにあたるものです。

　義務教育後の中等教育の課程・機関としては、大学、ポリテクニックその他の高等教育機関に進もうとする者は、GCEのA（Advanced）レベル試験の受験準備を行う「シックスフォーム」というコースに進みます。また就職する者にとっては、義務教育修了段階で受験する中等教育修了試験であるGCSEの成績が、就職活動において大きな意味をもってきます。またシックスフォームにも進まず就職もしない者は、各種職業訓練教育を受けることになります。イギリスにおいては職業資格認定制度が整備されており、資格修得をめざして継続教育カレッジなどで学ぶ者も多くいます。

C. シックスフォーム（Sixth Form）

　高等教育機関への進学をめざす者のための義務教育後の教育としては、シックスフォームと呼ばれる2年間（第12～13学年）の課程があります。シックスフォームへの入学に際しては公的な資格要件はありませんが、通常、GCSE試験において一定の成績をおさめることが求められ、主として大学に進学するのに必要なGCEのAレベルの受験を目的として勉強をする課程です。2年間の学習の修了時（6月ごろ）にAレベル試験が行われます。

　また、この課程がシックスフォーム・カレッジ（Sixth Form College）という独立した機関として設立されている場合もあります。

初等・中等教育の教育段階区分等

　イギリスの教育制度において特徴的なKey Stageという教育段階区分について概要を紹介します。

A. Key Stage

　イギリスの全国共通カリキュラム（National Curriculum）は、義務教育段階にある児童生徒に対してすべての公営（立）学校において教えるべき基礎教科を必修科目とするとともに、初等・中等教育の期間を表13（次ページ）のように、複数学年にまたがる四つのKey Stageに区分し、Key Stageごとに教科を配当しています。学校では、Key Stageにそってカリキュラムの編成や到達目標

継続教育カレッジ
継続教育とは、義務教育後の多様な教育をめざすもので、継続教育カレッジと総称される各種機関において行われます。青少年や成人に対して全日制、昼・夜間のパートタイム制などにより、職業教育を中心とした多様な課程が提供されています。
＞＞151ページ

全国共通カリキュラムで定める基礎教科
基礎教科は数学、英語、理科、歴史、地理、技術、情報、音楽、美術、体育、外国語、公民。このうち特に数学、英語、理科を中核教科（core subjects）としています。外国語と公民はKey Stage3と4でのみ必修、歴史、地理、音楽、美術はKey Stage4では選択科目です。

の設定、到達度評価がされています。
　Key Stage4の2年間はGCSE（中等教育修了一般資格試験）などの資格試験の準備課程となっていて、他のKey Stageに比べ必修科目は少なくなり、選択科目が4教科と多くなります。

B. 到達目標・評価・進級等
　全国共通カリキュラムでは、各教科の指導内容と習得の程度を示す到達目標が定められています。

- 到達目標（Attainment Targets）……学習プログラムで定める内容について、各Key Stageの終わりまでに児童生徒が習得することが期待される知識・技能および理解力のことです。これは教科ごとに習熟度に応じて、基本的にレベル1からレベル8までの8段階になっていて、児童生徒が各Key Stageの最後に到達することが期待される標準到達レベルが示されています。標準到達レベルが全国テスト（National Tests）の評価基準となります。
- 評価……児童生徒の到達度評価は、到達目標の8レベルを基準にした絶対評価で行われます。実際の評価は、各Key Stageの終わりの7歳、11歳、14歳に行われる全国テストの結果や学内テストの結果、課題の提出状況などの日常の学習活動を参考に総合的に評価されるのが通常のようです。
- 進級……初等・中等教育全体を通じて各教科の成績によって進級させるのではなく、保護者や学校が特別な理由により進級を希望しない場合、あるいは進級しないことがよいと判断した場合をのぞき、年齢に従って進級していくのが原則です。また、Primary SchoolからComprehensive Schoolへの進級・進学については、一部の選抜制の学校をのぞいて選抜は行われていません。
- 修了……イギリスでは、各学校が課程修了者に修了証・卒業証明を発行する制度はありません。GCSEやGCEなどの資格試験の結果をもって修了・卒業にかえています。

全国テスト
各Key Stageの終わりの7歳、11歳、14歳、16歳時に毎年5月に行われます。なお、16歳のKey Stage4の評価は、全国テストではなくGCSEの試験結果で評価されます。

表13　Key Stageの学年・年齢の目安

Key Stage	学年	年齢の目安	学校区分等
1	reception	5歳または5歳未満	infant department
	years 1〜2	5歳〜7歳	primary school
2	years 3〜6	7歳〜11歳	junior department
3	years 7〜9	11歳〜14歳	comprehensive school
4	years 10〜11	14歳〜16歳	
5	years 12〜13	16歳〜18歳	sixth form

特殊教育

特殊教育の対象となる子どもは、イギリスではSEN（Special Educational Needs）をもつ子どもと呼ばれ、主として特殊教育学校で教育が提供されまが、できる限り通常の学校に受け入れるように定められています。特に重度な児童生徒については地方教育当局から認定書が発行され相応の支援が行われます。この認定書を受けている者は初等・中等教育就学者全体の3.1%（2001年）、認定書をもたない者も含めると全体の2割を占めています。

高等教育

高等教育機関には、①大学（University）、②高等教育カレッジ（College of Higher Education）／ユニバーシティ・カレッジ（University College）、および③継続教育カレッジ（高等教育課程開設校：Further Education College）があります。

全国に①は114機関、②は55機関、また③は382機関（いずれも2001年）ありますが、ほとんどが政府の補助金を受けて運営されています。

A. 大学（University）

大学は、準学位から博士号を含む研究学位まで幅広く高等教育学位・資格を授与する独立の機関です。伝統的にアカデミックなプログラムを提供する旧大学と、より実務的・実践的なプログラムを提供する新大学とに大別されます。

B. 高等教育カレッジ（College of Higher Education）／ユニバーシティ・カレッジ（University College）

かつての教員養成機関を前身とする高等教育カレッジやユニバーシティ・カレッジは、多くは近隣の大学や公開大学と提携し、課程認定を受けて学位プログラムを提供していますが、うち2割は学位授与権を有しています。ただし研究学位まで授与するところは少ないようです。

C. 継続教育カレッジ（高等教育課程開設校：Further Education College）

義務教育後（16歳～）に各種の教育・職業訓練を提供する継続教育カレッジのうち半数以上の機関は高等教育課程を設け、おもに準学位レベルのディプロマやサーティフィケートを授与しています。近年、政府はこの継続教育カレッジにおける準学位レベルを中心とする高等教育課程の拡充をはかっています。

全国統一テスト等

大学は学科ごとに入学審査のために受験しなければならないGCE-Aレベル

表14 初等・中等学校の学年暦

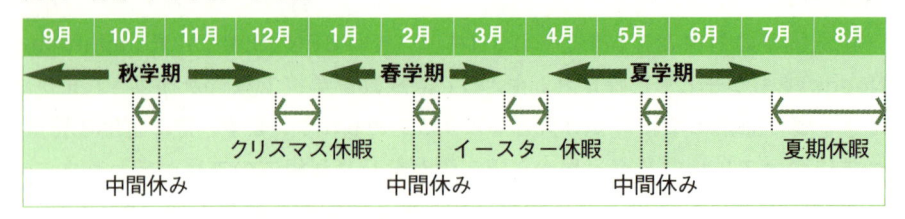

9月	10月	11月	12月	1月	2月	3月	4月	5月	6月	7月	8月
←秋学期→				←春学期→			←夏学期→				
	中間休み		クリスマス休暇		中間休み	イースター休暇		中間休み			夏期休暇

の科目を指定しています。また場合によっては、これに加えてGCSE試験の数科目の受験が要求されます。

これらの統一テストについては、後述の「諸外国におけるおもな大学入学資格試験」（172ページ〜）をお読みください。

学年暦

学年は9月1日から翌年の8月31日までと定められていますが、具体的な学年暦、学期の日程は各地方教育当局が決定し、地方や年により若干異なります。

9月から始まる3学期制が基本で、秋学期・春学期・夏学期に分けられています。一部中等学校のなかには2学期制をとる学校もあります。

具体的な学年暦は上の表14のとおりですが、学期間の長期休暇のほか、各学期中に一度の中間休み（Half Term）が設けられています。各休暇の期間は、長期休暇の夏期休暇が約6週間、クリスマス休暇とイースター休暇がそれぞれ2〜3週間で、中間休みがそれぞれ1週間程度となっています。また、土曜と日曜を休業日とする完全5日制がとられ、年間授業日数は190日と規定されています。

（3）フランスの学校制度

フランスの教育システムは、初等教育として小学校、中等教育として中学校と高校（専門学校、技術学校を含む）、高等教育として大学、グランゼコール、高等専門学校の三段階に分けられています。図14（次ページ）を参照してください。

就学前教育

就学前教育は、2〜5歳児を対象としています。おもに公立幼稚園（École Maternelle）で行われていますが、私立幼稚園や公・私立小学校付設の幼児学級（Classe Maternelle）でも行われます。このほか3か月〜3歳までの乳幼児を対象とする保育所（Créche）も設置されています。公立の幼稚園、幼児学級では保育料は徴収していません。

フランスでは就学前教育をなるべく早く開始したほうがその後の就学に好結

図14　フランスの学校系統図

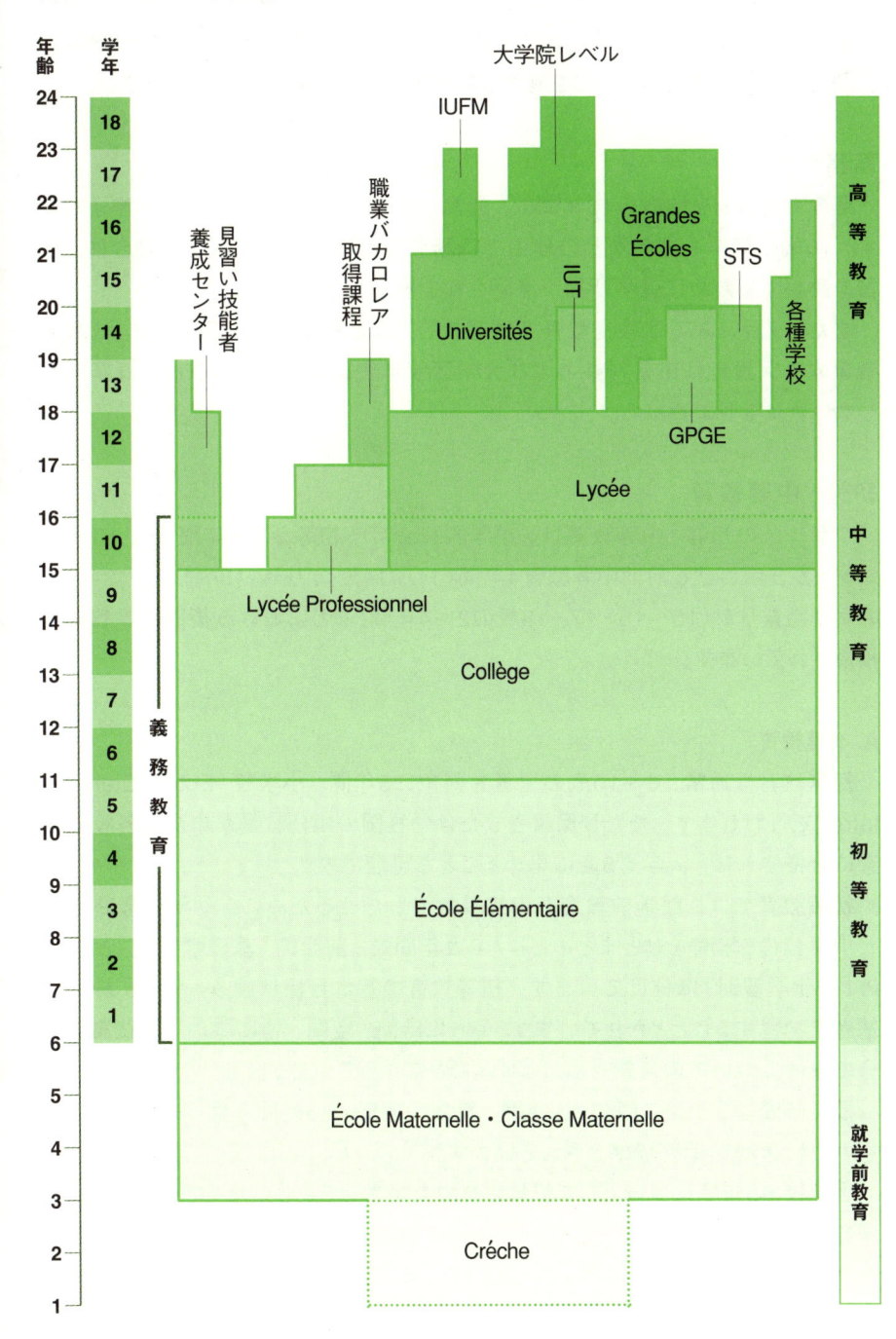

年齢	学年				
24	18			大学院レベル	高等教育
23	17			IUFM	
22	16		職業バカロレア取得課程	Grandes Écoles	
21	15	見習い技能者養成センター			
20	14			Universités　IUT　STS　各種学校	
19	13			GPGE	
18	12			Lycée	
17	11		Lycée Professionnel		中等教育
16	10				
15	9	義務教育	Collège		
14	8				
13	7				
12	6				
11	5		École Élémentaire		初等教育
10	4				
9	3				
8	2				
7	1				
6					
5			École Maternelle・Classe Maternelle		就学前教育
4					
3					
2			Créche		
1					

文部科学省「2004 諸外国の教育の動き」より

果をもたらすという考えかたが広く支持されています。政府もより多くの幼児に就学前教育を受けさせるという方針をもち、特に社会環境が子どもの教育に不利な状況にある地域では、2歳からの就園を積極的に推進しています。

義務教育

　義務教育は6～16歳の10年間で、通常、後期中等教育の第1学年で修了します。16歳以降でも留年などの理由で義務教育修了に達していない場合は、学習を継続するために就学延長が保証されます。

　また、フランスでは義務教育を家庭で行うことも認められています。これを希望する保護者は市長村長および大学区視学官に届け出て、これを毎年更新しなければなりません。

初等・中等教育

　フランスの初等・中等教育は、小学校における初等教育5年間（6～10歳）、コレージュにおける前期中等教育4年間（11～14歳）、リセ（15～17歳の3年間）および職業リセ（15～16・17・18歳の2～4年間）などにおける後期中等教育で構成されています。

　A. 初等教育

　初等教育は通常、6～10歳の児童を対象に5年間、小学校（École Élementaire）で行われます。ただし保護者または幼稚園の担任教員が申請し各校の審査に合格すれば、入学を5歳に早めることも可能です。

　初等教育では、就学前教育との接続性をもたせるために、幼稚園最終学年と小学校の5年間をひとまとめとした6カ年間を、前半の「基礎学習期」と後半の「深化学習期」に分けています。初等教育の基本目標は読み、書き、計算の基礎を学習することとされています。さらに時間、空間、物についての認識と自分の身体についての自覚を広げていくことになっています。

　授業時間はフランス語の週9時間、算数の週5～5.5時間をはじめとする学習を中心に週26時間が標準とされています。

　小学校の5年間は原則として留年させず進級させることになっていますが、留年を経験する生徒もめずらしくなく、かつては約2割の生徒が留年しているというのが実態のようです。小学校の修了時には、修了の水準に達していると認められた生徒には小学校の課程修了が認められ、そのまま通学区域内のコレージュに進学することができます。

B. 前期中等教育

前期中等教育は、通常、11〜14歳の生徒を対象に4年間、コレージュ（Collège）で行われます。このうち第3・4学年では普通教育のほかに技術教育課程などで将来の進路にあわせた学習内容が提供されます。また第3学年には学習困難な生徒のための学科調整課程なども設けられています。

コレージュは、小学校の学習を深化させ、生徒の多様性に応じた教育方法により言語の習熟度をあげることを目標としています。生徒はさまざまな教科を通して推論・観察することを学び、外国語では日常会話を学びます。

授業時間は第1学年で週26時間、第4学年で27.5〜28.5時間が標準で、学習内容は必修教科、選択必修教科、自由選択教科で構成されます。必修教科はフランス語（4.5〜6時間）、数学（3.5〜4.5時間）、第一外国語、化学（各1.5〜2時間）のほかテクノロジー、芸術、体育があります。選択必修教科は第二外国語（第3・4学年で各3時間）、テクノロジー（第4学年技術教育課程で5時間）で、自由選択教科はラテン語などの語学とテクノロジーとなっています。

コレージュでは、各学年ごとに進級の可否が検討され、修了時には修了証が授与されます。リセへの進学は、通常入学試験ではなく学校の進路指導を通して行われます。生徒の学習成績や家庭の希望により生徒にとってのぞましいと判断されるリセないし職業リセを検討し、家庭に提案されます。不服の場合は学校と協議して調整します。これらの提案や調整等の結果により、リセか職業リセが決定すると、教育行政機関の代表者等で構成される配分委員会で各生徒が通学すべき学校が指定されます。

C. 後期中等教育

後期中等教育は、リセ（Lycée：修業年限3年）と職業リセ（Lycée Professionnel：同2〜4年）で行われ、後期中等教育進学者の約7割がリセに、約3割が職業リセに進学しています。通常は第1学年在学中に義務教育を終了します。

リセでは、第2学年以降、普通教育課程と技術教育課程とに分かれ、生徒の約65％が前者に残りの約35％が後者に進学しています。第3学年終了時に、中等教育修了資格と高等教育入学資格を兼ねる国家資格であるバカロレアの取得試験を受験することになります。

職業リセは、前半の2〜3年の職業資格取得課程と後半2年の職業バカロレア（バカロレアの一種）取得課程に分かれています。なお、一部の職業リセには、前期中等教育段階の生徒を受け入れる課程も設置されています。

リセは、個人の進路計画を実現させるためにさまざまなコースが設けられています。第1学年は、それ以降の進むべきコースを決定するための進路決定期として位置づけられ、フランス語、数学などの必修8教科のほか、進路決定のた

バカロレア

バカロレアはフランスにおける高校卒業資格と大学入学資格をかねた統一試験の制度です。この試験に合格すれば大学入学資格が得られますが、入学希望者の数が定員をこえた大学では、取得したバカロレアの種類やその成績により制限をします。近年、大学入学希望者の増加にともない、この制限を行う大学が増えてきています。
＞＞174ページ〜

めの必修選択2教科、自由選択1教科を学びます。第2学年以降は、普通教育課程と技術教育課程に大別されます。普通教育課程は、文学(L)、経済社会(ES)、科学(S)の3コース、技術教育課程は、第三次産業科学技術(STT)、工業科学技術(STI)、実験科学技術(STL)、医療社会科学技術(SMS)の4コースがあり、以上の7コースが代表的なコースです。

リセの修了は、3年間の課程を終えた後、毎年全国一斉に実施されるバカロレア資格取得試験(普通教育課程の生徒は普通バカロレア、技術教育課の生徒は技術バカロレア)に合格することをもって認定されます。

私立校

私立校はカトリック系、プロテスタント系、ユダヤ系などがあり、施設や設備も整い、かなり高水準の授業が行われています。歴史のある学校も多く、それなりの教育方針と目的をもっています。教科書は公立校同様に無償で給付されますが、授業料はかなり高いようです。

現地校の日本の子どもへの対応

フランスの公立校は前述のとおり、原則的には受け入れてくれますし、外国人に対する語学の初歩指導も、低学年の者に対しては用意されています。ただし子どもの教育に関して教師の裁量に任されている部分が多く、進級も校長の判断によって決められますので、進級できない者はどの学年にも生じます。しかし、学校としては進級させないことをむしろ親切であると考え、親も子どもも落第を日本のようにはとらえません。もっとも最近は原級にとどまる数は、大幅に減っています。

日本の子どもがフランスの現地校に入学する場合は、語学習得の苦労やこうした現地事情を十分理解したうえで対応を考える必要があるでしょう。

高等教育

高等教育機関には、大学(およびその付設機関)、グランゼコール、教員教育大学センター、各種学校があります。そのほかに、後期中等教育機関であるリセにも高等教育課程が付設されています。

A. 大学 (Universetés)

大学には高等教育在学者の約6割が在学します。広範なジャンルの学術専門教育を行っていますが、近年は職業専門教育を重点的に行うコースも設置されるようになりました。博士号取得までの大学教育はおおむね、第1期課程(2年)、第2期課程(2年)、第3期課程(4年)に分かれて行われています。各課程におい

てはさまざまな国家免状（学位・資格）や各大学の卒業証書が授与されます。
　また、大学付設機関として、中・高級技術者を養成する技術短期大学部（IUT）や大学付設高級技術者学校、大学付設職業教育センターがあります。

B. グランゼコール（Grandes Écoles）

　これはおもに官界・産業界の幹部などを養成する機関の総称で、商工業や農業、建築、芸術、文化などに関わる高度な職業専門教育を行っています。しかし在学者は高等教育在学者の1割未満と少数です。なかでも国立行政学院や高等師範学校などはエリート養成機関として広く知られています。修業年限はおもに3年です。

C. 教員教育大学センター（IUFM）

　これは初等・中等教育教員を養成する国立機関で、各大学区に1校ずつ設立されています。おもに大学第3学年修了後に入学し、修業年限は2年です。

D. 各種学校

　以上の高等教育機関のほかに、獣医系、医療周辺系、社会福祉系などの各種学校があります。入学要件や修業年限は多種多様で、なかにはバカロレアを必要としないものもあります。

E. リセ付設のグランゼコール準備級（CPGE）・中級技術者養成課程（STS）

　高校のリセには高等教育課程として、グランゼコールへの入学準備教育を行うCPGE（修業年限1～2年）と中級技術者を養成するSTS（修業年限2年）が付設されています。

国家統一テスト等

　フランスではバカロレア（BAC／Baccalaureate）を取得することが大学入学条件になっており、このバカロレアが入学資格にあたると考えられます。
　バカロレアについては、後述の「諸外国におけるおもな大学入学資格試験」（174ページ～）をお読みください。

学年暦

　フランスでは、初等・中等教育とも学年の開始は毎年9月です。いずれも3学期制を採用し、第1学期はクリスマス休暇（12月下旬～1月初め）まで、第2学期は春休み（おおむね4月下旬～5月初め）まで、第3学期は夏休み（7月初め～9月初め）までとなっています。

初等・中等教育とも水曜と日曜を休日とする週5日制を採用しています。これらは県レベルで柔軟に対応することが認められ、一部地域の小学校では、これに加えて土曜も休日とする学校もあります。

年間授業日数は、初等・中等教育とも年間36週と定められています。

(4)ドイツの学校制度

ドイツの学校制度は国の監督下にありますが、連邦制度をとるドイツの教育行政の主権は各州の任務となっています。このため、州ごとに制度上の相違が若干みられますが、基本的には大きな差異はありません。日本の「6-3-3制」とは異なり、ドイツでは初等教育を終えた時点で、種類の異なる学校に就学する分岐型の制度になっています。図15(次ページ)を参照してください。

就学前教育

就学前教育は、3歳から基礎学校入学までの子どもを対象に幼稚園(Kindergarten)で行われています。3歳未満の子どもは、一般に保育所(Kinderkrippen)で受け入れていますが、3〜6歳の子どもとともに幼稚園に入る場合もあります。いずれも就園は任意です。幼稚園は公立・私立とも保育料を親から徴収しています。

また、就学年齢に達していない5歳児について親が基礎学校への準備教育を希望する場合のコースとして、いくつかの州では予備学年が設けられています。

義務教育

義務教育は、すべての州で満6歳から満18歳までの12年間です。学校教育として行われる年限は多くの州で初めの9年(一部の州では10年)で、この期間は学校への就学義務があります。

義務教育の入学年齢については、各州が基準日を6月30日〜9月30日の間に設定できます。ただし、すべての州が親の申請を条件に、基準日に満6歳とならない子どもにも早期就学を認めています。

義務教育を終えたのち、全日制の普通教育学校あるいは職業教育学校に修学していない者は、9年目以降の通常3年間、満18歳まで定時制の職業教育を受けることが義務となっています。

初等・中等教育

ドイツの初等・中等教育制度は、前期中等教育の段階から能力・適性に応じてハウプトシューレ、レアルシューレ、ギムナジウムの3種の学校に分化する三

図15　ドイツの学校系統図

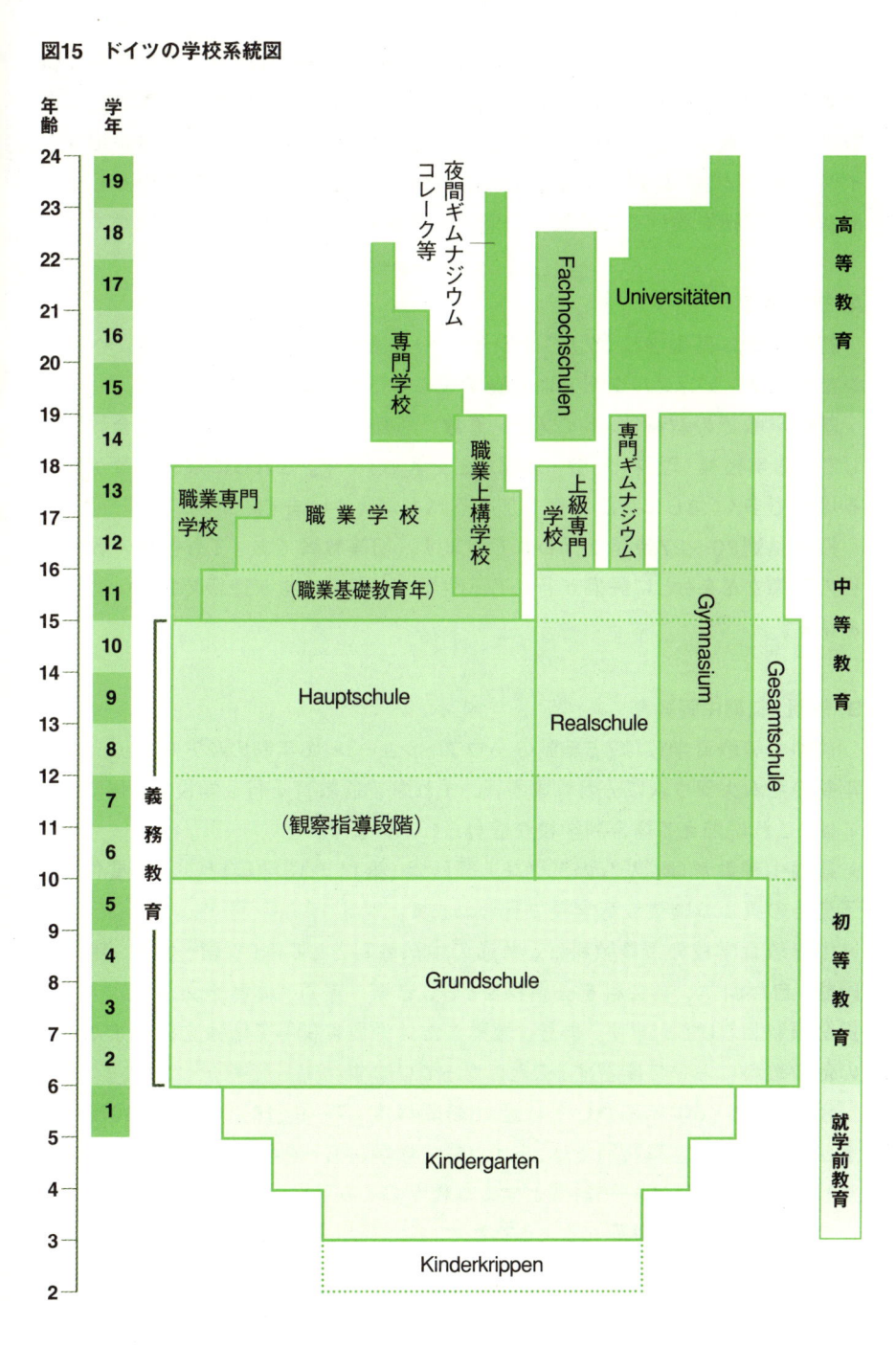

年齢	学年								
24	19								高等教育
23	18			夜間ギムナジウム・コレーク等			Universitäten		
22	17					Fachhochschulen			
21	16			専門学校					
20	15								
19	14								
18	13		職業専門学校	職業学校	職業上構学校	上級専門学校	専門ギムナジウム		中等教育
17	12								
16	11			（職業基礎教育年）					
15	10	義務教育		Hauptschule		Realschule	Gymnasium	Gesamtschule	
14	9								
13	8								
12	7			（観察指導段階）					
11	6								
10	5			Grundschule					初等教育
9	4								
8	3								
7	2								
6	1								
5				Kindergarten					就学前教育
4									
3				Kinderkrippen					
2									

文部科学省「2004 諸外国の教育の動き」より

分岐型学校制度を基本としています。また、後期中等教育段階で多種多様な職業教育が行われていることも大きな特徴です。しかし教育に関する基本的な権限は各州が有することから、教育制度は州により若干違いがあります。旧東ドイツ地域では、ギムナジウムのほかにハウプトシューレと実科学校をあわせた形態の学校種を設ける二分岐型の制度を導入している州が多くみられます。

A. 初等教育

初等教育は基礎学校（グルントシューレ）において4年間行われます。ベルリン市とブランデンブルク州では基礎学校の年限が6年となっています。

基礎学校での教科は、ドイツ語、算数、図画工作、音楽、体育と総合教科としての事実授業（理科・社会・地理などを含む）です。これらに宗教教育が加わる場合も多く、さらに英語教育を加える州も増えています。

授業は週20〜27時間で行われています。初等教育であっても各州の教育課程の基準などをもとに評価が行われ、少数ではありますが進級できない場合もあります。

B. 前期・後期中等教育

前期中等教育学校は、5年制のハウプトシューレ、6年制のレアルシューレ、9年制のギムナジウムに分かれます。いずれも普通教育を行う学校で、州によっては、これに加えて総合制学校が設けられています。

後期中等教育は、ギムナジウム上級段階（第11〜13学年）と、入学要件・修了資格の異なる職業教育学校で行われます。

中等教育学校の授業教科は、共通の中核教科としてドイツ語、数学、第一外国語、自然科学、社会科を必須科目とし、音楽、美術、体育を必須あるいは選択必須科目としています。また、職業または労働に関しては独立教科またはその他の教科において学習することになっています。

授業は、5・6学年については週28時間程度、7〜9（10）学年では30時間程度が一般的です。教科別では、ドイツ語、数学、第一外国語が週3〜5時間、自然科学、社会科は週2〜3時間とする学校が多くみられます。その他の教科については州によりかなり異なるようです。

一般に前期・後期中等教育学校では、入学希望者に対する選抜試験は行われず、生徒が在学する学校が成績や適性評価をもとに生徒の進路を勧告することができますが、基本的には親が決定する権利をもちます。

評価は6段階で評価することになっていて、学年成績をもとに決められます。6段階評価（1がもっとも良く、6がもっとも悪い）の4以上であれば進級できますが、5が1教科でもあれば進級できません。

ギムナジウム上級段階
9年制のギムナジウムの最後の3年間を上級段階として位置づけています。旧東ドイツ地域の一部の州の8年制ギムナジウムでは2年間の場合もあります。この段階を修了すると大学入学資格（アビトゥア）を取得できます。

公立校

A. 基礎学校（Grundschule：グルントシューレ）

　日本の小学校にあたる義務教育の初等領域（1～4学年）で、基礎学校と呼ばれ、6歳になったすべての子どもが共通に就学します。

　基礎学校修了後は、子どもの能力や適正に応じて、ハウプトシューレ、レアルシューレ、ギムナジウムに分かれて進学します。

　基礎学校を修了した生徒はハウプトシューレには無条件で進学できますが、レアルシューレやギムナジウムへ進学するには進学を適切とする基礎学校の所見が必要とされます。この所見を得ていない生徒がレアルシューレやギムナジウムへの進学を希望する場合は、いったん希望する学校に入学させ一定期間観察指導をする州と、入学時に学力水準の確認をする州があります。また親の決定に従う州もあります。

　なお、基礎学校修了後の2年間を「観察課程の段階」とし、進路の変更を可能とする州もあれば、共通のオリエンテーション段階を設け、6学年修了後に初めて進路を決定する州もあります。

B. ハウプトシューレ（Hauptschule：基幹学校）

　ハウプトシューレは普通義務教育修了までの5年間の教育を行い、卒業後に就職して職業訓練を受ける者がおもに就学します。通常、第5～9学年の5年制で、義務教育が10年間となっている一部の州では第10学年までとなっています。修了者にはハウプトシューレ修了証が与えられます。また、州によっては特に優秀な修了者はレアルシューレの第10学年への編入が認められる特別な修了証を取得することができます。

C. レアルシューレ（Realschule：実科学校）

　レアルシューレは「ハウプトシューレよりもレベルの高い普通義務教育を行う学校」と定義され、修了後に上級専門学校など全日制の職業教育学校に進む者や中級の職につく者ががおもに就学します。通常、第5～10学年の6年制で、修了者にはレアルシューレ修了証が与えられます。

D. ギムナジウム（Gymnasium）

　ギムナジウムは通常5～13学年の9年制の学校で、大学進学にそなえた高度な普通教育を行い、「第13学年修了時に大学入学資格を与える学校」と定義され、大学進学希望者がおもに就学します。一部の州では第5～12学年の8年制となっているほか、8年型と9年型を併存させている州もあります。最終学年終了時に行われる大学入学資格試験（アビトゥア）に合格すれば、普通大学への

アビトゥア

アビトゥアは中等教育修了資格と大学入学資格をかねたドイツの資格制度です。アビトゥアには、普通のギムナジウムや専門ギムナジウム・総合学校に通った者がとれる「普通大学入学資格」と、レアルシューレ修了後に専門上級学校や職業専門学校などに通い、修了試験に合格した者に与えられる「専門大学入学資格」の2種類に分かれます。
>>176ページ～

入学資格が与えられます。

　ギムナジウムの上級段階においては、第11学年では共通の授業が行われますが、第12・13学年では学習内容は基礎教科と重点教科に分けられ、いずれかを選択します。基礎教科は週2〜3時間、重点教科は週6時間の授業が行われます。第12・13学年の生徒は、①二つの重点教科を選択すること、②重点教科の一つはドイツ語、数学、外国語のいずれかであること、③ドイツ語、数学、外国語はすべて最終学年まで履修すること、とされています。

E. 総合制学校（Gesamtschule：ゲザムトシューレ）

　総合制学校は、通常、5学年から第9(10)学年までありますが、第11〜13学年を設ける州もあります。この学校には2種類あり、①前述の3種の学校種に相当する課程を残し各課程間の移行ができる学校（協力型）と、②3学校種の区別をせずにすべての生徒が共通の教科を履修する学校（統合型）があります。ただ、若干の州をのぞき総合学校はあまり普及していないのが実情です。

F. その他の学校

　高校段階においては、上記のほかに職業専門学校など多様な職業教育学校があります。また、職業従事者に大学入学資格を取得するための夜間ギムナジウムやコレークもあります。

私立校

　ドイツは公立校が主流ですが、日本でも有名な、独特の教育理念と指導方法をとる「シュタイナー学校」は数少ない私立校の一つです。ほかには教会系の学校もありますが、特にカトリック系の学校ではカトリック信者であることを証明する受洗証明書（Taufschein：タウフシャイン）が条件となることがあります。プロテスタント系の学校では、信者でなくても受け入れに寛大な学校が多いようです。

特殊教育

　心身の障害により普通教育学校では十分な教育を行うことができない児童生徒を受け入れる特殊学校は、いくつかの州では促進学校とも呼ばれます。そのほか普通教育学校と職業学校に特殊学級が設けられています。また一部の州では、障害をもつ生徒と一般の生徒に共同の授業を行う、いわゆる統合学級が普通教育学校にとり入れられています。

現地校の日本の子どもへの対応

　小学4年生までの子どもは現地校での受け入れはほぼ問題なく、また外国人のためのドイツ語補習授業を行う学校も多いのですが、小学5年生以降になると徐々に困難となり、高校生においては、語学力の事情から現地校への編入は困難な実情にあります。その場合は前述のように、日本人学校や私立在外教育施設、またはインターナショナルスクールへの入学をお勧めします。

ドイツの大学教育

　ドイツの高等教育制度は、大きく分類して大学と高等専門学校（Fachhochschulen）からなる二本立てとなっています。修業年限は通常、前者が4年半で、後者が4年以下とされていますが、これを超えて在学する者が多いようです。大学には総合大学、神学大学、教育大学、芸術大学などがあり、一般に初等・中等教育通算13年を修了して入学します。

A. 総合大学（Universitäten）

　総合大学はドイツの高等教育の中心的な機関です。伝統的に、精神科学から自然科学まで広範な学問分野を取り扱い、研究と教育の統一という理念にもとづくことが特徴です。単科大学の総合大学化も進んだことなどにより、現在では伝統的な学部を有するものと、工学・自然科学を重点を置くものとに分けることができます。

　また、かつて大学と高等専門学校の課程を併設した高等教育機関として設立された「総合制大学」も現在ではこれに含まれます。

B. 神学大学

　これはその名のとおり教会や宗教団体を設置者とする機関で、神学者や聖職者、宗教科担当教員の養成を行っています。

C. 教育大学

　ギムナジウムを除く初等・中等教育機関の教員養成を行っています。修業期間は州により、また教員資格により異なりますが、おおむね6〜10学期（3〜5年）となっています。なお、ギムナジウムの教員は総合大学で養成されています。

D. 芸術大学

　これに分類される大学には、美術大学、音楽大学、テレビ・映画大学などがあり、それぞれのジャンルの教育・研究が行われています。また、学校の美術・音楽担当教員はもっぱらこれらの大学で養成されています。

大学入学試験

ギムナジウム最終学年の12年時、または13年時に、大学入学資格試験（アビトゥア）を受けます。合格者はその成績によって、希望する大学や学部を選択することになります。

アビトゥアについては、後述の「諸外国におけるおもな大学入学資格試験」（176ページ～）を参照してください。

学年暦

学年は8月1日から翌年の7月31日までとなっています。3学期制をとる日本とは異なり2学期制で、1学期は8月または9月から1月末まで、2学期は2月初めから夏休み開始前の6月または7月までです。

学年度末には学校教員と保護者代表を交えた「進級会議」が開催され、学力が最低レベルに達していない児童は「進級」できない場合もあります。多くの州で小学校1年生から「進級決定」を行います。

6. 諸外国のおもな大学入学資格試験

　海外の現地校・国際学校のHigh Schoolで学びますと、G11、12（あるいはY12、13）の最終2年間で、その国に課せられた（その学校に教育課程として課せられた）大学入学資格試験の資格を得る学習をします。

　この資格は、日本において帰国枠の大学試験を受験する際に、かなりの大学に受験資格あるいは参考書類として、それらの資格証明や成績証明の提示を求められています。

　ここでは、実際にこの大学入学資格試験とはどのようなものであるかを個々にていねいに解説しますので、海外の現地校、国際学校のHigh Schoolで学ぶ場合の参考にしてほしいと思います。

(1) 国際バカロレア（International Baccalaureate）
国際バカロレアとは何か

　国際バカロレア（以下I.B.）は1968（昭和43）年に成立したInternational Baccalaureate Organization（IBO）によって作られた、国際教育プログラムです。加盟校は128か国1595校（2005年9月現在）にのぼり、その数は年々増加しています。

　年齢に応じて3種類のプログラムがあり、Primary Years Programme（PYP）は3-12歳、Middle Years Programme（MYP）は11～16歳、Diploma Programme（DP）は16～18歳を対象としています。大学入学資格となるのは高校2・3年の2年間で学ぶDPです。

　授業は英語、フランス語、スペイン語、中国語のいずれかの言語で行われます。国際共通プログラムですので、違う国のI.B.認定校へ転校した場合でも、カリキュラムはほとんど同じです。

Diploma Programmeの内容

　大学入学資格となるDPはFull Diplomaと呼ばれ、履修科目は6教科あり、そ

のうち3〜4教科をHigher Level（HL）、残りをStandard Level（SL）で選択します。それぞれの教科につき、HLは2年間で240時間、SLは150時間以上の学習が必要です。次のそれぞれのグループ（群）から1教科ずつ選択します。ほとんどの教科にHLとSLがあります。

①（第1グループ）第一言語
　最も得意な言語を一つ選択します。教師がいない時はSelf-taughtという形でも選択できますが、この場合はSLのみとなります。

②（第2グループ）第二言語
　二番目に得意な言語を選択しますが、レベルに応じてLanguage A1、Language A2、Language B、Ab-initio（SLのみ）と分かれています。

③（第3グループ）個人と社会
　商学と経営学、経済学、地理学、歴史学、イスラム歴史学、情報工学（SLのみ）、哲学、心理学、文化人類学から一教科選択。

④（第4グループ）実験科学
　生物学、化学、物理学、環境システム（SLのみ）、デザイン工学から一教科選択。

⑤（第5グループ）数学
　HLのほかにSLには以下の3種類のコースがあります。
1. Further mathematics SL：大学で数学を学びたい者に適しています。通常HLとともに学びます。

表15　I.B.の科目グループ

グループ	科目		備考
第1	第一言語		
第2	第二言語		
第3	個人と社会	（商学・経済学・地理学・歴史学・イスラム歴史学・情報工学（SLのみ）・哲学・心理学・文化人類学）	
第4	実験科学（生物学・化学・物理学・環境システム（SLのみ）・デザイン工学）		
第5	数学（HLのほかに三つのSL）		
第6	芸術	①美術／デザイン，音楽，演劇学 ②国際バカロレア事務局が認定する学校独自の三つの科目	①②から一つ選択

※ 第6グループの二つ目の科目の代わりに第1〜4グループからもう1教科選択することもできる。

2. Mathematical methods SL：大学で化学、経済学、地理、商学、経営学等を学ぶ者に適しています。
3. Mathematical studies SL：大学で数学的知識をあまり必要としない文系志望者に適しています。

⑥（第6グループ）芸術

　美術、音楽、演劇学から一教科選択します。または、第1～第4グループからもう1教科選択したり、IBOが認定した、学校独自の科目を選んだりすることも可能です。

　この6教科に加えて、次の三つの課題も必修です。
1. Extended Essay：I.B.教科のなかから1科目を選択して、4000語の論文を書きます。
2. Theory of Knowledge（TOK）：人類の知的遺産を総合的に学びますが、100時間以上の授業を受け、論文と口頭発表で審査されます。
3. CAS：創造的活動（Creativity）、身体的活動（Action）、社会的奉仕活動（Service）を毎週3～4時間程度、2年間行います。

Full Diplomaを取得するには

　上記の6科目はすべて7点満点で評価され、4点以上が合格となります。Extended EssayとTOKはA～Eの5段階で評価され、その組み合わせによって、0～3点のボーナス点がもらえます。Full Diplomaは、各教科の点数にかたよりがなく、合計が24点以上になると合格です。

　世界全体の合格率は約80％です。海外体験がある子どもたちのほうが言語面では有利になりますが、一度も海外に出たことがなく、高校生になってからI.B.スクールへ転校して、Full Diplomaを取得しているケースも数多くあります。大切なのは子どもたちの努力と、学校および家族の応援体制です。特に非I.B.公用語圏の子どもたちに対する学校側の支援体制には格差がありますので、事前に確認する必要があります。

進路への影響

　Full Diplomaを取得すると、欧米系の大学（特にイギリス、カナダ、アメリカ）に進学するのにはたいへん有利です。日本の大学に関しても、大学入学資格が得られるだけではなく、AO入試、書類選考等に有利です。また、たとえFull Diplomaに挑戦して資格取得がかなわなくとも、基礎力がついていますので、帰国子女入試においてよい結果を得られます。

与えられる勉強ではなく、自ら発案し、調査し、遂行する積極的な学習法を身につけることができますので、大学等の高等教育機関において学ぶための大切な力がついています。さらに、社会人になった時にも、その力が非常に役立ちます。

(2) アメリカ

アメリカで大学に入る際には、一般的に次の五つを考慮して合否が決まります。すなわち、① 高校4年間の成績、② SAT、ACTなどの標準テストの結果、③ 願書のエッセイ・面接・推薦状、④ 課外活動等の成果、⑤ その他の要素です。以下に一つずつ説明しましょう。

高校の成績

高校の成績はとても重要です。受験では、通称GPA（Grade Point Average）といって、成績が4.0点満点に換算されます。アルファベットで成績をつけている高校では、「A」＝4、「B」＝3、「C」＝2、「D」＝1、落第にあたる「F」＝0と置き換えられて、ほとんどの教科の得点を足して平均を計算します。100点満点の数字で成績評価をする高校では、たとえば65点未満が落第とするところでは、92～100点が「A」、83～91点が「B」、74～82点が「C」、65～73点が「D」、64点以下が「F」というようになります。ふだんの成績では90点と92点は大差はありませんが、こういう計算をすると大きな差が出てしまいます。高校によってはランキングといって、生徒の学年における順位を出すところもあります。上位10％に入っている、というような評価を受けるわけです。

また、アメリカの高校では習熟度別に教科を先取りしたり、同じ教科でも難易度の高いクラスをとることもできますので、そういうことにどれだけチャレンジしたかも評価の対象になります。好成績がとれるからといって、簡単なクラスばかりを選択しているのでは評価は低くなります。アメリカでは中学のうちに高校のコースもとれるようになっています。そういう生徒は、高校に行けば必然的により難易度の高いコースやAPと呼ばれる大学レベルのコースをとったり、実際に大学に出かけてコースをとったりもできますから、評価は高くなります。アメリカの子どもや親たちはこういうことも念頭にありますので、すでに中学の時点でのクラス分けに神経を尖らせるのです。日本人はESLだから不利という意見もありますが、逆に「ESLなのにこんなにがんばった」と評価の対象にもなりますので、悲観的になる必要はありません。

SAT、ACTなどの試験結果
① SAT

　SATは従来、Math.とVerbalという2領域で検査をする「SAT Ⅰ」と教科別の「SAT Ⅱ」でした。私立の難関校を含む多くの大学では、SAT Ⅱのうち、Writingと理数系から1〜2科目、文科系科目から1科目受験するように要求しているのが一般的でした。しかし、2005年3月のSAT ⅠからはWriting部分も含まれることになりましたので、SAT ⅡからWritingを抜いた科目の受験だけを要求するところが増えてきたようです。

　新しいSAT Ⅰですが、Math.、Critical Reading（以前のVerbal Sectionにあたる）、Writing（新規導入）の3領域からなります。

　Math.では範囲が多少広げられ、以前あった数量の比較（左の数式と右の数式のどちらが大きいかというような問い）は削除されました。まぎらわしい、ひっかけの文章表現は減り、しっかり読んで問われたことに素直に答えればよい問題構成になっています。範囲としては、教育システムの違いがありますので一概にはいえませんが、基本的に日本の中学3年生から普通高校の1年生レベルの内容と同等と考えてよいでしょう。多肢選択問題（8割強）と記述式問題（10問）があります。

　Critical Readingでは、アナロジーとよばれる二つの単語の関係を類推して別の単語の組み合わせに応用する問題が削除されました。穴埋め問題が全体の約2割強、あとは文章を読んでの多肢選択問題です。

　Writingでは、文法等の誤りをみつけたり、文章推敲スキルを問う多肢選択問題が50問ほどと小論文です。小論文は条件とテーマが与えられ、それに関して自分の意見を決め論証していくことが要求されます。各領域の得点は800点満点ですが、小論文は12点満点の別計算となっていて、Writingの800点には含まれていません。

　2006年度の入学考査に関しては、この新しいSATの結果がまだ確立されていないため、Critical ReadingとMath.の得点を従来のVerbalとMath.に置き換えて考える大学が多いようです。

　SAT Ⅱは、特定の科目についての実力試験で、英語、社会科、数学、理科、外国語など18分野にわたって好きなものを選んで受験できる仕組みになっています。基本的には、得意な科目でどれくらいの実力があるかを大学に示すためのものですから、授業を履修したからといって苦手な科目まで受験する必要はありません。大学によってはSAT Ⅱを要求していないところもあります。特に外国語に関しては、受験する生徒の大半が「継承語」といって、親や祖父母が家庭でその言語を話しているなど、学校で外国語として学んだ以上の実力を環境要因などからもっていますので、多くの受験生が満点近い点数をとります。

日本人の学生も例外ではありません。

② ACT

SATのほかに、ACTという試験もあります。こちらは、英語（45分で文法事項等をみる）、数学（60分で代数、座標幾何、平面幾何、三角法を扱う）、読解（35分で文学、文化・哲学、社会科学、自然科学の各領域から一つずつの長文の読解）、科学的論証（35分で生物、化学、物理、地学の各分野からの題材でデータ表示、リサーチ結果、背反する科学理論の取り扱いなどをみる）の4科目、これに30分小論文を選択するものとしないものとの2形式があります。小論文以外はすべて多肢選択式です。実力試験的傾向の強いSATと比べ、こちらは「カリキュラムに即した」テストとして知られ、内容的には広い範囲から出題されています。一発勝負的実力検査ではスコアを上げにくいタイプの学生でも、ふだんからまじめに学習をしている人はこちらでのほうがいい点数をとれるともうたっています。ACTがカリキュラムベースであることから、ACTを受けているとSAT Ⅱはいらないという大学もあります。

どちらの試験も年に数回受験ができ、申込もインターネットでできるようになっています（SATはwww.collegeboard.com、ACTはwww.act.org）。結果・成績は郵送されますが、SATの場合、2週間後にはインターネットでみることができます。ほとんどの大学でSAT、ACTどちらもとってくれますが、東部ではSATの受験率のほうが高いようです。

このほか、渡米まもなく英語力が不足している学生や外国人学生の立場で入学する学生には、英語力を測定するTOEFLのスコアが要求されることもあります。こういった標準試験も含めた受験条件は各大学のWEBサイトでみることをお勧めします。

願書のエッセイ・面接・推薦状

願書に自己表明のような小論文を書く欄がありますが、どれくらい重視されるかは大学によりけりです。また大学によっては複数の小論文を課すところもあります。専門の教師にみてもらったり、代筆してもらう人も出てくるので、SATのWritingで書いた小論文とできばえを比べるという大学もあるそうです。一般的には、その大学の方針といかに自分のめざすものが一致しているかを伝えられることが基本となります。テーマが与えられているときは論証力や発想の豊かさが問われます。

面接は、どこの学校でもあるとは限りません。面接があるところでも、大学に行って大学の職員と実際に会うほかに、遠隔地の場合、居住地近辺に住む

TOEFL
英語を母国語としない人たちの英語力を測るためのテストで、1964年にEducational Testing Service（ETS）が開発しました。現在、アメリカ・カナダ・イギリス・オーストラリアなど世界の大学等4,400校以上が、英語を母国語としない入学申請者に対してTOEFLスコアの提出を要求しているほか、日本国内でも学内単位認定や、入試優遇、海外派遣選考の目安としてなど新しい方面での利用も増加中です。

同窓生が面接官を代行することも多くあります。大学のほうでは、学生の目的意識や校風に合いそうかどうかなどを知る機会となりますし、学生にとっては申込書に書ききれない情報を大学にアピールできるチャンスとみることもできます。そういう意味で面接は情報交換の場と考えるとよいでしょう。

推薦状は、担当のガイダンスカウンセラー、教師、コーチや課外活動等のメンターなどに書いてもらいます。最近、公立大学などでは推薦状を要求しないところも多く出てきています。「ほめちぎっていない推薦状はない」ので、その学生の実態がわかりにくいからだそうです。

課外活動等の成果

繰り返しますが、アメリカでは「大学がほしいと思うような条件の学生であること」が重要です。また、大学も学年によって集めたい学生が異なるので、傾向をよくつかむことが大切です。よく「アメリカは勉強だけできても大学に入れない」といわれます。もちろん勉強はできるにこしたことはありませんが、学生を多角的にみるというのがアメリカの大学のスタンスです。勉強だけでなく、その学生が勉強以外にどんな生活をしてきたのかトータルとして本人を知りたい、と考えるのです。それが楽器の演奏であれ、スポーツへの参加であれ、生徒会などの活動やボランティアであれ、その学生が入ってくることで大学のコミュニティが活気づいたりおもしろくなったりしそうな「売り」などの、大学が興味をもちそうなポイントを持っていることも有利です。

コーネル大学工学部のWEBサイトには、「会社経営」、「15歳のリベリアからの避難民」、「障害者センターでの通訳」、「ラテンダンスのインストラクター」、「フィギュアスケート全米選手」など多彩な実例がのっています。大会記録を出した、コンテストで入賞した、発明で特許をとったなどの輝かしい履歴はもちろんのことですが、そうでなくても長年継続してやってきたことは評価されます。

日本人に限っていえば、補習校に高等部までずっと通っていたということも評価されます。「通常の学校の勉強とバランスをとりながら何かを成し遂げてきた」ということを評価されるのです。一つのことをある程度まで成し遂げる一貫性と忍耐力があるということは、ひいては、大学生活におけるストレスなどへの耐性がある学生であるとみなされるわけですし、無駄な時間を過ごさず時間の使いかたが上手な学生と評価されるわけです。これは学習スキルとして大切なことで大学の生活には重要です。

その他の要素

このほか、大学の幅を広げようとする動きがありますので、人種(大学が人種的に偏らないように少数派を優遇)、経済的バックグラウンド(学費が払えな

い家庭の学生でも入れるような措置)、親の学歴(親が大学を卒業していない、その家で初めて大学に入学する世代だという人は優遇)、居住地域(大都市やその大学に来る人が多い地域からは入りにくい)のほか、レガシー(その大学の卒業生の子弟は優遇)なども合否を決定する重要項目となります。これらのほとんどは学生本人の努力とは無関係ですが、学校選びのときに参考になるかもしれません。

　たとえば、人種は、日本人を含む中国・韓国などのアジア人はアメリカ全土の人種別人口比に対して大学進学率の高いグループなので、人種的なマイノリティーとはいえ、逆に大学受験で優遇されることは少ないといえます。特にレベルの高い大学や人種別人口比で枠を決めているような大学では、アジア人は他の人種よりも競争が厳しくなっています。しかし、人種割合を調べて、アジア人の少ない大学を選ぶと合格しやすいこともあるというわけです。

　また、願書を提出する期限の設けかたがいろいろあって、Early Decisionという「合格すればかならず入学します」という条件で出願するものは比較的入りやすいといわれています。最近は、制約はないものの、早めに出願でき早めに合否の返事がもらえるEarly Actionというのも増えています。さらにRolling Admissionという期限を定めず定員になるまで受け付ける、という方式のところは、同じ成績なら早めに出したほうが入りやすいといわれています。

　こういった大学受験情報に関しては、高校のガイダンスカウンセラーが保護者や生徒対象に、入学したときから節目ごとに説明会を開いたり、個別にも相談にのってくれたりします。そのほか、有料になりますが専門の受験カウンセラーもいます。

(3) イギリス

　イギリスの資格試験には、中等学校修了一般資格のGCSE (General Certificate of Secondary Education)と、大学入学資格のGCE (General Certificate of Education)のAレベル(Advanced Level)およびASレベル(Advanced Subsidiary Level)があります。これらの試験はいずれもイギリス教育技能省の監督下におかれたもので、全国的な資格試験です。

　本来、イギリスには学校ごとの卒業証明を使う習慣がなく、科目別の下記の学力証明を使う習慣になっています。こうした資格試験は、大学などの高等教育の入学資格になるだけでなく、一定の職業につくための就職資格試験の役割もはたします。資格やその成績は、個人の履歴書に書かれるものとなりますから、イギリスの社会では大きな意味をもちます。

GCSE（General Certificate of Secondary Education）

　GCSEは従来のOレベルと呼ばれたものにとって代わったものです。試験委員会が全国数箇所にあり出題を担当しています。GCSEの試験は、通常5月中旬から6月下旬にかけて実施されます。ただし試験のほか、授業中の活動（コースワーク）も評価の対象となります。すべてが学校教育の連続した一貫したものとしてとらえられています。受験するのは16歳ごろですが、通常14歳前後には受験科目を決定しその科目の学業の準備に入ります。そして、GCSEの試験が終わったあと、高等教育希望者はGCEのAレベルの勉強に入ります。

　GCSEは、原則的には義務教育の最終段階に受験するものです。試験科目は多岐にわたっていますが、少なくとも英語と数学と理科を選択することが多いようです。そのほか、技術、人文、外国語、美術、音楽その他から通常5科目以上、一般的には8～9科目を選択して受験します。試験の結果は最高A☆（Aスター）から最低Gまでの8段階の絶対評価がなされ、Gに達しない場合は不合格となります。

　ところで、生徒の在籍する中等学校によって、履修できるGCSEやGCEのAレベル科目の種類が異なります。また、必須と定める科目や、特定の生徒が他より1年早く受験してよい科目なども異なります。加えて、近年、Aレベルに代えて、広範な教育を授けるという点で定評のある「国際バカロレア試験」をとり入れる学校も増えてきています。さらに、教育技能省が定める試験の方法も毎年少しずつ変化があります。したがって、個々人で学校とよく連絡をとり、学校の方針をよく知るとともに、GCSEの最新の情報や必要事項を調べる必要があります。

GCE（General Certificate of Education）

　義務教育終了後、GCEのAレベル、ASレベルのコースをそれぞれシックスフォーム（第6・7学年、すなわちローアーシックスおよびアッパーシックス）で履修し、その後、通常17～18歳の時に大学入学資格の条件として、それらを受験します。GCEのAレベル、ASレベルの試験は6月のほか1月にも実施されるものがあります。ただし、GCEのAレベルもGCSEと同様に、試験のほか授業中の活動（コースワーク）も評価の対象となります。

　科目数は多岐にわたりますが、履修者は将来の希望に応じて、2科目から4科目程度を受験します。評価は最高Aから最低Eまでの5段階の絶対評価になっていて、Eに達しない場合は不合格となります。最近、Aレベルの方法に変更がありました。新しい制度では、1年目をASレベルとし、4～5教科選択し、2年目に3～4教科にしぼって、A2として学習することとなっています。

　なお、わが国の帰国子女特別枠を応募する際のGCEについては、受験科目

として「日本語」を取得しても資格とみなさない大学がありますから注意してください。

イギリスの各大学・学部・学科では、入学資格の条件として、必要なAレベルやGCSEでの資格の種類と数を規定しています。一般的にはAレベル3教科でAからCまでの評価が求められますが、申請書にはGCSEの成績も普通提示します。また、ASレベルしか受験しなかった科目の成績も、大学入学のための参考とされます。大学によっては、こうした成績に加えて、面接などにより人物評価も行い、入学者を選抜することがあります。

日本人をはじめ外国人が、イギリスの大学や大学院をめざす場合には、入学の判定に際して英語力を提示するように求められることがあります。そのため、IELTS（International English Language Testing System）という英語力試験を受ける必要があります。アメリカの大学受験者がTOEFL受験を必要とするのと同様です。日本で受験する場合は、ブリティッシュ・カウンシル（東京、京都）が窓口となっています。

(4) フランス

バカロレア（Baccalaureate）

19世紀に始まり現在までずっと続いているバカロレアは、フランスにおける高校卒業資格と大学入学資格をかねた統一試験の制度です。このバカロレアは一般のフランス人にとって人生の第一関門であり、この資格の有無でその生徒の将来が決まるといっても差し支えありません。

この試験に合格すれば大学入学資格が得られますが、入学希望者の数が定員をこえた大学では、取得したバカロレアの種類やその成績により制限をします。近年、大学入学希望者の増加にともない、この制限を行う大学が増えてきています。

なお、エリートの養成機関であるグランドゼコールなどをめざす場合には、2年間のプレパ（prepa）で準備しますが、この学校の入学書類審査の際、最高点のバカロレア成績が要求されます。

バカロレアの種類とコース

バカロレアの種類には普通と職業とがあります。リセの第1学年終了時の成績と希望、進路相談をもとにして、その種類とコースが決まります。一般には、普通を選択することが難しい生徒が職業を選ぶようです。

普通には3コースがあり、文系・経済社会系・理系です。文系は文学や法律を学ぼうとする生徒が選択します。なかでも理系は、将来つぶしがきくとされ有

利なため、優秀な生徒が多く集まります。

　全コースに必須の科目は、フランス語・数学・哲学・地理・歴史・第一外国語・スポーツの7科目です。コースによっては化学・生物・第二外国語・芸術・音楽なども必須や選択の科目とになります。さらに第三外国語・第四外国語なども選択できます。これらの科目を、第2学年（La 1ere）と第3学年（La terminale）の2年間に履修します。

バカロレア試験

　リセの第2学年（La 1ere－高2）で、筆記と口頭のフランス語試験が行われます。文系では理系科目が、経済社会系では生物が追加されます。その他の科目はリセの第3学年（La terminale－高3）終了時の6月に1週間ほどかけて試験が行われます。この本試験で合格点に達しない場合は9月に追試が可能です。

　本試験は各教科筆記論文形式で、平均3～4時間をかけ20点満点です。試験の平均点が10点以上で合格となります。平均が8点以下の場合は追試も受けることができず不合格となります。なお、バカロレアは一度失敗しても三度まで受験できます。

　各コースの違いは必須選択科目が異なるだけでなく、各受験教科の点数の総合点数に対する計算比率の差にもでてきます。文系では言語など、理数系では理科数学などの比率が高くなります。また、バカロレアの合否だけでなく、さらに平均点の高さに応じて最優秀・優秀・良・普通の評価が、将来非常に重要視されます。

　追試は本試験の結果発表後に2教科を選択し、口答試験を受けて平均が10点あれば合格となります。

　なお、試験が論文形式であるために点数の評価が絶対的でないので、平均点を出す際、合否すれすれの場合は教師が集まり、日常の成績とバカロレアの成績に格段の差がないかが確認し考慮する仕組みになっています。

　全国の平均合格率は80パーセント弱ですが、バカロレアの合格率100パーセントの高校に集中して入学希望が出されますし、高校間での競争があるのが現実です。

日本人生徒の場合

　各科目論文形式で3～4時間かけての筆記試験なので、高校からの編入では試験準備の時間が不足でしょう。そこで中学の低学年からフランス式の勉強に慣れる必要があります。日本語は第一・第二・第三外国語として選択できるので、平均点を上げる役に立てることができます。バカロレアは日本の大学の帰国子女枠受験で認められており、全国有名大学にも多くの合格者が出ています。

なお最近の日本人生徒によるバカロレア受験には、二つの傾向がみられます。その第一は、駐在員の家庭でなく定住型の家庭の子弟が増えていることです。彼らは日本の大学の帰国子女枠受験をめざしているのではなく、フランスの教育機関に進みます。第二は、IBOの受験希望が増えていることです。どちらもフランス語ができたうえでの日本語の追加になるので、勉強を好む努力家でないとよい結果はでないことが予想されます。数人の日本人生徒と家族に話を聞いてみますと、中学・高校を通してフランス教育を受けた場合のみに、バカロレアの受験と成功は可能になるとの印象を受けました。そして生徒によっては勉強だけでなく、精神的にフランス人の文化や社会、思考法に慣れていくことが重荷にもなっているようです。

(5) ドイツ

アビトゥア（Abitur）

　ギムナジウムの教育課程の修了は、1788年に導入され、こんにちまで続いているAbiturと呼ばれる試験（アビトゥア試験）に合格することで初めて認定されます。

　アビトゥア（Abitur）は別名、Hochschulreifeとも呼ばれ、「大学での勉学のための充分な知識がある」ことを証明する、中等教育修了資格と大学入学資格をかねた資格制度です。その語源はラテン語の熟成（maturitas）にあり、オーストリアやスイス・リヒテンシュタインではアビトゥアのことをMaturaと呼んでいます。

　アビトゥアに合格することで、ドイツ全国の大学入学資格が得られるわけですが、かならずしも希望の大学で専攻科目の勉学ができるわけではなく、歯科学や医学など難関の学科では、中央機関を通してアビトゥアの成績により選抜され、入学が認められることになります。また中央機関を通さない学部でも、希望者が多い場合には大学が成績や個人的な事情（配偶者や子どもの有無、また難民申請をしている、あるいは難民として認められたなど）も考慮して選抜されます。さらには「外国人枠」も定められておりますが、これはドイツ国内でアビトゥアを取得した生徒には適用されないようです。

アビトゥアの種類

　アビトゥアには、普通のギムナジウムや専門ギムナジウム・総合学校に通った者がとれる「普通大学入学資格（Abitur）」と、レアルシューレ修了後に専門上級学校や職業専門学校などに通い、修了試験に合格した者に与えられる「専門大学入学資格（Fachabitur）」の2種類に分かれます。

さらに、前者の「普通大学入学資格」には2種類あり、通常は普通のギムナジウムや総合学校に通った生徒が大学や学科を問わないアビトゥアallgemeine Hochschulreifeを取得しますが、専門ギムナジウムでは、専門の学科だけに限られたfachgebundenen Hochschulreifeを取得することになります。日本人子弟の多くは普通ギムナジウムに通い、「普通大学入学資格」を取得するケースがほとんどです。

アビトゥアまでの所要年数

　現在、ギムナジウムは9年制で、最終学年は13学年ですが、旧東独は12学年までで修了していました。EU諸国とのかね合いもあり、現在は中等教育修了までを12年制にすべく改革のまっただ中ですが、教育行政の主権は各州に委ねられているため、2013年にようやく全国統一する見通しです。

アビトゥア試験

　アビトゥア資格の授与にはギムナジウムの上級段階である12・13学年（8年制のギムナジウムでは11・12学年）での試験の成績（約3分の2）と、筆記と口頭からなる実際のアビトゥア試験（約3分の1）の成績が反映されます。そのため、12（あるいは11）学年の時点であらかじめ四つの試験科目を選択しておきます。2科目は強化科目、他の2教科は履修する基礎科目から選びます。その際、科目はA：言語・文学・芸術、B：社会科学、C：数学・自然科学・芸術の3分野からかたよりなく選択し、強化科目もこの分野別に選びます。選択科目により授業が行われるため、ギムナジウムの上級段階では、クラスとしての授業はほとんどなくなります。

　実際のアビトゥア試験は、最低3科目の筆記試験、最低1科目の口答試験からなっています。アビトゥア試験の筆記の成績が、上級段階での成績とかけ離れている場合には、筆記試験に加え、口答試験も行われます。筆記試験は主として論述問題で、一部、客観方式の出題があり、学力と教養の2面から評価します。

　アビトゥア試験には大学は関与せず、原則としてアビトゥア試験委員会によって実施されます。筆記試験では、通常二人の試験官が評価をくだし、三人めの試験官が最終評価を算出します。二人の試験官の評価に大きな差異がある場合には三人めの試験官も採点に加わります。口答試験では国家試験官に任命された三人の試験官が試験を行い、評価します。

　従来、アビトゥア試験問題は各州の権限に任されていましたが、州による格差をなくすため、最近では国の文部省による「センター試験」を採用する州が増えてきました。

アビトゥア試験は二度まで受験することが可能です。つまり一度不合格になると、あと一度しかチャンスがありません。そのため、ギムナジウムの上級段階での成績が思わしくないと、自ら落第する人もいます。

日本人生徒の場合

ドイツの学校の成績は日本と異なり、筆記試験の成績だけでなく口頭の成績も考慮されます。ふだんの授業への積極的に参加・発表の頻度や研究発表の成果により、口頭の成績がつけられます。成績表には科目により筆記と口頭の成績、および全体の成績が表記されますが、筆記と口頭の割合を4対6とすることが多いようです。筆記試験も論述形式が多く、高度なドイツ語力を要求されます。さらに英語のほかに、最低第二外国語の習得も要求されるため、アビトゥアを取得するには低学年からドイツの学校に通っていることが必要不可欠に思われます。「知」とは別に、ドイツの文化やドイツ的思考・理論に慣れていくことがアビトゥア試験には重要なのですが、日本人家庭では日本語でいいですから、さまざまな話題をとり上げ、ドイツ的思考・論理で「分析」し「議論」することを日常的に行うことをお勧めします。

7. 補習授業校

(1) 補習授業校 (略して補習校) とは

　補習校とは海外の現地校や国際学校等に学ぶ日本の子どもたちを対象に、土曜日や平日の放課後の時間を利用して日本の小・中学校で学習する国語や算数 (数学) などの主要教科を勉強するために設けられている教育施設です。地域によっては、社会科や理科などの指導も行うところがあります。

　2005 (平成17) 年4月現在、こうした補習校は世界の約50か国に合計185校あります。

　外国の学校で学び現地の生活を送る日本の子どもたちに、少なくとも日本語による基本的な学習を身につけさせたいという願いは、父母たちだれもがもつものです。また日本に帰国した際に日本の学校にスムーズに適応していくためにも、このような教育施設は必要と考えられています。

　補習校はそうした親の願いを反映させ、日本人学校の場合と同様に現地在留邦人の強い要望によって設置されています。したがって、その維持運営はその土地の在留邦人や駐在企業関係者、在外公館員などの代表者によって構成された運営委員会が行っています。

　この補習校の就学は任意で、全日制日本人学校とは違い正規の就学とはみなされません。また補習校での成績は、各補習校独自の判断によるもので正式な学習成績ではありません。したがって帰国後にも通用する正式な就学履歴は、あくまでも現地校や国際学校等におけるものであることを承知しておいてください。

　教育施設の運営に要する経費は、主として父母が負担する授業料等によってまかなわれますが、日本政府やその他の関係機関からもさまざまな形で援助が行われています。

(2) 補習校の授業・教師・施設

　補習校は、全日制日本人学校のように基準となる指導計画があるわけではなく、運営主体である運営委員会の方針に沿い、それぞれ独自の方法によって運営されています。しかし、校舎の借用などの物理的条件、指導教師の確保などの人的条件などさまざまな問題もあり、指導計画の立案と実際の運営にたいへん苦労している補習校が多いようです。

施　設

　補習校はその規模や形態から、独自の校舎・教室を所有しているところはほとんどなく、日本人学校や現地校の教室を借用するか、教会や大学あるいは公共施設の一部を借用して授業を行っています。そのため学級活動や教材教具・図書類の保管などに制約があります。教材や器具などについても、校内に保管する場所がない場合には、先生がそのつど持参し持ち帰ります。児童生徒の作品などを常時掲示しておけないという不便さもあり、「借りもの」の施設であるだけに持ち主に対するいろいろな配慮も必要です。

学習教科

　最初に補習校が設立された当時は国語（日本語）を学習させることが目的でしたが、最近では帰国後の学習適応に備え、算数（数学）や社会科などの学習まで行うところが多くなっています。

授業時数

　補習校における授業時数は、現地校などの休日である土曜日を中心に、2時間から6時間程度、なかには放課後の時間も利用して週に20時間程度の授業を行っている地域もあります。
　また、日本人学校もなく、いろいろな関係で現地校にも編入学できない地域では、準全日制として週に25時間以上学習している補習校もあります。

児童・生徒数

　補習校の児童・生徒数は邦人家庭の多少によってまちまちで、ロス・アンジェルス補習校のように1,000人以上の生徒が数カ所の校舎に分かれて在学している大規模校もあれば、10人以下の小規模校もあります。

学　年

　補習校には小・中学校（義務教育期間）段階の学年の学級がおかれていて、子どもは現地の学校の在学学年とはかかわりなく、日本の学校における学齢の

教育相談室 Q&A

Question

アメリカへ4年間滞在予定で中学生を帯同してきました。**日本の教育を補習校で受けさせるか迷っています。**

Answer

この4年間の滞在中は、ロケットの打ち上げを実際にみたり、恐竜の博物館を見学したりと、アメリカならではの体験を家族みんなで味わい、アメリカをより深く知るチャンスです。しかし、4年間も現地校だけに通うと、いつの間にかどっぷりとアメリカ文化に身をしずめ、帰国してかなりのショックを受けるケースが実はたくさんあります。子どもは体験を通して感覚を養っていきますので、日本の文化などを体験する場がないと日本人としての感覚が育たないようです。補習校にはその意味で日本の文化を体験する機会があります。

補習校の授業では、おもに国語と算数・数学を扱います。通信教育などでは質問に対する答えが返ってくるのに時間がかかりますが、先生がいますから直接質問できますし、授業の進行のなかに他の生徒の考えが分かり、学年の水準がどんなものかも感じとれます。中学生の期間は特に小学校と違って学習内容が抽象化され、大人の表現・思考に変わっていく年齢段階ですから、その激しい変化に対しても授業という双方向の対話ができる手段が有効です。また、他のいずれの学年も1年というスパンでみると内容の進度も相当なものですが、当然授業は計画的にこれを充足していきます。さらに、第一言語である日本語の力をよく耕すことは第二言語である英語の理解を深めるという研究者の指摘もあります。

また、補習校では、授業に加えてイベントがよく開催されます。子どもがイベントに夢中に取り組むことも、授業と違ったインフォーマルな方法で生きた日本語の勉強をしていることになっています。行事や交流での日本の子ども同士の接触が、アメリカの学校に毎日通う子どもたちの緊張を解消しリラックスさせることにもなっています。

教科学習、図書室、イベント、日本人という生きた人間の集まりなど、補習校は結局、他国に置かれた日本文化の拠点であり、日本人としての誇りやアイデンティティをもてる場の役割も果たしているといえるでしょう。

日本から来たばかりの子、アメリカで生まれ帰国予定のない子など、補習校に集う子どもの姿も目標も多様ですが、補習校の存在は各家庭個別の努力ではカバーしきれないほど大きく、よほどの理由がある場合以外は通わせるべきでしょう。

学年に入学し、勉強もその学年の教科書を用いて行われます。また地域によっては小・中学部だけでなく、幼稚部や高等部を併設しているところもあります。

指導教師

補習校の教師は、現地に在住する邦人や大学や研究所などに勤務する人などで、教職経験者や教員免許状をもっている人たちに委嘱して指導にあたってもらっています。なお児童生徒の多い大規模補習校や準全日制の補習校では政府派遣教員が配置されているところもあります。

指導と運営

補習校での学習内容やその運営に対する考えかたは、学校によってさまざまですが、一般的には十分な学習時間が確保できないため、全日制日本人学校に匹敵するような学習内容を期待することはできません。

しかし、文部科学省や関係機関は補習校の意義を重視して、その充実をはかるために教材・教具の整備や指導指針の作成などに努めています。また近隣の日本人学校からの応援や日本から巡回指導班を派遣していますので、補習校の教育は次第に充実する方向に向かっています。

補習校の指導・運営にはいろいろな困難や問題がありますが、子どもたちは勉強にたいへん熱心で、学習の効果も上がっています。また補習校には学習以外の効果もあります。毎日、現地語による学校生活で苦労している子どもたちが、日本語で自由にしゃべり遊ぶことのできる唯一の楽しい場所でもあり、日本のニュースや知識の交換の場所としても喜ばれています。

親も、先生たちと一体となって熱心に学校活動に協力したり運動会などの行事を催したりして、親子そろって「わたしたちの学校」という、日本人学校とはひと味違った親しみ深い雰囲気があるのも補習校の特徴の一つです。

現地校や国際学校等に学ぶ子どもたちにとって、補習校は貴重な日本語学習のための教育施設ですから、ぜひそこに在籍し、通学を継続するように努めてほしいと思います。

(3) 入学手続きと教科書

補習校の入学手続きは特に難しいものはありません。当財団の調査によれば、各補習校の〈転入学に必要な手続き〉はおおむね次のようになっています。

日本から持参する書類

通常の学校と異なり原則的には必要ありません。ただし学校によっては、ま

れですが在学証明書や成績証明書（日本語で書かれたもの）を求められる場合があります。事前に当財団発行の『海外子女教育施設学校別リーフレット』などでご確認のうえ、現在所属している学校に作成をお願いするとよいでしょう。

入学時の手続きと提出書類について
　補習校によってさまざまですが、到着してから補習校に連絡をとり、入学・転学願書、家庭環境調査書等の提出など、手続きの要領をご確認ください。

渡航時に持参する学用品について
A．教科書：渡航時にかならず当財団（東京・大阪）の窓口で給与を受けて現地へ持参してください。入手のための手続きは、第1章「渡航準備編」の教科書の受領方法を参照してくだい。
B．一般の学用品：各補習校によって多少内容が違っています。事前に当財団発行の『学校別リーフレット』でご確認ください。

　なお、当財団の窓口では各補習校の資料を実費で販売しています。

8. 通信教育

(1) 小・中学生のための財団の通信教育（小・中学生コース）
なぜ、必要なのか

「子どもはとにかく忙しいんですよ」。日本語を忘れさせたくない、帰国後はスムーズに学校に適応させたい、などの願いをもちつつ、海外に住む保護者の方がよくおっしゃる言葉です。「慣れない言語で現地校やインター校の宿題をするだけでもたいへんなのに、日本の勉強もなんて無理ですよ」と。特に、渡航したばかりのころはたいへんでしょう。先生や友だちが言っていることがわからない、黒板に書かれていることもわからない……。「ひとまず、日本のことはいいから現地の勉強をさせよう」、そう思われても無理はありません。

しかし、この「ひとまず」がくせものです。ここに落とし穴があります。日本の勉強からいったん離れると、身についていた勉強までもが忘れられていきます。それが予想以上に早いのです。そのため、時間がたつと取り返すのが何倍にも困難になり、以前は解けていた問題までできなくなってくると、子どもはどんどん日本の勉強が嫌になってきます。その結果、日本の勉強が手の届かない遠いものになってしまいます。学校ではことばがわからない、日本の勉強も理解できない。このような学習の空白期を作ることが実はたいへん怖いことなのです。

現地校やインター校の勉強で四苦八苦している子どもに、「日本の勉強もがんばりなさい」というのは酷なように感じられるかもしれません。ただ、これが救いになるケースもあるのです。

ある帰国生が当時の様子を振り返り、「ことばがわからず授業がチンプンカンプン、自分がどんどんバカになっていくようでとても悲しかった」と話してくれました。このショックを和らげたものが日本の勉強だったそうです。日本語で継続して学習することで、子どもなりに「自分は成長している」という自信とプライドをもってがんばれたのでしょう。また日本語で得た学力は、ことばがわからずブランクが空いてしまった現地の学習の遅れを取り戻す際の大きな力になります。現地校や国際学校の授業の予習復習に役立ったという話もよく聞きます。

海外でもブランクを作らずに日本の勉強を続けることが大切です。そのためにお勧めしたいのが通信教育です。日本の小・中学校の卒業資格を得ることはできませんが、時間に縛られることなくマイペースに学習できることが現地校等の学習が中心となる海外の子どもたちに適しています。また、添削を通して日本にいる先生とやりとりするのも楽しく励みになることでしょう。

海外子女専用の通信教育の特長は
　現在、海外から受講できる通信教育は複数ありますが、当財団では海外で使われる日本の教科書に準拠した海外専用の教材を作成しています。海外在住の義務教育年齢の子どもたちを対象にしたもので、文部科学省より海外子女の帰国後の教育への円滑な適応を促す教材として補助を受けています。

　小学校1・2年生には国語・算数・生活科の3教科、小学校3年生から中学生までは国語・算数（数学）・社会・理科の4教科で、教科書を使い、ブック教材で学習する他、CD-ROM、朗読CD等を活用した多角的な学習も組み込まれています。月に一回添削指導を行い、日本国内で実施される実力テストにも参加しています。「継続は力なり」を確実に実現できる教材です。

　海外にいて日本の学校に通っていなくても、確かな学力が身につき、いつ帰国しても大丈夫なよう、十分研究されたていねいな作りになっています。内容はもちろんのこと、海外で学ぶ受講生の限られた時間を配慮し、カリキュラムの組み立てに関しても細かい工夫があります。

　内容は日本の学校に通っていないことを前提にして作っているため、一人で学習が進められるよう、一つひとつの説明をわかりやすくすることに力を入れています。また、世界各地で学ぶ子どもたちの環境の違いや弱点を考慮し作成しています。たとえば、理科の星座の学習では南半球と北半球の違いを考慮していますし、国語では海外子女にとって苦手になりがちの漢字や語いの学習に特に力を入れています。

　カリキュラムも、現地の学校の学習の負担を考慮し、1日20～30分取り組めば大切なポイントを押さえられるよう組み立てています。添削には締め切りを設けず、時間に縛られることなくマイペースで学習できるように配慮するなど、現地での生活を大切にしながら日本の学習を続けられるよう工夫しています。

　紙教材だけでなく、IT教材も取り入れています。CD-ROMでは、理科実験の様子や日本国内の映像等を動画で見られるようにしてあります。朗読CDには教科書で扱われている作品や解説等がプロのナレーターの声で入っています。また、インターネットで苦手分野や発展学習に関するドリルや調べ学習に取り組めるサービスも行っています。さらに、受講生や保護者同士の交流ができる場も提供しています。目からも耳からも学習可能な多元的取り組みができる

ようになっているのです。

　以前、現地の学校も無い地域に滞在していた受講生がいました。彼女は正式には一度も学校に通ったことはなく、この通信教育だけで小学校と中学校の9年間を過ごしました。ときどき、一時帰国で日本の学校に体験入学したそうですが、その時、まったく学習には困らなかったそうです。「私には通信教育しかなかった。家族以外、日本語でやり取りできる人は添削の先生のみだったし、日本語に飢えていたのでなんども教材や教科書を読みました」と、当時の様子を手紙に書いてくれました。その後、彼女は優秀な成績でイギリスの高校に進学しました。

補習校だけでは不十分か

　補習校は授業日数が限られています。そのため、4教科（低学年は3教科）すべての授業を行っている補習校は少ないのが現状です。また、海外では現地校の勉強もあるので、「国語だけやらせる」といわれる保護者の方の話をよく聞きます。ただ、母語の育成を考えた場合、基本になる国語の上に、算数や社会、理科の素養も必要になります。

　長くアメリカで過ごし、大学入学のために帰国した若者がいますが、「ケザワヒガシが……」と話し始めて、はて？ と思ったことがありました。しばらくして、「毛沢東」だと気がつきました。彼は耳から入った「MOUTAKUTOU」は知っていても、それが漢字の「毛沢東」とつながらなかったようです。今になって、「義務教育段階で習う社会や理科の単語を学習していればよかった。大人になってからの常識があのなかに含まれていたんだね」と話しています。

　補習校の授業で行われていない教科の学習も必要です。4教科（低学年は3教科）の学習をしていくことにより、おのずと母語が鍛えられ、学習言語も豊かに養われていきます。

　現地校での学習、補習校での学習、通信教育による家庭学習、それぞれアプローチの方法は異なりますが、相反するものではなく相互に補完しあうものなのです。

(2) 通信教育（小・中学生コース）のしくみと内容

　以下、財団の通信教育の特色と内容を説明します。ご理解いただき、ぜひ活用して効果的に学習を進めてください。

財団通信教育の特色

A. 通常、国内で行われている通信教育は、子どもが学校の授業を受けている

教育相談室 Q&A

Question

現地校の勉強、それに補習校の勉強もあり、**その上に通信教育をやることが親にも子どもにとってもかなりの負担ですが**、どのようにしたらよいでしょうか。

Answer

現地校の勉強などとの関連で、通信教育の学習が子どもにとってかなり負担であるという声は、以前から各地でしばしば聞かれることで、そうした状況は充分理解しています。

そこで、学習書や添削問題の作成にあたってはその点を十分考慮に入れ、およそ1日に20分から30分ずつコンスタントに勉強すれば、ポイントを押さえられるように内容の精選をはかっています。「少しでも毎日」を念頭に科目の配分を工夫したり、勉強に変化をつけたりするなど興味を喚起して継続の習慣づけに励んでください。参考のために、その具体的な方法について、通信教育の受講生から聞いた取り組みかたをいくつか紹介します。

- 放課後は現地校やインター校の宿題に追われて時間がとれないので、毎朝、6時に起きて20分だけ日本の勉強をする。
- 学校に行く車のなかでやっている。朗読CDも車のなかで聞いている。
- 社会や理科はやる時間がないので、食事やドライブのときにお母さんやお父さんからクイズにして出してもらっている。たとえば、「聖徳太子が作った憲法は第何条まであったか」とか「酸性かアルカリ性を調べるときに使う試験紙の名前は何か」とか。
- 大好きなゲームをしたり、おやつを食べたりする前にやる。終わったらごほうびがあるというのは嬉しいから。
- 現地校の宿題が多いので、毎日、日本の勉強をすることはできない。そのため、土曜日は「日本の日」と決めてまとめて勉強している。時間で区切るのではなく、その週分のページが終わったら終了。早く終われば、その分自由時間ができるので、集中して勉強ができる。

通信教育にしっかり取り組めている受講生の話を聞くと、日本の勉強をすることが「習慣化できているかどうか」が鍵のようです。現地校の勉強との両立はつらいでしょうが、得るものはもっと大きいということを信じ、目標をもってがんばってほしいです。

ことを前提に補習・復習をするものですが、海外で学習する子どもたちはそうした前提がありません。そのため、財団の通信教育は海外の子どもたちのために、まず教科書と教材を使って「家庭での授業」を行い、基本となる学力をつけることから始めます。この「家庭での授業」を実現するため最大限の工夫をしているのが大きな特長です。

B. 教材の内容は、「国内で要求される学力レベル」を「短時間」で効率的かつ確実に身につけることができるよう、まずポイントをしぼり、それをもとに現場の指導経験豊かな執筆者が教材作成にあたっています。したがって、学校の授業に負けない厳選された密度の濃い内容になっています。

C. 学習内容のなかに自然に「学習のしかた」が身につく工夫がしてあります。自発的な学習の習慣が大きな財産となり、帰国後の学力伸長にもかならず役立ちます。

通信教育のシステム

2か月分の教材を偶数月初めに間に合うように航空便で送付します。送付する教材は、A.学習テキスト　B.学習の手引き　C.添削問題　D.力だめし（年1回）　E.朗読CD（聴覚教材）　F.CD-ROM教材です。このほか、専用ホームページから、漢字・計算ドリルや単元別問題をとり出したり、学習事典を利用したりすることによって、国内と同様の調べ学習ができます。教材を学習するにあたっては、文部科学省から給付される海外で使われる日本の教科書を併用する仕組みとなっています。

A. 学習テキスト

各月の学習目標・内容、ポイントと学習のしかたをわかりやすく説明しています。小学生教材の1年生～4年生は保護者とともに、5年生～中学生は一人で学習を進めるように作っています。教材の内容は基礎を中心に、応用的なものも含めています。教科ごとの具体的な分量（ページ数）は表16のとおりです。

B. 学習の手引き

小学生は、保護者が子どものそばで指導しやすいように、指導のポイント留

表16　教科ごとの分量（ページ数）

学　年	国語	算数（数学）	生活	理科	社会	1か月の分量
小学1・2年生	10	8	4	-	-	11日分
小学3～6年生	10	8	-	4	4	13日分
中学全学年	10	8	-	6	6	15日分

意事項・解答をのせ、その場で指導・助言できるようにしています。
　中学生は、学習テキストの解答と模範解答・解説を中心に記述式の問題などに対しては解答例をあげて解説しています。

C. 添削問題

　学習テキストは、2か月分まとめて一冊になっていますが、添削問題は月別になっています。1か月の学習を終えたら、添削問題を解き財団あてに送付します。到着した解答用紙は専門の指導者によって講評や助言、お便りの返事を添えて、受け付け後10日をめどに受講生に返送しています。現地での学習状況を配慮して、締め切り日は設けず、いつでも受け付けています。

D. 力だめし

　年度末に国語と算数（数学）の2教科（中学3年生は国語・数学・社会・理科の4教科）について、全国一斉力だめしテストを行います。希望者には、日本国内での偏差値ならびに日本の児童生徒を含めた得点順位等をお知らせします。全国一斉に実施するテストに参加するため、締め切り日を設けています。

E. 朗読CD（聴覚教材）

　耳から「聴く」ことも国語学習において非常に大切でかつ効果的な方法です。特に日本語環境に乏しい海外においては、この朗読CDは欠かせない教材であるとともにたいへん好評を得ているものの一つです。
　小学生対象のものは教科書が正確に読めるよう、主として教科書の文章の朗読を中心に構成し、導入部分で日本の四季の変化、伝統行事の解説や歌などを織り込み、CDを通して自然にことばが身につくように工夫しています。中学生対象のものは、教科書の教材はもとより、古典についても授業の形式を採ってわかりやすく構成しています。

F. CD‐ROM教材

　音声やアニメーションを豊富に取り入れ、楽しくわかりやすい要点の説明を行っていますので、読むことが苦手な児童生徒も教科書の要点を容易に理解することができます。授業内容の要点の説明では、コンピュータの質問に答える形などで勉強が進められ、受け身一辺倒ではなく主体的・能動的に学ぶことができます。また、わからないところは何度でも繰り返し学習できます。

G. インターネットを活用した学習と交流

　無学年方式の「漢字ドリル」「計算ドリル」や「単元別問題」「定期試験予想問

教育相談室 Q&A

Question

ブック教材のほうはあまり積極的に取り組もうとしません。**朗読CD以外の国語の勉強にも力を入れさせるためには、**どのようにしたらよいでしょうか。

Answer

朗読CDは、はじめに季節の便りや伝統行事の説明、次に国語の教科書の朗読を中心とした学習、最後に民話や童話・歌などを収録した3ブロック構成です。国語の学習の導入として、子どもが興味をもてるように工夫してあります。

ほとんどの教科書教材は、ほぼ全文朗読を収録してあります。保護者の方も子どもといっしょに朗読CDを聴き、その後いっしょに教科書を音読、学習してください。朗読CDは学習書の勉強につながるよう関連づけています。どの段階で教科書や学習書をみればよいのかわかるようにしてありますので、朗読CDを「国語の学習への架け橋」とする習慣づけの手助けをしてください。

教材を開くよう促しても、子どもが嫌がるようでしたら、保護者の方が教材をもって問いかけるのも有効かと思います。「書くこと」や「読むこと」を嫌がって教材をやりたがらない子どもには、最初から無理に鉛筆を持たせるのではなく、まず会話でのやりとりだけで勉強させてみるのも一つの方法です。日本語で考えること、日本語で答えることは大きな勉強になります。そこで答えが合っていたら大いにほめ、間違っていたらいっしょに考えてあげることによって、子どもはやる気が出てきます。

時間がない場合は、家族の団らんの時間を利用して取り組むのも楽しいかもしれません。家族で朗読CDを聴き、教材の問いをみんなで考えたり、主人公の気持ちを話し合ったりすれば、子どもは自然に学習にのぞむことでしょう。「勉強」と言われれば抵抗を感じても、「家族の話し合い」という形を取れば積極的に参加するかもしれません。自分一人ではなく、お父さんやお母さん、兄弟たちがいっしょに取り組んでくれているということを肌で感じることは子どもにとって大きな励みと安心感になり、取り組む意欲の醸成につながります。

また、音楽や歌もことばの力を伸ばします。学習がすんだら、たとえばドライブなどのときに繰り返して聞くと自然にことばが身につきます。朗読CDが一つの日本語環境を形成するものと考えて、時・場所を限定せずに積極的に活用してほしいと思います。美しく正しい言葉を繰り返し聴くことは国語の学習において、たいへん効果のあることなのです。

題」等を専用ホームページからプリントアウトしたり、とり寄せたりすることができます。また、18,000項目の学習事典データベースを用意し、いつでも、いろいろな疑問に対応できるようにするとともに、学習に役立つさまぎまなホームページを紹介しています。これらを通じて海外にいても日本と同様な調べ学習を行うことができます。さらに、国内の教育・進学情報なども提供しますので、帰国後の学習にスムーズになじむことができます。

　また、世界の受講生とその家族を結ぶ交流の広場（「ピコット通信」）もインターネット上に開設しています。興味深い話題をタイムリーに提供するとともに、受講生の討論の広場や作品を紹介するコーナー、受講生より寄せられた記事による「地球めぐり」のコーナーなど、みなで作り上げ、楽しく知識を広げていく場を設けています。

添削指導

A. 教科学年別に経験豊富な専門の先生たちが添削指導しています。添削指導にあたっては、添削問題一題一題をていねいに指導することはもとより、一人ひとりに個別に具体的に指導事項を記入し、次回の学習に役立つように配慮しています。また、添削後は全体の講評を記入し、継続して学習に取り組む意欲を育むよう励ましのことばなどを添えて返送します。

B. 添削には、学習事項だけでなく子どもたちが疑問に思ったさまざまなことを質問できる「お便り欄」があります。進学に関する疑問などにも添削と同じように専門の先生たちが回答します。他の通信教育にはない受講生一人ひとりに向きあった指導を心がけています。

C. 添削の期限は設けていません。海外子女のおかれている状況に配慮し、それぞれの事情に合わせて学習を進められるよう作成され、運用されていることがこの点でもおわかりいただけるかと思います。たとえ、2か月や3か月遅れても添削指導は受けられます。これがこの通信教育の大きな特長です。

通信教育の位置づけと研究

　財団では、この通信教育を海外子女教育充実のうえで重要な事業の一つとして位置づけています。教材の作成には、国内の教育専門家をはじめ、海外の補習校派遣教員の意見をとり入れるなどして、海外で学習する子どもたちの実情を念頭に、子どもたちの学力の維持向上に役立つよう特別な研究と配慮を行っています。

(3) 通信教育（小・中学生コース）の申し込み方法と費用
お申し込みから教材のお届けまで

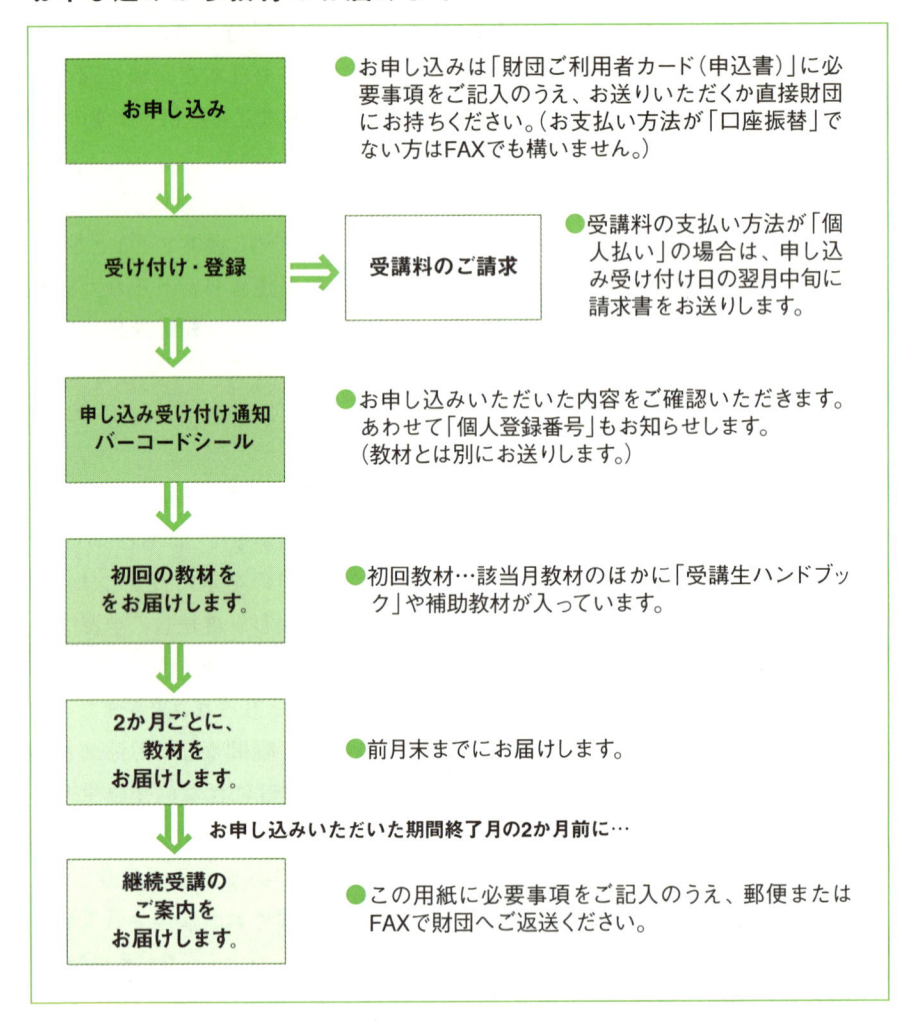

```
お申し込み
   │
   ▼
受け付け・登録 ──→ 受講料のご請求
   │
   ▼
申し込み受け付け通知
バーコードシール
   │
   ▼
初回の教材を
をお届けします。
   │
   ▼
2か月ごとに、
教材を
お届けします。
   │
お申し込みいただいた期間終了月の2か月前に…
   ▼
継続受講の
ご案内を
お届けします。
```

- お申し込みは「財団ご利用者カード（申込書）」に必要事項をご記入のうえ、お送りいただくか直接財団にお持ちください。（お支払い方法が「口座振替」でない方はFAXでも構いません。）
- 受講料の支払い方法が「個人払い」の場合は、申し込み受け付け日の翌月中旬に請求書をお送りします。
- お申し込みいただいた内容をご確認いただきます。あわせて「個人登録番号」もお知らせします。（教材とは別にお送りします。）
- 初回教材…該当月教材のほかに「受講生ハンドブック」や補助教材が入っています。
- 前月末までにお届けします。
- この用紙に必要事項をご記入のうえ、郵便またはFAXで財団へご返送ください。

受講料

　2か月7,000円（年間42,000円）で財団維持会員企業・団体に所属する方は1割引き、受講は偶数月開始で2か月単位です。随時受け付けます。何か月か前にさかのぼっての受講も可能です。受講料は教材送料込みで、世界中どこでも全学年共通の料金です。

(4) 幼児のための財団の通信教育
なぜ、必要なのか

　母語が急速に身につくのは2歳から4歳ごろといわれています。さらに母語で

学習できる力が養われるのは小学校3・4年生ごろまでだと考えてよいでしょう。

　海外に滞在すると、子どもが日本語に接する機会は保護者の方が想像される以上に少なくなります。このいちばん大切な時期に日本語に接する機会が減ったり、日本語より外国語に接する時間が長くなったりすると、日本語の習得が止まり、さらにはそれまでに培った日本語も失われていく危険性があります。

　そこで、幼児期の子どもを海外に帯同する場合は、保護者が多くの日本語に触れる機会を子どもに作る必要性があるのです。そのためには媒体が必要です。その提供のために、幼児のための二つのコースを用意しました。

1.「よみきかせ」コース

A. 内容

　義務教育が始まる前に、学習の前提になる「言語力・読解力」を育てることが目標です。海外でも、子どもが楽しく継続的に日本語になじめるようにとのねらいから、あえてワークブック形式をとっていません。毎月2冊ずつの絵本と、保護者向けの絵本の解説や読み聞かせかたを綴ったコメントシート、読み聞かせに関する相談に応じるための相談シートを送付するほか、初回には、海外で絵本を読み聞かせる際のワンポイントアドバイス集を同封します。

　子どもの発達段階に合わせて、0〜3歳対象のドレミグループ、4〜6歳対象のレミファグループ、年齢や日本語力を問わないソラシドグループを用意しています。

B. 受講料

　各グループ、6か月（4月号もしくは10月号開始）と12か月（4月号開始のみ）のコースがあります。何か月か前にさかのぼっての受講も可能です。受講料は表15のとおりですが、送料含めての料金です。また、お届け先地域により3種類の送料区分になります。なお、財団維持会員企業・団体に所属する方は1割引きになります。

2.「かんがえる」コース

A 内容

　義務教育が始まる前に、すべての学習の基礎になる考える力や知的好奇心

表17　地域・コース別の受講料

コース	アジア	オセアニア・欧州・北米・中米・中近東	南米・アフリカ
6か月コース	20,000円	23,000円	25,000円
12か月コース	40,000円	46,000円	50,000円

教育相談室 Q&A

Question

通信教育で学んでいれば、高校受験に対応できる学力が身につくのでしょうか。

Answer

　海外子女教育振興財団の通信教育は、受講生が帰国した際に国内の学校教育にスムーズに適応できることを目的としています。したがって、いわゆる進学校と呼ばれるような学校の受験対策には充分ではありません。

　しかし、この通信教育でしっかり勉強すれば、中ランクの公立の学校への進学には充分可能な力がつきます。「しっかり勉強する」とは、わからないところをそのままにしない、やりっぱなしではなく復習を心がける、継続して学習する、ということです。

　受験対策としては、この通信教育で基礎力を養ったうえでポケットサービス（ドリルや参考書などの有料販売サービス）を利用するとよいでしょう。ポケットサービスで扱っている教材は市販されているものだけでなく、国内の学校に直接おろされているものもあります。一般にはなかなか入手しにくい好適な教材もそろえていますので、状況にあわせてこうした面での積極的な活用をすることをお勧めします。

　また、帰国子女枠での受験の場合は、学科試験のみならず、作文や小論文を課す学校が増えてきています。ここで活用していただきたいのが当財団の「小論文コース」です。基本的には高校生を対象としていますが、中学生の受講も受け付けています。小論文コースでは、「入門クラス」と「基礎クラス」を設けており、「入門クラス」は中学生でも取り組みやすい内容になっています。ここでは高校受験に必要な小論文作成の力を身につけることはもちろんのこと、大学受験につながる力を養うことも可能です。

　当財団の通信教育は、教材のみならず添削にも大きな力を入れています。通信教育でしっかり学び、疑問点や知りたい情報に関しては添削者に質問するなど、積極的に添削用紙のお便り欄等を利用することをお勧めします。

　地域によっては日本人が少なく、情報も乏しいために心細く過ごしている受講生もいます。この通信教育の添削者とのやりとりを通して、勉強の成果のみならず、大きな支えと安心感によって希望校に合格することができたという手紙も多く受け取っています。ぜひ、むやみに不安にかられることなく、この通信教育を信頼して使い切ることによって、将来確固とした力となる学力をつけてください。

を育てることが目標です。保護者にも参加していただき、会話のなかで母語を鍛えつつ、将来学習することになる算数の基礎を、クイズや工作などを用いて楽しく身につけていけるようになっています。1か月に1回、課題とそれに取り組むためのふろく、保護者向け通信を送付します。受講生からの課題用紙返送後はていねいに添削し、子ども向けに思考力を磨くプレゼントを添えてお返しします。課題の提出に締め切りはありません。初回には、課題に取り組むために必要なクーピーペンシル、子ども用はさみ、のりを同封します。

B 受講料

　12か月コースのみで48,000円。受講は随時受け付けます。何か月か前にさかのぼっての受講も可能です。教材送料込みで、世界中どこでも共通の料金です。なお、財団維持会員企業・団体に所属する方は1割引きになります。

(5) 財団の小論文の通信教育（小論文コース）

なぜ、必要なのか

　近年、入学試験や入社試験で小論文を課する学校や会社が増えてきています。考えをまとめ、それを説得力のある文章で書き表わすことがその人の基本的・総合的な能力を問うのに最も適した方法の一つだからでしょう。小論文を書く力は、入学・入社試験ばかりでなく、その後の多くの場面で問われることでしょう。それを身につけておくことは大いに役立つはずです。

内容

　小論文を書くための基礎的な力をつけることが目的です。ものごとを論理的に捉え、文章を的確にまとめられるように指導を行います。継続することで、しっかりとした力がつくように、特に添削に力を入れています。1か月に1課題送付し、受講生からの返送後、添削して返送します。再提出も可能です。課題の提出に締め切りはありません。

　なお、能力別に「入門」と「基礎」の二つのクラスを設けています。入門クラスはテーマ型小論文、基礎クラスは課題文型小論文に取り組みます。

受講料

　6か月コース12,000円、12か月コース24,000円。受講は随時受け付けます。何か月か前にさかのぼっての受講も可能です。教材送料込みで、世界中どこでも共通の料金です。なお、財団維持会員企業・団体に所属する方は1割引きになります。

第4章 ［帰国編］

1. 帰国を前にして考える
(1) 帰国後の教育については
(2) 子どもたちの不安・焦燥感をとり除こう
(3) 親の心構え―学習より生活適応を優先して―
(4) 帰国後の学校を選ぶために

2. 帰国子女の概況
(1) 帰国子女の一般的状況
(2) 帰国子女の特性と傾向
(3) 教科・学習上の諸問題
(4) 逆カルチャー・ショックと適応について
(5) 海外体験の保持と育成
(6) 家庭生活と学校生活の連携を密にしよう
(7) 帰国子女教育とは

3. 小・中学校の受け入れ
(1) 公立小・中学校の受け入れ（手続きを中心に）
(2) 帰国子女受け入れ校の種類と受け入れ
(3) 国立および私立の小・中学校の編入学

4. 高等学校の受け入れ
(1) 受け入れ方法の違い
(2) 受け入れ校への入学までの手順
(3) 出願資格について
(4) 志望する高校選択の観点
(5) 高等学校への編入学
(6) 受け入れ後の指導と適応

5. 大学の受け入れ
(1) 大学を志願する人に
(2) 大学を選ぶにあたって
(3) 最近の大学への出願状況
(4) 選抜時期と入学時期
(5) 受験資格およびその他の条件
(6) 出願書類
(7) 選抜方法と内容基準
(8) 合格後の事前研修・補充学習
(9) 国内の大学への編入学

1. 帰国を前にして考える

　日本から帰国の辞令が出ますと、いずれはと覚悟はしていても実際に帰国が決まると長い海外生活もいまでは名残惜しく、現地を離れることに万感の思いがすることと思います。しかしそんな感傷に浸っている暇はありません。

(1) 帰国後の教育については

　帰国の時期が迫ってくると、予期していたこととはいえ家族の一人ひとりに緊張感が走ります。それは帰国することの意味や帰国後の生活について、それぞれの立場から現実的に考えなければならないことと、これまで過ごした滞在地に対する幾多の心残りが、複雑な心境に導くからなのでしょう。

　なかでも帰国後の教育についての対応は、滞在期間を通じて感じていたこととはいえ、帰国の時期が明らかになって初めて現実的になってきます。あらかじめ考えていたスケジュールやそれぞれの分担作業にもとづいた帰国の準備作業のなかで、手続きや準備する書類などを再確認してください。特に滞在期間中の子どもの生育・教育歴、性格や特性・能力、健康状態などについて、記録類や書類などの所在を明らかにしておいて、帰国間近になってあわてないようにしたいものです。

　一方、国内との連絡を密にして、信頼のおける正確な教育情報や近親者、友人・知人などからのアドバイスを参考にして、本人の進路をあらためて確認し、具体的な編入学・進学先などを調べておくことが必要です。これらの点については帰国後の家族の将来のことを含めて、子どもたちとも日ごろから話し合いを深めておき、本人の希望なども聞き入れて、帰国後の方向づけを家族全員が納得したうえで帰国の日を待つように心がけたいものです。

　海外生活のなかで帰国後のことについて考える不安な事柄を調べますと、図16・17（次ページ）のように、親子とも日本の学校への進学や授業に対する不安が圧倒的です。

図16　日本への帰国に対する子どもの不安　　　　　　　　　　　　（複数回答）

項目	%
日本の気候・風土・生活環境に適応できるかどうか	7.1
日本で上手に日本語が話せるかどうか	6.3
日本で友達ができるかどうか	8.9
日本の学校の授業内容についていけるかどうか	34.0
帰国子女受け入れ校が自分の帰国する地域に設置されているかどうか	13.7
日本の高校や大学に支障なく進学できるかどうか	23.5
海外での経験を生かせる日本の企業などに就職できるかどうか	2.9
日本に帰国せず現地に滞在できるかどうか	1.4
特に不安はもっていない	26.2
まだ何もわからない	17.8
その他	1.4
無回答	8.2

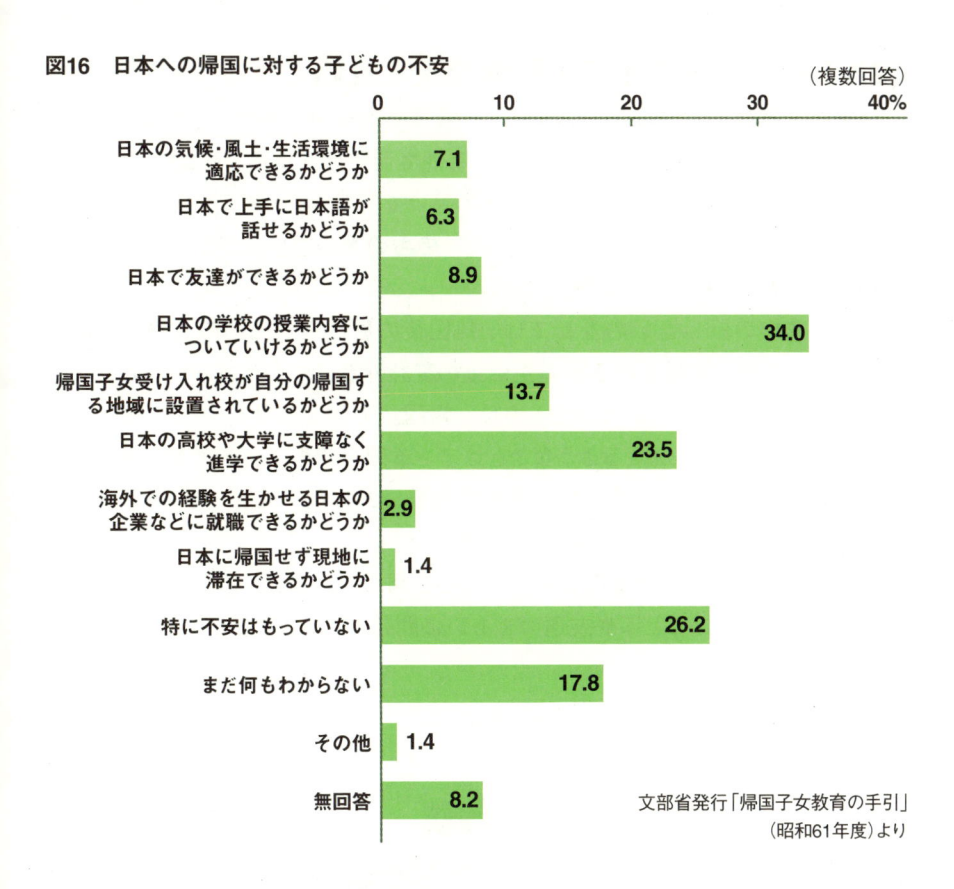

文部省発行「帰国子女教育の手引」（昭和61年度）より

図17　海外在留中に保護者が持っていた不安　　　　　　　　　　　（複数回答）

項目	%
日本の気候・風土・生活環境に適応できるかどうか	40.6
日本で上手に日本語が話せるかどうか	27.2
日本で友達ができるかどうか	42.0
日本の学校の授業内容についていけるかどうか	75.1
帰国子女受け入れ校が自分の帰国する地域に設置されているかどうか	18.7
日本の高校や大学に支障なく進学できるかどうか	29.8
日本の企業などに就職できるかどうか	10.3
その他	6.3

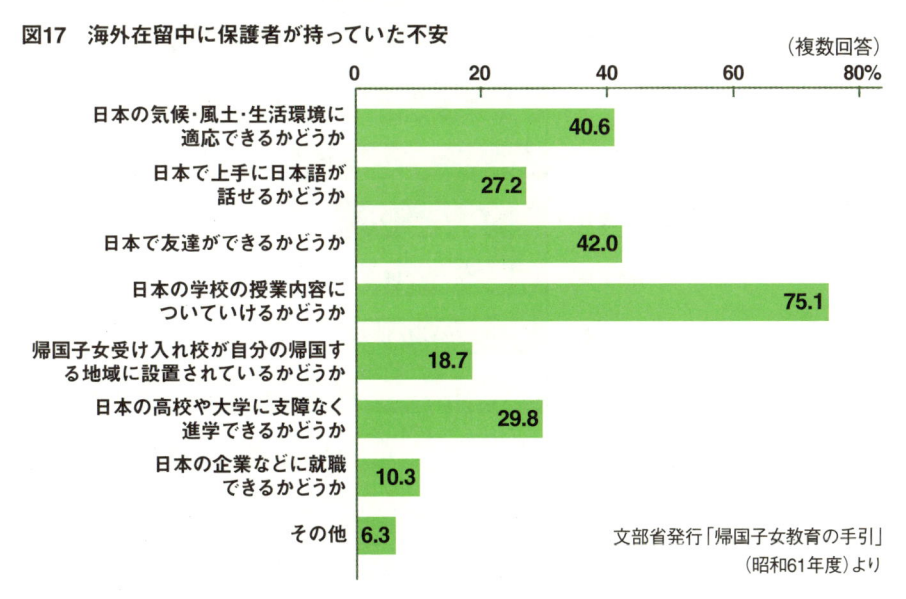

文部省発行「帰国子女教育の手引」（昭和61年度）より

(2) 子どもたちの不安・焦燥感をとり除こう

いよいよ帰国の日が決まってからは、準備や事務手続きなどで忙しくなります。その合間をぬって子どもたちには、海外生活で得た貴重な経験や思い出を話し合ったり、家族一同で記録や記念の品々を整理したりすることで、その体験や感銘を家族の一人ひとりが共有して、のちのちの思い出のひとコマとなるようにはかりたいものです。

一方、家族の話し合いのなかでは、帰国後の居住地が出国時と同じであるのか異なるのか、予想される家庭生活上の変化などについてあらかじめみなの同意を得ておきましょう。それとともに、帰国後の学校生活について子どもに不安感や焦燥感を抱かせるようなことはできる限り慎むことが大事です。むしろ子どもの疑問や不安に思っている事柄を積極的に問いただして、それらのことを解消させておく方向に導くことが必要です。

帰国後に子どもたちが実際に困ったことを調べてみると、図18のとおり、現地の学校との違い、ことばや友達づきあいに問題があるようです。

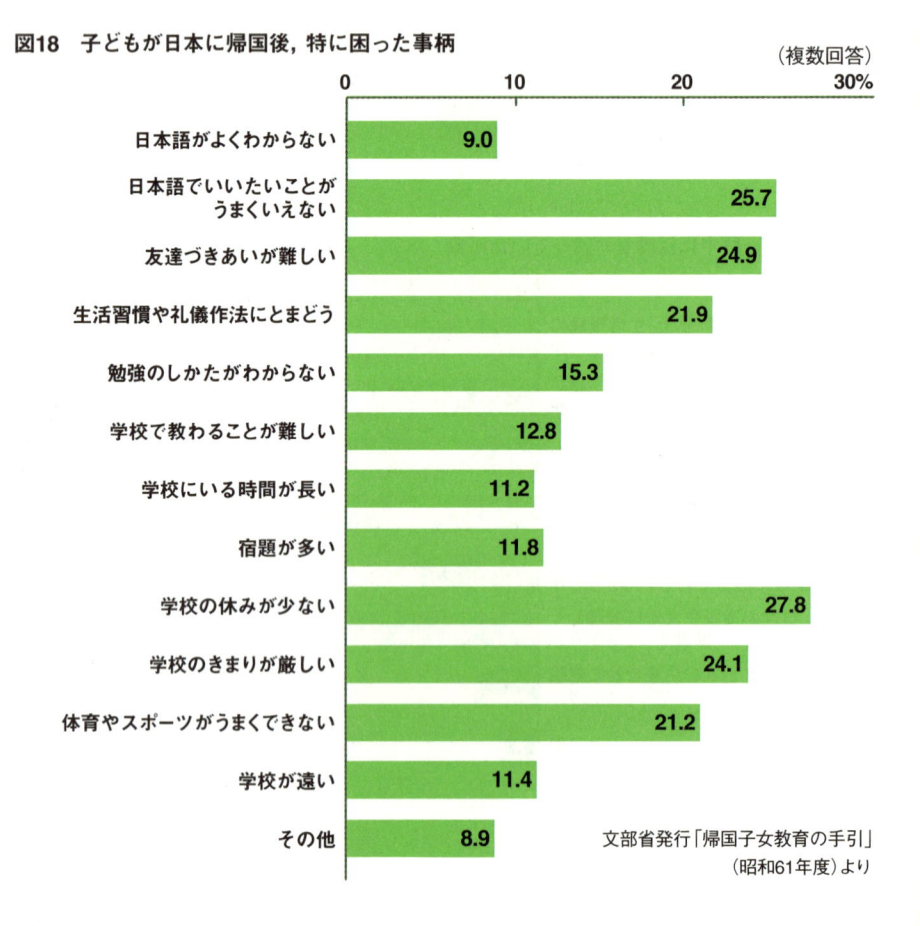

図18 子どもが日本に帰国後、特に困った事柄

(複数回答)

事柄	%
日本語がよくわからない	9.0
日本語でいいたいことがうまくいえない	25.7
友達づきあいが難しい	24.9
生活習慣や礼儀作法にとまどう	21.9
勉強のしかたがわからない	15.3
学校で教わることが難しい	12.8
学校にいる時間が長い	11.2
宿題が多い	11.8
学校の休みが少ない	27.8
学校のきまりが厳しい	24.1
体育やスポーツがうまくできない	21.2
学校が遠い	11.4
その他	8.9

文部省発行「帰国子女教育の手引」(昭和61年度)より

(3) 親の心構え－学習より生活適応を優先して－

　帰国当初の子どもの生活については渡航した当時のように、一から始めるという心構えが必要でしょう。特に子どもの学校生活に関しては、教科内容の違いや学習上の遅れなどの諸問題よりは、交友関係や教師との関係、課外活動などを重視しましょう。帰国後の子どもたちの生活環境づくりを優先するということです。生活環境が整わなくては学習環境も整わないばかりか、思わぬトラブルが起きないとも限りません。帰国後のスムーズな適応のための方策は、生活環境づくりからと心得てください。

　また、子ども一人ひとりそれぞれの滞在中の生活態度について十分に整理しておくことが必要です。そのうえで、国内の教育についてその教科や学習内容の違い、能力等の弱点や欠落部面などを承知しておいて、帰国後の補いに備えたいものです。

　日本人学校および現地校等の出身者別に不安に思った事柄と、家庭における帰国後に配慮した事柄を調べた結果が図19・20（次ページ）です。この図でも明らかなように、日本人学校出身者よりも現地校や国際学校出身者のほうが、帰国時の不安がすべてにわたって大きいことがわかります。

　またどこの家庭でも、交友関係やことばの問題、生活面に関して子どもたちが早くなじめるように、努力している様子がみられます。

図19　帰国時の不安内容

日本人学校（326人）		現地校・国際学校（803人）
90.2%	不安あり	94.4%
56.1%	帰国後の友人関係や団体生活	50.6%
53.1%	日本での校内暴力やいじめ	47.6%
32.5%	理科・社会・算数等の学習不足	55.4%
10.4%	日本語の学習不足	59.8%
39.6%	日本での受験	36.1%
9.5%	教育方針の違い	37.6%
15.0%	生活環境の違い	31.4%
20.6%	自然環境の違い	13.4%
0.9%	その他	2.6%
8.6%	不安なし	4.9%
1.2%	無回答	0.7%

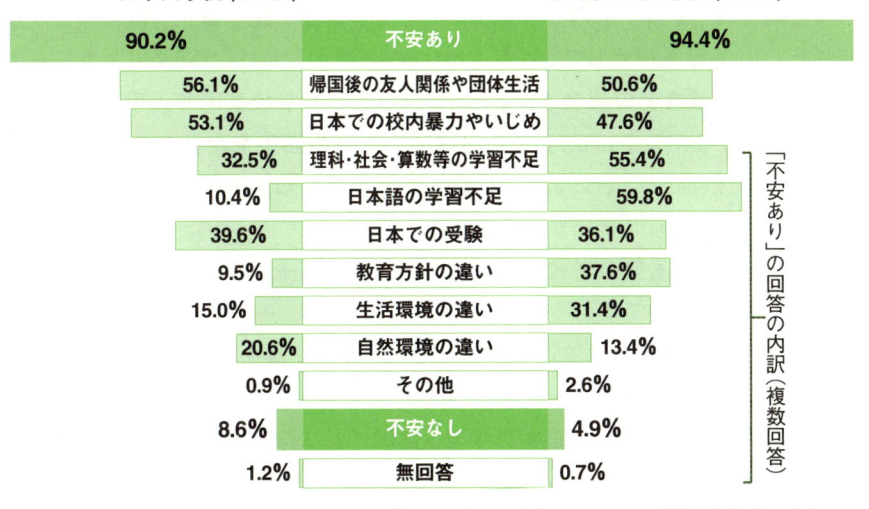

（「不安あり」の回答の内訳（複数回答））

総務庁行政監査局「帰国子女の保護者アンケート調査結果」（昭和63年）より

図20　家庭で配慮した事柄

	日本人学校（326人）	現地校・国際学校（803人）	
なじむ努力をした	57.4%	68.4%	「なじむ努力をした」の回答の内訳（複数回答）
望ましい友人関係をつくること	40.5%	43.0%	
日本特有のことばや意見を覚えさせること	8.6%	26.2%	
国内事情や毎日のできごとについて説明してやること	23.6%	24.2%	
日本における情操教育を身につけさせること	4.6%	6.6%	
その他	3.7%	6.0%	
特に配慮しなかった	40.8%	31.0%	
無回答	1.8%	0.6%	

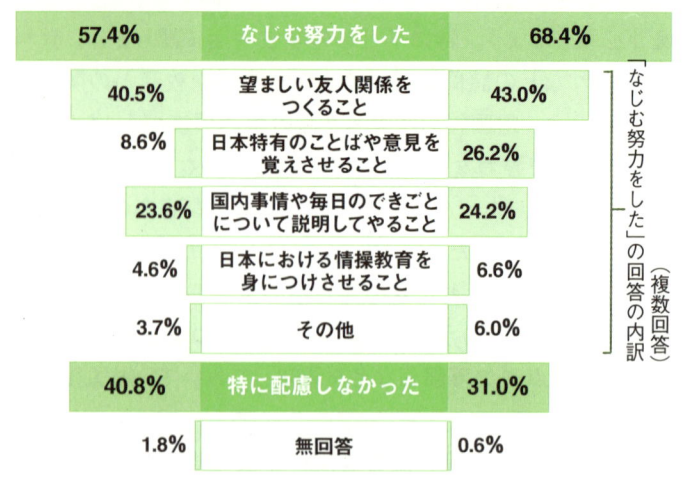

総務庁行政監査局「帰国子女の保護者アンケート調査結果」（昭和63年）より

（4）帰国後の学校を選ぶために

　前述のように、帰国後に編入学・進学する学校を選ぶためには、滞在中にある程度の情報を収集しておく必要があります。その際、同じ滞在地の日本の子どもたちが帰国してからどのようであったかということで判断できる面もありますが、一般的には学年の違い、男女の違いや帰国先の地域の違いなどから、的確に把握できないことが多いのが実状です。

　滞在地によっては、国内から進出してきた学習塾、進学塾、予備校などが比較的新しい情報を提供してくれることもあります。しかし、できることなら一時帰国や国内出張などの機会を利用して、あらかじめ学校案内を入手したり学校に直接出向いたりしましょう。また当財団の教育相談室や企業内の教育相談室などに問い合わせることにより、あるいは近親者や知人等の手を借りて、的確な情報を得ることも必要になります。

　そのうえで、帰国後の学校選定にあたってまず第一に考えなければならないことは、帰国の時期です。

　帰国子女の帰国月別分布を調べると、3月と8月が群を抜いて多いようです。これは日本の学校の学年・学期の区切りに合わせて帰国するためです。しかしご注意いただきたいのは、日本の中学・高校では入学・編入学は2月、7月に行う学校がほとんどだということです。それ以前に帰国していないと出願に間に合いません。このように、帰国後の学校選びでは、帰国時期との関係を十分考えなければなりません。このことは在籍している日本人学校、現地校・国際学校等により、学年の修了、卒業、学年の途中であるなどの問題とも関わります。

『帰国子女のための学校便覧』
財団が毎年発行する刊行物で、小学校から大学まで日本全国の帰国子女受け入れ校約1,000校を網羅した入学・編入学のためのガイドブックです。各学校の入学・編入学資格、条件や入試日程、選考方法、受け入れ後の指導内容などを詳しく掲載しています。
＞＞281ページ

教育相談室 Q&A

Question

わが子は小学5年生ですが、海外で生まれたため日本の小学校の経験がありません。このたび、日本への帰国が決まりました。**日本の小学校にスムーズに編入させるには、**どのような留意点があるのでしょうか。

Answer

1. 帰国前にしておきたいこと

一番の気がかりは、日本語（母語）の保持です。日常会話はもちろんのこと、授業で用いる「学習言語」の力をつけておくことが必要です。帰国間近になってからでは間に合いません。補習校や通信教育の活用など、日ごろから努力してください。日本の学校の様子についても事前に話したり、社会科や理科の学習を家庭で進めておくことも大切です。近くに日本人学校があれば、帰国前に「体験入学」（または転校）をして、日本的な学校環境になじんでおくのも一つの方法です。ただし、違いを強調しすぎて、不安にさせるのは避けましょう。

2. より適した学校選択

帰国後の適応の可否は「学校選択」が大きく影響します。国立、私立のそれぞれに「帰国子女受け入れ校」がありますが、受け入れ方法など、事前の確認が必要です。なお、5年生の編入学を受け付ける国立・私立の学校はあまり多くありませんので注意してください。また、いったん公立の5年生に編入学して、卒業後に「帰国子女枠」で私立の中学校を受験するという方法もあります。（財団の『帰国子女のための学校便覧』参照。）

3. 受け入れる学校との連携

帰国子女の受け入れは、受け入れる学校側にとっても不安なものです。子どもの海外での様子が分かると、学校も安心してその生徒に接することができます。子どもの滞在中の記録（成果）を学校に伝え、理解を深めてもらいましょう。学校からも、学校でのわが子の様子を、適宜伝えてもらえるよう協力を求めるとよいでしょう。

4. 「誇り」と「自信」をもって

慣れない日本の学校にスムーズに適応していくためには、「自己」を確立しておくことが大切です。帰国子女として、自分自身に「誇り」と「自信」をもてるようにするとよいでしょう。そのためにも、滞在中は充実した学校生活を送ることが不可欠です。また、帰国後は「外国語の保持」にも心がけるなどして、帰国子女としてのよさを維持・発展させる努力も続けてください。現地で仲よくなった友達とのメールのやりとりなど、帰国してからも続けていくことを忘れないように心がけたいものです。

第二に、親の希望や好みはあるものの、本人の意思・能力などを配慮した学校選びです。つまり、国・公・私立校の別、進学上の名門校か否か、中高一貫教育の学校か否か、教育方針はどうか、宗教的立場はどうか、男女別学か共学か、高等学校などでは特別な学科コースを設置しているか等々の点で、本人の能力や適性をも考えたうえでの学校選びが重要だということです。

　第三には、滞在地で通学した学校の種類を考慮に入れて、帰国後は国内の教育に適応させることを優先させるか、これまでの教育を伸長させることを優先させるかといった観点から学校を選ぶことも必要になります。

　これらの点を考え合わせたうえで、帰国後の居住地に応じて子どもにとって最適な条件の学校を選びたいものです。あるいは、選んだ学校に子どもが通学する便を考えて居住地を定める方法もあります。

2. 帰国子女の概況

(1) 帰国子女の一般的状況

　文部科学省の調査によれば、海外に1年以上滞在して帰国後1年以内の児童生徒在籍者数は、平成17年度で10,085人となっています。これを学校種別でみると表18のとおり、小・中学校では公立、高等学校では私立が多くなっています。

　1年間に帰国した児童・生徒数をみると、2005(平成17)年では10,085人（内訳は小学生5,991名、中学生2,235名、高校生1,859名）が帰国し、国内の学齢人口が減少傾向を示し始めた5年前の2000(平成12)年と比較しても、総数で約7％、学校段階別でも小・中学校は若干減少、高等学校が横ばいとなっています。また、海外子女数は10年前から50,000名前後とほぼ横ばいで、相対的には高学年の帰国生の比率が高まる傾向にあります。

　また、帰国先を地域別に整理してみますと、関東地方に62.8％、近畿地域に13.8％、東海・甲信地域に12.1％で、この3地域だけで全国の約90％を占めていて、大都市圏を中心に帰国していることがわかります。近年、国内の諸企業の著しい地域的な拡散の傾向から、帰国居住地域は広域化していることもうかがえます。

　そのほか帰国した大学・短期大学生については、進学状況からみて最近では年間1,100名以上が日本の大学・短期大学に入学・編入学しており、数年前に比べて約2倍に増加しています。これは、帰国子女の高学齢化の傾向が目立っ

表18　学校種別帰国子女在籍者数　　　　（文部科学省「平成17年度学校基本調査」より）

区　分	国　立	公　立	私　立	合　計
小学校	162人(2.7%)	5,578人(93.1%)	251人(4.2%)	5,991人(100.0%)
中学校	152人(6.8%)	1,411人(63.2%)	672人(30.0%)	2,235人(100.0%)
高等学校	125人(6.7%)	599人(32.2%)	1,135人(61.1%)	1,859人(100.0%)
合　計	439人(4.4%)	7,588人(75.2%)	2,058人(20.4%)	10,085人(100.0%)

(注)( )内は数字の横の構成比を示します。

てきたことになります。

　また、帰国子女の海外での滞在期間はおおよそ図21のとおりです。

　中学・高校生ともに滞在期間は平均して約4年近くですが、3年以上5年以下の者が40％以上で、この期間に集中しています。その他に含まれる7年以上の長期滞在者も10％近くいます。帰国後の年数については、学校による応募資格上の制限などもあってかならずしも正確ではありませんが、2年以内に80〜90％と集中しています。

(2) 帰国子女の特性と傾向

　海外に滞在していた子どもたちは、その滞在地により言語をはじめ自然的諸条件、宗教を含めた文化、生活習慣など、多くの面でわが国ときわめて異なる環境に置かれて生活してきます。陶冶性と感受性の豊かな時期の児童生徒は、人格形成のうえで、直接または間接的に多大にその影響を受けており、わが国とは異なる生活習慣、行動様式などを身につけて帰国してくることが多いようです。

外国語の言語能力

　日本人学校に通学していた者と現地校や国際学校へ通学していた者との間には現地語の習熟度に差はありますが、日常生活や学校生活の内外で現地語を使わなければならない状況にあるため、その必要頻度に関係なく何らかの度合で滞在地の言語を習得してきています。

図21　帰国子女の在留期間

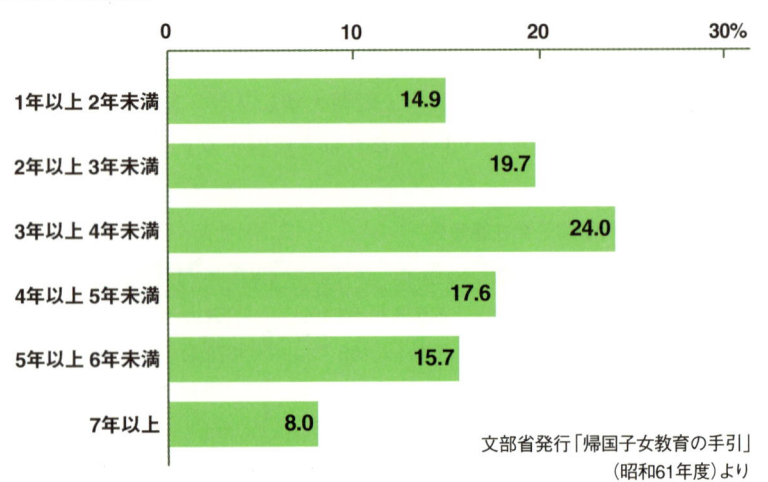

在留期間	％
1年以上 2年未満	14.9
2年以上 3年未満	19.7
3年以上 4年未満	24.0
4年以上 5年未満	17.6
5年以上 6年未満	15.7
7年以上	8.0

文部省発行「帰国子女教育の手引」
（昭和61年度）より

国際的な感覚

　帰国子女は、滞在地における生活様式、慣習、物の見かた・考えかたなどの影響を受けて生活していた異文化接触・理解の体験者です。現地校通学者はその国から、国際学校通学者はその国に加えて在籍者の国々からの影響もあるでしょう。また、日本人学校通学者も学校教育の一環として現地事情の学習や交流活動を通して、さらに日ごろ接触・見聞する人々から何らかの影響を受けているはずです。これらのことで、異文化と自国文化の違いや価値観などを評価する資質も養われてきています。

表19　帰国子女の特性

小　学　校	中　学　校	高等学校
◎ 外国語ができる	◎ 外国語が優れている	◎ 語学力が優れている
◎ 興味,関心をもつことには取り組みが熱心	◎ 自主的に学習に向かう	◎ 国際的視野に立つ者の考えかたができる
◎ 国際的感覚があり,生活に密着した考えかたで国際理解をしている	◎ 学習の結果よりプロセスを重視する	◎ 異文化内での生活経験を有するため,日本文化との比較考察ができる
◎ 異文化体験の優れた点をもっている	◎ 国際感覚を身につけている	◎ 自主的生活習慣に優れている
◎ 比較してものを考えることができる	◎ 日本文化と異文化との比較考察ができる	◎ ものの見かた,考えかたが異質である
◎ 視野が広い	◎ ものの見かた,考えかたが広く,日本と比較して思考できる	◎ 幅広い人生観をもつ
◎ 発想に特色がある	◎ 視野を広くして考える	◎ しっかりとした自分の意見をもち自主性がある
◎ しっかりとした自分の考えをもち自主性がある	◎ 自我が強く自分の意見をもつ	◎ 積極性がある
◎ おおらかで,のびのびしている	◎ おおらかで,のびのびしている	◎ 創造性に富む
◎ 積極的である	◎ 積極的に取り組む	◎ 独立心が強い
◎ 公共心があり公衆道徳を身につけている	◎ 明朗である	◎ 粘着力がある
◎ 明るく人なつっこい	◎ 順応性がある	◎ 率直でまじめ
◎ 個性が豊か	◎ 協調性がある	◎ 人間性が豊か
◎ 順応性がある	◎ 社会性に富む	◎ 反省心が強い
◎ 協調性がある	◎ リーダーシップがある	
◎ 感受性がある		
◎ 創造性がある		

※中西晃・野田一郎「帰国子女に関する調査研究」(東京学芸大学海外子女教育センター,1980年)より

身につけてきた生活習慣

　国際的な感覚とともに、異文化のなかののぞましい生活習慣も身につけてきています。たとえば、次のような点が評価されています。

○自己表明：自分の意見や考えを積極的に発言し、自分の見解や立場を明確にすることができる態度を身につけてきています。

○自立・自助の態度：海外生活自体が国内の生活と違って他人に頼ることが少ないという事情のもとに、自立して自分の言動に責任をもつように生活態度が育成されてきています。

○積極性と独自性：個性が尊重されるなかで発想や言動の柔軟性に特色があり、何ごとに対しても納得がいけば積極的に参加し、未経験の事柄や多少困難をともなうことに対しても自発的に行動し、順応も早いといえます。

○率直・明朗・快活な態度：他人に対して分け隔てなく、臆することもなく近づき、親愛の情を表わします。また、大らかで明るく屈託がなく、気軽でのびのびとした態度で、ものごとに対して感動を素直に表現します。

○奉仕の精神：打算のない態度で奉仕活動に参加し、その行動は積極的です。

○その他：特徴的には、公衆道徳や生活上の公共的な面でのエチケットが身についています。また、人種・民族に対しての違和感が少なく、自国に対する客観的評価ができているとともに愛国的な考えかたを常にもっています。

　ただ、諸外国の環境条件や個人的な性格により、帰国してから周囲に嫌悪感のみを植えつける例も少数ですがみられます。利己的であったり自己主張が限度を越えていたり、時間にルーズであったり、差別や偏見の意識が強かったり、行動面がともなわなかったり等々のことが顕著である場合もみられます。帰国子女を多角的に調査した東京学芸大学海外子女教育センターの調査結果によれば次のようなことがわかっています（前ページ表19参照）。

(3) 教科・学習上の諸問題
滞在地の通学校種による違い
A. 日本人学校出身者

　一般に、日本人学校から帰国した子どもたちは、教科の学習内容に国内と異なるところが少ないだけに帰国後の適応は容易です。そのうえ海外での学習生活によって教科別にきわめてユニークな能力を獲得し、これを携えている子どもも多々みられます。ただ、世界各地にある日本人学校には、設備や児童・生徒数を含めた人的条件など学習環境が十分でない学校があることも事実です。そのために教科によっては学習内容の基礎・基本に欠けていたり、応用力に劣ったりする者もでています。

B. 現地校・国際学校出身者

　一般に、補習校や当財団などの通信教育、また家庭独自の個人学習などによって、日本の学習内容を習得してきています。しかし日常の学校生活のほとんどが、わが国と異なる言語・文化・学習環境のなかで生活し、異なる教育課程のもとで学習するのですから、日本語を含めて日本の教育課程に照合すれば未習熟な点が多いといえます。

教科学習上の一般的な問題点

　以上のようなことから海外における学校生活には、国内の教育に比べて学校種の違いをこえて十分でない点も多々あります。その特徴的な点を次にあげてみます。
① 基礎学力についての不安定な面をもつ者、または学年相応の学習ができていない者がいる。特に社会科・理科などの教科に多い。
② 日本語ならびに学習内容の用語や授業上の慣用語など、理解力や表現力で劣る者がいる。
③ 日本に関係する知識・情報等の点で欠落している者がいる。
④ 家庭生活を含めた学習習慣が確立していなかったと思われる者がいる。
⑤ 学校における学習方法としての一斉指導や講義方式の形態に慣れていない者がいる。
⑥ 学校における学習の手順や学習用語類の扱いかたなどに戸惑う者がいる。

　しかし、これらの多くは経験上の相違や不慣れ、戸惑いというに過ぎず、国内における適応のための教育のなかで自然に解消されていくのも事実です。

日本語について

　海外で生活した子どもの日本語能力は、家庭を中心に十分配慮していたつもりでも、帰国してからの学校生活のなかでは、その欠陥が多くみられる場合があります。欠陥の内容によっては、学習活動や学習上の内容・方法のうえで意思の疎通を欠くことも起こります。一般的に帰国した子どもたちの日本語の悩みとしては、次のようなことがあげられます。
① 漢字が覚えられない。知っている漢字を使おうとするとあて字が多くなる。
② 同音異義語の区別に戸惑う。
③ 文法上の規則が複雑で理解しにくい。特に助詞、主語と述語、副詞、接続詞等の用いかたが不適切である。
④ 故事・ことわざ・熟語の意味が理解できていない。
⑤ 文章上の抽象的な内容が理解しにくい。
⑥ 日本的な文章表現が十分に把握できていない。

表20　帰国子女の抱える問題
―意外なところにつまずきが―　一人ひとりが受けてきた教育はさまざまでありいろいろな問題をかかえているが、その留意点を各教科ごとの表にまとめた。

（「よりよい出会いのために（帰国子女教育実践事例集）」（文部科学省編）より）

教科	学習経験等の一般的な相違点と指導上の留意点
国語	・学習経験によって、個人差がたいへん大きく、子供自身が心配する以上に、保護者が学力や学習の理解の度合いを気にする傾向がある。 ・海外経験が長くなればなるほど、「読む・書く」に難しさを感じており、一般的に「聞く・話す」ための語いが減少してくる。 ・理解の程度によって、日本語又は国語の「取出し指導」を行うことが必要である。
社会	・日本の地理、歴史、政治、経済など、ほとんどの子供たちが未習の内容であるが、在留国や世界の歴史、地理、政治、経済については、学習してきている。 ・社会の専門的な単語、文章については、国語の学習とともに社会の学習を進める上では、大きな障害となりやすい。
算数（数学）	・学習内容に大きな違いはあまりなく、共通なものも多いが、単位や文章題の立式、かけ算九九に違いが見られる。 ・海外経験が長くなればなるほど、文章問題などに難しさを感じており、現地で学習した方法を使うことが多くなる。 ・理解程度によって、「取出し指導」を行うことが必要である。
理科	・学校によって多少の違いがあるものの、講義式の説明的な学習や、参考書や辞典などを使ってレポートをまとめる調べ学習が多くみられ、実験や観察など体験的な活動経験は少ない。 ・外国と日本では自然現象や季節などに大きな違いがあることから、日本の自然をもとに学習すると、これまでの知識や思考に混乱がでることがある。
音楽	・鍵盤ハーモニカ、リコーダーの学習経験が全くない子供が多く、ことばそのものも知らない子供もいる。 ・自分の好きな楽器や楽曲を選んで、自分なりに学習することが多く、一斉に同じ楽器や楽曲を演奏したり歌ったりする経験はほとんどない。 ・楽譜にかかわる楽曲の学習も未習の子供が多い。
図工美術（美術）	・水彩絵の具を使って、絵を描いた経験がない子供が多い。 ・造形遊びや油絵など、多彩な経験を積んでいる子供が多い反面、全く経験のない子供もいる。
家庭（技術家庭）	・教科自体が全くない国や地域があるので、子供の学習経験を十分にとらえることが大切である。
体育（保健体育）	・体育という教科がないことが多く、ジムで運動するという学習になっている。 ・鉄棒、マット、跳び箱などの器械運動の経験が少なく、ボールゲームや陸上運動が多い。
その他	・自分で課題を見つけ、自分で調べ、レポートにまとめる学習を、いろいろなテーマで経験している。 ・特別活動や学級指導、保健指導など、日本の学校に特有にみられる指導内容や習慣に戸惑いをもち、抵抗感をもつこともある。

⑦ 一般的な日本語の会話が早過ぎて理解しにくい。
⑧ 文章表現上、話しことばをそのまま書くので、主語や目的語が欠落していて意味が不明になる。
⑨ 拗音・長音・促音などの表現に間違いが多い。

教科別学習の問題点について

　教科別に学習上の困難の度合をみていくと、個人差はありますが、一般には、国語・社会に多く、算数（数学）・理科・体育がこれらに続いて多いようです。教科別にその問題とされている事柄は次のような点です。
① 国語：音読、読解力、作文力（接続詞・助詞・表記）、漢字、語い不足、敬語の使いかた、同音異義語など。
② 社会：未学習内容で、ことに日本に関する歴史や地理、社会のしくみ、および生活様式、慣習、宗教を含む年中行事、慣用的社会科関係の用語など。
③ 算数・数学：学習用語、文章題、滞在地の学習上の方法やレベルの違いからくる能力差など。
④ 理科：学習用語・概念、実験の経験の相違、生物・地学等中学校の第二分野の季節的変化を含めて自然環境の相違からくる鉱物・動植物等の名称等の戸惑い。
⑤ 音楽：楽譜の読みかた、楽器の扱いを含めて実技面での学習上の差。
⑥ 体育：各種目についての実技経験が不足していて、特に器械運動、ボール運動、また集団行動に不慣れであり、学習用語が未熟。

(4) 逆カルチャー・ショックと適応について

　帰国子女がもっている特性には、海外生活、ことに現地校で身につけてきたことが多々あります。これがときには帰国後の生活適応を阻害する事柄を含んでいることもあります。帰国子女は国内の学校における規則、集団行動、学習形態、学級活動などに抵抗感をもつこともあります。また、現地の学校では特に問題にならなかったようなことが、わが国の学校では自分勝手、でしゃばり、他人の気持ちを考えない、協調性が不足しているなどと受けとられ、周囲から抑制されたり異端視されることもあります。これが本人には理解できなかったり、ショックや不安を抱かせ、次第にいらだちや不適応症状を生む原因となることもあります。
　一般に、子どもたちの学校で起こす不適応症状は、海外への渡航時に現地で起こすよりも、むしろ帰国後通学する学校で起こすことのほうが多いといわれます。そして、適応過程の状況が子どもにより、本人の性格・意識、帰国時

の家庭内の雰囲気等々の内的要因とともに、社会生活の違い、学校生活における教師との対応、学校内外の交友関係などがもととなり、またそれらが複合的に反応して起こることが多いようです。

これらに対応するには、帰国後の子どもの行動や精神状態などに家族が互いに注視して、不適応の症状を早期にみつけることです。さらにみつけ次第、家庭と学校の相互で連絡し合い、解決のために相談の機会をもつことで最善の処理をはかることが必要です。家庭・学校間でむやみに批判し合ったり、第三者の介入などによって、かえって解決を遅らせたり困難にしてしまうようなことは避けましょう。

帰国子女の弱点について

帰国した子どもたちは滞在地での生活を通じて、先に掲げたようにプラス面の特性を多く携えて帰国してきてはいますが、反面わが国の社会生活や学校生活の通念からかけ離れた言動や考えが目立つ子どもも多くみられます。その理由は、基礎学力や日本語能力の欠落によることもありますが、根本的にはわが国の社会通念や常識のなかで生育しなかったことによる、生活習慣の不慣れからくるといえるでしょう。その点について一般の児童生徒と生活習慣、言語、交友関係などの3点から比較してみると、次のようになります。

① 生活習慣：基本的にテンポが遅く、チャイムや号令による集団行動やグループ活動が苦手な子どもが多くみられます。滞在地の学校での少数学級に慣れていたため、一斉指導のなかでは自分と周りとの関わりが希薄になり、自覚が薄いといった面がうかがえます。この傾向は、たとえば親しい関係にある者にしか挨拶しないといったことにも表われています。
② 言語：日本語能力に関わることが多く、たとえば教師の質問や指示用語が理解できずに適切な対応をとることができないばかりか、日本語の自由な表現力に欠けることが日常の情緒面を不安定にさせています。
③ 交友関係：友達の名を呼び捨てにするとか、純粋な正義感からする自己主張が相手を刺激し過ぎたり傷つけたり、友人とのつき合いかたが親疎の度合によって、極端であったりするなどの点があげられます。

不適応症状とその発見には

これらのことが高じてくると、不適応症状として身体面を含めて行動の諸所に表面化してきます。それらの症状をあげてみます。

① 身体面：保健室利用の頻度、体育の見学、けが、顔色、あくび、給食が食べられない、起床の状況、原因不明の睡眠不足、疲労感、食欲がない、風邪をひきやすい、発熱しやすい、身体の不調（腹痛、頭痛、めまい、吐き気、

下痢など）、神経性習癖（爪をかむ、指しゃぶり、チック、身体ゆすり、咳ばらいなど）、神経性の下痢や便秘、自家中毒、肥満、極端なやせ、身体硬直、湿疹。
② 行動面：学校へ行きたがらない（欠席、遅刻、早退）、学校・学級の行事への参加度、学習意欲、競争意識の衰退、特定の科目の不振、宿題の提出状況、グループ作業の逃避、注意散漫、責任感の衰退、落着きのなさ、忘れ物、服装、おこりっぽい、遊びにでなくなる、無口、放心状態。
③ 対人関係：孤立・孤独感、周囲の反応に応じない、友人に対して攻撃的、口答え、友人への極端な依存、いやみ、悪口、親への甘え。
④ 教師との関係：指示を無視、警戒的な態度、教師を避ける、弁解が多い、批判的発言、教師への訴えが多い。

　ただこれらの状態が多少表面に出たからといって、不適応症状であると即断することはできません。海外滞在中と比較したうえで、帰国後の半年くらいは注意して観察していく必要があるでしょう。
　そこで、帰国した子どもたちが国内に適応する方策として、次のような諸点を考えておきたいものです。
　前段階（帰国直前・直後の扱い）として本人の不安や不慣れな点などを明らかにし、日常の衣食住・学校生活等の生活習慣上の違いなどをあらかじめ理解させておく必要があります。
　帰国してから特に留意する点として、日常のことばに慣れさせる、家庭生活のなかで本人に安心感をもたせる、学校生活のきまりや日・週・月など周期的生活のリズムに慣れさせる、学校生活のなかでは、教師に何でも自由に話ができるように助言する、早い機会に友人・仲間との交流を心がけさせる、学習面で自分なりのリズムをつかませる、などに留意しましょう。
　一般の児童生徒が不登校を起こす状況については、神経症的、精神障害的、怠学的、一過性、積極的意識的等の五つくらいに分類されます。ところが帰国した子どもたちの場合には、価値観の相違による生活不適応と、日本語力の遅れに起因する学力不振にもとづく例が多いとされています。こうした本人独自の問題点が十分に解明されないと、問題解決の時を逸してしまうことがあります。

(5) 海外体験の保持と育成

　海外での子どもたちの体験は、その期間や地域を問わず、本人にとってたいへん貴重な財産であり、また周囲からも評価されることになるでしょう。しかし、これらの体験が意味をもつには、自分自身で保持し育成することに努めるとと

教育相談室 Q&A

Question

2歳から5歳まで現地の幼児教育を受けてきました。親の目には本人が現地の幼児とよく交わっていたようにみえます。**帰国後どのような観点で幼稚園を選んだら**よいでしょうか。

Answer

現地で友達ができ、現地のことばにも慣れ親しむことができたのは、素晴らしいことです。しかし逆に配慮すべき要素もあります。

1. 急激な環境の変化は避ける

子どもにとっての転居・転園は、大人が考える以上に精神的な負担が大きいものです。外見は気丈にみえても、内心では変化を受け入れられないことが多いものです。特に、帰国後の幼稚園の経営方針や教育（指導）内容において、現地の幼児教育施設と極端な違いがある場合は、その傾向が強くなります。急激な環境の変化はできるだけ避けたほうがよいでしょう。

2. 日本語の保持は大丈夫ですか

2歳から5歳は、「母語形成」の「初期段階」ですが、この時期を現地で生活した子どもたちに、母語の保持が不十分なため、帰国後の適応に苦しむケースが多発しています。帰国間近になってあわてるのでなく、滞在期間を通して、日本語の保持に留意することが大切です。また、日本語と現地語が、それぞれ不十分な状態で獲得されてしまう（セミリンガル）と、普通の集団生活になじめず、情緒が不安定になる場合があります。気がかりな様子がみられたら、早めに専門家に相談することをお勧めします。

3. 幼稚園等の選択

日本語の保持が不十分なまま帰国した場合は、帰国後、日本語のキャッチアップ教育が必要になります。しかし、そのような園はなかなか見つからないのが実状です。

せっかく身につけた現地語（英語）ですが、日本語の環境に戻ると、すぐに忘れてしまうようです。英語を教えてくれる幼稚園もありますが、過度な期待はいかがなものでしょうか。

4. 時間をかけてじっくりと

子どもによっては、日本の生活に慣れるまで、かなり時間を要する場合があります。あせりは禁物です。じっくりと構えて、子どもに接することが大切です。現地で身につけた能力は、長い人生の間に、徐々に発揮されることでしょう。

もに、周りの人びとの共感や理解を得ることがなによりも必要でしょう。その結果、それが、本人の自信や誇りとなるだけでなく、周囲の人びとにも海外における未知や不透明な事柄に対して理解してもらうこと、とともに驚きや感銘を与えることになります。帰国子女の存在は、異文化を知る貴重な機会を身近に得ることができるなど、国際理解の一助として果たす役割は大きいといえます。

習得してきた外国語の保持について

　海外体験のなかで特に苦労して身につけてきたものに、語学力があります。各自が滞在地の学校・学年相応に習得してきた語学力は、もちろん国内では体得できないものです。そしてその能力は将来自分にとって生活の道具にもなりますから、帰国後はその保持・育成の方策をはかるべきでしょう。

　外国語の保持・伸長をはかるには、なによりも本人の努力や精進が必要です。小学生の場合には、家族が協力して保持する機会をつくるように心がけたいものです。たとえば、次のようなものが考えられます。

　A. 家族間の会話として。
　B. 外国語で日記や感想文などを書いてみる。
　C. 滞在地の友人との交友関係を絶やさずに文通・連絡を続ける。
　D. 海外の新聞・雑誌や書籍に親しみ、読む習慣を身につける。
　E. テレビ・ラジオなどの外国語講座に親しませる。

　また、余裕があれば帰国子女向けの外国語保持教室（「第6章 4. 帰国後のサービス」を参照）や弁論大会、検定試験などに積極的に参加させることなども考えてよいかと思います。

　外国語の保持・伸長をはかることを、進学上の利点とばかり考えるのではなく、帰国後に生じがちなストレスなどを柔げる働きもあることに留意してください。自他ともに許す自信のある能力の一つですから、ゆとりをもって幅広い語学力の育成が望まれます。さらにその他の言語に対しても、敏感に積極的な態度で向かっていけるという傾向にも留意してください。

　学校における活動には、部活動や学校裁量による時間などを利用した、たとえば外国人の生活理解や外国語の会話や歌唱の学習などもあります。これらの機会には、できる限り協力を惜しまないといった態度が望まれます。

　なお、学校によっては、英語・フランス語・ドイツ語・スペイン語・ポルトガル語・イタリア語・中国語等を何らかの形で学習させている国・公・私立の小・中学校・高校がありますが、本来、海外滞在経験者を対象としているわけではないので、過度な期待をもつことは避けてください。また英語だけでなく、フランス語・ドイツ語・中国語などにも国内で受験できる検定試験がありますから、有効に活用してみることも本人の励みの一つになるかと思います。

教育相談室 Q&A

Question

小学5年生のわが子は、アメリカの現地校で3年間学び帰国しました。**編入した小学校になじめず、遅刻や欠席が多くなりました。**どのように対応したらよいでしょうか。

Answer

滞在期間がそれほど長くないのに、帰国後、遅刻や欠席のような不適応が生じるのには、次のようなケースがその要因と考えられます。

・アメリカの学校生活をエンジョイし、友人にも恵まれたため、アメリカに残りたいと思い、日本への帰国を嫌がっている場合。
・英語の力が伸びず、自信を失ったまま帰国した場合。帰国後、「英語ができるよね」といわれることを心配。
・滞在3年間で、日本語(漢字)や日本の教科の力が落ち、帰国後の授業で、力不足を認識し、自信を失ってしまった場合。
・元の学校に戻れるので安心していたのに、元の友達が別のグループをつくっていたりして、孤独感を感じている場合。
・アメリカナイズし、本人は気づいていなくも、周囲と違和感を生んで、学級の友達も対応にとまどっている場合。
・アメリカに行ったときの苦労が、トラウマのように残っているため、現実から逃避することを選んでしまう場合。

このように、帰国後の不適応にはさまざまな要因が考えられますので、状況に応じ、対応策をたてることが求められます。子どもにとって転居・転校は、大人が思う以上に負担が大きく、特に気弱な子どもは新しい環境になかなか入っていくことができないものです。

以下、その対応策をいくつかあげます。

1. 滞在中から帰国後を想定し、計画的に準備をしておきましょう。特に、どんなに苦しくても、日本語の保持をはかるため、補習校や通信教育を継続することが大切です。
2. 海外生活の記録を担任の先生にみせ子ども理解の一助にし、「連絡帳」などで情報の交換をして不適応の予防をはかりましょう。
3. 海外で得た「よさ」を発揮する場をつくってもらい、自信を回復させましょう(たとえば「国際理解委員会」に入ったり、海外からのお客さんの案内・通訳をするなど)。
4. 帰国当初は、特に、子どもの様子に気を配り、気がかりな変化がみられたときには、早めの対応をとりましょう。
5. 日本の学校に慣れるまで、家庭学習の支援をしましょう。
6. 不適応の原因が「いじめ」による場合には、学校や教育委員会と相談して、的確な対応をお願いしましょう。あるいは、転校を視野に入れた対策を立てましょう。

（6）家庭生活と学校生活の連携を密にしよう
学校との連携
　わが子の教育問題を考え、親は帰国前後に一段と緊迫してきます。その際の親の態度や気構えが、子どもにも影響してきます。帰国後は親の立場としてややもすると、子どもの生活適応のことよりも国内の子どもより学習面で遅れているのではないかという点を気づかいます。その結果として思わぬ展開になる例も多くあります。家庭においても学校においても、まず本人の不安をとり除くことを優先し、その後に学習生活への適応をはかることが大切です。

　学校生活に早く慣れるためには、家庭の協力が必要です。なかでも学校の教育方針を信頼し、その親の気持ちを子どもに伝えることで、本人と両親と学校との連携をはかることが大事です。

　次に、家庭、学校の生活、本人のことばの問題などで留意しておく点をあげてみます。

学校生活に関して
　家庭では、子どもの学校生活を理解するうえで次のような点を確認しておく必要があります。通学方法や通学路、登校・始業・終業・下校の時刻やきまり、年間行事など学校行事のあらまし、集会、児童（生徒）会の活動、クラブ・部活動の様子、学用品（教科書・ノートそのほか学習用具等）、時間割、服装、給食関係、保健衛生上のきまりなどです。また、欠席・遅刻の連絡などを通じて、学年や学級の具体的な指導方針を把握しておくことも大切です。特に交友関係については十分に留意しておきたいものです。

家庭の生活に関して
　家庭の考えかたは円滑な学校生活のためにも重要です。日本の学校生活と滞在地での学校生活をいたずらに比較することを避け、現実を踏まえた考えかたを養っていくことが大切です。また、世のなかの様子や地域や近隣社会の風俗習慣などを解説することで、海外の滞在地との違いを明らかにし、理解させたうえであらためて積極的な行動をとることができるように励ましましょう。子どもにとっては、海外での慣れた生活習慣や社会道徳からすぐに抜け出せないものです。子どもの性格や能力に応じて変えていくことも必要でしょう。ことに社会事情や金銭感覚、対人関係のマナーや自己表現など、その戸惑いを察知して的確な指導と助言をすることが大切です。

日本語に関して
　多少とも日本を離れた生活を送っていれば、帰国子女の日本語が国内の児

童生徒と比較して違いが出てくるのは当然です。したがって日本語の回復については、学校生活や学習上の指導が重要ですが、家庭生活においても、滞在期間中と同様に家族一同が関心をもって注意深く観察し、折に触れてきめ細かな指導を行っていくことが回復と向上への近道です。

特に学年や過去の言語能力等により個人的に差異はありますが、A.挨拶のことば、B.感謝の気持ち・謝るときのことば、C.ていねい語や敬語、D.男性語と女性語の違いなどは、多少早めに理解させておきましょう。

また、学校における校内の施設の名称や指示の記号・用語、教材・教具の名称、身近な衣食住に関する名称、家族や親族の呼称、交通機関に関する用語・標識・指示語などは生活上必要なことばですから、おりをみて知っているかどうか確かめておくことも必要です。

最後に、言語能力の向上をはかる方法を少々あげてみます。

① 年齢に応じた書籍・雑誌・新聞等を通じて日本語の語いを増やす。
② いろいろな人との交流を通じて会話の幅を広げていく。家族や友人だけでなく、年齢・世代・性別の違う人びとから学ぶことは多いでしょう。
③ 行動の幅を広げて、いろいろな活動のなかで自然に使われる言動に触れることで、能力向上の機会をつくる。
④ 言語生活は読む・書く・聞く・話すなどの活動とされていますが、これらがバランスよく機能するのが理想です。多くの体験を重ね見聞を広めることでその能力の向上が加速化されますので、観察・見学・鑑賞などの機会を多くもつことも大切でしょう。

(7) 帰国子女教育とは
帰国子女教育の目的

帰国子女教育とは、ひとことでいえば帰国した子どもたちが落ち着いて日本の教育に慣れるまでの教育のことです。また、学校が帰国子女を受け入れることによって、周囲の一般児童生徒はこれまでにない刺激や影響を受けることになり、相互に啓発するようになります。そこに帰国子女教育のねらいがあります。具体的に説明しましょう。

第一に、帰国した子どもたちが、日本語能力や教科目の学習内容に未習熟で、日本の生活習慣に不慣れであっても、一般の児童生徒とともに学習させることにより、順次国内の教育環境に適応させることができます。

第二に、帰国した子どもたちには、国内の一般の児童生徒にはない、いろいろな特性を身につけています。たとえば国際的感覚、外国語の能力などがあります。その貴重な経験を生かし、さらにその特性を保持・伸長させていくことが

できます。

　第三には、帰国した子どもたちは、海外で異文化のなかで育ってきたので、国内の子どもたちとは異なる考えかたや行動様式、生活態度などをたくさん身につけています。そこで両者の子どもを交わらせることによって、異質なことに対する理解や寛容、さらに思いやりの気持ちなどを互いに理解し合うことができるようになります。帰国子女教育は、このように国際理解の第一歩となる教育的内容を含んでいます。

帰国子女教育の内容と方法

　指導のためのしくみとしては、特別学級方式と混入受け入れ方式との2方式に分かれています。前者は国立大学附属学校に多く、後者は国立大学附属学校の一部および公・私立校で実施しています。

特別学級方式

　学級の成員はみな海外生活経験者なので、特別なカリキュラムで指導できます。教師も帰国子女も一般児童生徒を気づかうことなく、日本の学校の授業への違和感も薄いなかで学習できます。そのため各自が自由に素朴な疑問を出し解消できるので、適応の期間が比較的短くなるという利点があります。ただ難点としては、普通学級より人数が少ない点や一般児童生徒から離れている点です。特別扱いの意識や海外の学校にある特有な雰囲気などからわがままになり、個々のグループができてしまって、学級のまとまりを失うこともあります。

混入受け入れ方式

　帰国子女は普通学級と同じカリキュラムのなかで学習するので、帰国子女に特有な、日本語や未履修や欠落した学習内容についての配慮をしなければなりません。そこで学校では、帰国子女を正規の授業時間外または取り出し等の特別に準備された時間帯のなかで学習させます。ただ小・中学生の段階では、学習面の適応よりも学校における生活適応が重視されます。また、帰国子女と一般児童生徒との日常的接触がきっかけとなって、帰国子女の学習適応を触発・促進するという効果も生みます。

混入受け入れ方式
国立大学附属小・中学校において帰国子女教育学級とは異なり、一般の生徒と一緒に学習させる態勢で帰国子女を受け入れる方式があります。授業は一斉授業形態をとります。現在、国立大学附属校6校に設置されています。他の公立・私立の受け入れ校ではほとんどこの方式をとります。

3. 小・中学校の受け入れ

(1) 公立小・中学校の受け入れ（手続きを中心に）

　数年間、日本の教育から離れて日本人学校や現地校・国際学校等に通学していましたが、いよいよ日本に帰国することになりました。

　帰国した場合の、公立の小・中学校の受け入れなどについて、ここでは一般的なことを説明いたします。各都道府県の市・町・村等の教育委員会で多少の取り扱いの違いがあるかもしれませんが、基本的には同じことです。

海外から持参する書類

　以下にあげる書類は、公立校に限らず他の国立・私立校においても同様に持参し、提出する書類です。

A. 日本人学校通学者の場合：通常は在学証明書（または卒業証明書）だけで問題ありません。ただし、現地の郵便事情に対する不安や帰国後の入学・編入学手続きの迅速化のために、学校側の判断で、その他の転出書類を直接持参するよう渡された場合には、厳封のまま、いずれも編入先の学校へ提出してください。

B. 現地校または国際学校通学者の場合：在学証明書（または卒業証明書：場合によってはこれらに類する証明書）、学習成績証明書（またはこれに類する書類）、その他として推薦書や生活記録カード、知能検査結果なども出してくれる学校があります。

C. 補習校の場合：かならず必要とする書類ではありませんが、在学証明書、成績証明書、生活記録カードなど（受け入れ校によって、補習校に通学していた場合には提出を求められることがあります）。

帰国後、編入学するまでの流れ

　一般的には、帰国して住居が決まった市区町村の役所へ、パスポート、戸籍謄本、印鑑などを持参してまず住民登録をします。その後、教育委員会の学校教育課へ行って、A.子どもの通学する小学校（または中学校）を指定してもら

い、B.同時に「入(就)学通知書(転入学届兼通知書)」を交付してもらいます。

　あとは指定された学校へ出向き、「入(就)学通知書」と海外から持参した書類等を提出するとともに、学校から所定の生育歴や滞在地での通学校の様子などに関する基礎的な個人調査などを経て、編入学の手続きは完了します。

　編入学の手続き後は、一般には学校長が帰国子女担当の教員とともに保護者と本人に面接して、編入する学年を決めます。義務教育段階では原則として年齢相当の学年に編入学します。しかし滞在国の教育事情等で日本の学校教育との差違が著しく、未学習の内容が多く帰国後直ちに学校生活を続けることが極端に困難かあるいは不安をともなうと思われる場合には、学校長の判断で学籍は年齢相当学年に置いたままで、一時的に下学年で授業を受けることも認められていますが、帰国子女の場合はその例は少ないようです。

　また、日本語の能力が著しく低い場合には、校内で個別指導を必要とすることもありますが、これ以上に困難な状況にあると判断された場合には、学校・教育委員会と相談して特別な措置をとるようなことになります。教育委員会や教育研究所の管轄下に付設する日本語教室等の回復訓練施設を利用することもあります。回復するまでのこの期間は、就学義務猶予の手続きをとれば学校への通学が免除されます。

　以上が公立学校への一般的な編入手続きですが、例外もあります。外国で誕生したり、海外生活が長いため日本語力が著しく不足している子どもの場合、教育委員会に事情を話し相談しましょう。

　教科書は、教育委員会または学校から給与されます。なお学校からの基礎的な個人調査については、通常は、調査票などに記入することになります。先に述べたようにあらかじめ記録しておくとよいでしょう。

表21　調査項目の例　　　(東京都教育委員会「帰国子女等指導の手引」、1985年より)

在留国	国名, 在留都市名
在留期間	在留年数, 在留時期, 年齢, 学年等
教育機関	日本人学校, 現地校等の種別, 学校の教育方針, 履修状況
家庭における教育	日本語保持に対する努力, 補習校, 通信教育の有無
使用言語	学校, 家庭別, 在留国の言語習得状況
在留国で学んだ点	プラス面, マイナス面も含めて
日本語の能力	国語力, 理解や表現等具体的に
在留国での健康状況	在留中かかった疾病等
帰国後の生活	在留中, 帰国後の教育について不安を感じた点があれば

※ その他、編入する学校に対する本人や保護者の希望等。

教育相談室 Q&A

Question

現在、全国の公立の小・中学校には帰国子女受け入れ校がなくなったと聞いています。**それでは、公立の小・中学校の帰国子女の受け入れ体制は、**どのようになっているのでしょうか。

Answer

文部科学省は2001年3月に、それまでの「外国人子女教育受け入れ推進地域・同センター校」、「中国等帰国孤児子女教育研究協力校」、「帰国子女教育研究協力校」、「帰国子女教育受け入れ推進地域・同センター校」等の事業を発展的に解消・統合し、新たに2001年4月より「帰国・外国人児童生徒とともに進める教育の国際化推進地域事業」を立ち上げ、これを推進しています。

これは帰国生を対象とした適応指導に加え、近年、外国人児童生徒と国内一般児童生徒も交えた相互啓発による国際理解教育、異文化教育の必要性が高まってきたことを受けたものと考えられます。

これにより、従前の帰国子女教育研究校、帰国子女受け入れ推進校から、帰国子女教育に関する予算や教員の配当がなくなりました。このため、帰国子女の受け入れは各学校ごとの対応になってしまいました。すなわち、事実上、2001年4月より、全国の公立小・中学校から帰国子女受け入れ校・帰国子女教育研究校というものは存在しなくなりました。

一方、「帰国・外国人児童生徒とともに進める教育の国際化推進地域事業」の推進指定地域として、文部科学省は2001年4月以来、隔年ごとに、全国に23か所・10か所を指定しています。この推進指定地域では、従前の帰国子女受け入れ推進校や指定校や研究協力校等がセンター校になっている地域が多いようです。そのため、帰国子女受け入れに対しては多少のノウハウはもっている学校もあるものと思われます。しかし、掲げるタイトルが違っていますので、帰国子女の受け入れについてあまり大きな期待はできないでしょう。

文部科学省は、全国どこの公立の小・中学校でも「帰国子女を受け入れる」という方向をうち出してきたのでしょう。

ほとんどの帰国子女は、帰国した段階で住民票を入れた区役所や市役所の学籍が指定する公立の小・中学校に編入学していくことになります。指定された学校は「住まいが近い」、「友達がすぐそばにいる」、「わが子の様子をすぐに見ることができる」等々の理由から、多くの保護者や児童生徒たちも学校にすぐになじみ、子どもたちは学校生活を楽しんでいるようです。ですから、帰国して公立の小・中学校に編入学しても、極度の不安はないものと思われます。

帰国後の健康管理

　帰国子女のなかには海外で誕生したり、長期に滞在していたり、また環境条件や衛生面で苛酷な地域から帰国した子どももいます。帰国後にはその環境条件の変化を十分に認識して、家族の健康に留意する必要があります。子どもに関しては学校との連携が大切です。健康管理に関して、生育に沿った既往症、持病等がある場合は発病の時期や対処法など、また身体に不自由な個所や活動面の制約、食習慣、そのほか学校生活に直接関係することで、あらかじめ学校側にも知っておいてほしい事柄は、編入学した時点で連絡しておきましょう。

　ついでながら、わが国では子どもが成長する過程で次のような予防接種の制度があります。なお、この義務は1995（平成7）年度から緩和されました。

　○ジフテリア　○百日せき　○ポリオ　○麻疹　○風疹
　○破傷風　○ツベルクリン反応検査・BCG

（2）帰国子女受け入れ校の種類と受け入れ

　次にあげる学校は、帰国子女を積極的に受け入れて、子どもたちの生活・学習適応に関して調査や研究、また個別指導や親たちの教育相談など種々の教育実践を進めています。

国立大学附属小・中学校

A. 帰国子女教育学級：海外に比較的長期間滞在していて、わが国の教育に復帰するにあたっては、日本語の能力や教科内容に欠落や不足部面が多い、などの問題を抱えている児童生徒を受け入れて、その能力適性に応じた教育を行います。また、この学級は、これらを含めた帰国子女および国際教育に関する実践研究を推進することを目的として設置された学級で、1学年15名を定員としており、全国7国立大学11附属学校に設置されています。

B. 普通学級への混入受け入れ方式：帰国した児童生徒を、一般児童生徒と同じ学級に入れて、その能力・適性に応じた教育を行うとともに、この教育効果に関する実践研究を進めることを目的とした受け入れ方式です。帰国子女の定員は1学年8〜15名です。全国で5大学8附属学校がこの教育を推進しています。

　この二つの方式を生んだ理由は、学校独自の諸事情もありますが、基本的には、帰国した子どもたちの滞在国、滞在期間、帰国の時期・学年、日本語の能力、日本の学習内容等についての習得度など、受け入れる際の基礎的諸条件の違いに対する教育上の対応のしかたによるものです。

帰国子女教育学級
長期にわたる海外生活のため日本での学習や生活にさまざまな支障が予想される子どもに対し、その実態に合わせて学力の回復や生活への適応教育を行う学級です。帰国子女のみを対象に少人数編成で指導されており、現在、国立大学附属小・中学校には合わせて11学級あります。

小学校の場合は、4年生以上に限られており滞在期間が1年以上または2年以上（3年以上の学校もあります）、帰国後6か月以内または1年以内等で、現地校・国際学校通学者に限っている学校もあります。また、通学上の安全や他の附属学校の通学地域との関係から、居住地の範囲をかなり厳しく制限している学校もあります。
　中学校では、滞在期間2年以上、帰国後1年以内が一般的で、居住地域は通学時間などで範囲を限っている学校が多いようです。

○ 選抜について：小学校は随時入学（月別に一定の期日は定めていますが）できますが、その際、親子の面接や日本語の能力、簡単な知能検査等の結果で編入学が許可されます。中学校は主として2月または3月の入学試験のほかに、編入学試験を一定の月を定めて行っている学校と欠員が生じたときに限る学校とがあります。入学試験は面接を中心に、国語・算数（数学）・理科・社会・作文、知能検査のなかのいくつかを組み合わせます。学校によっては体育実技も行っています。学科試験の難易度も学校によって違いますが、日本の学習内容の習得した範囲や理解度を調べることを目的とした出題内容です。また途中編入の試験に外国語を課す学校もあります。

○ 小・中学校の連絡進学について：附属小・中学校は、それぞれ独自の立場で帰国子女を受け入れていますので、それぞれの学校での適応の状況が十分に達成された時点で、帰国子女が学校を離れることになります。したがって原則的には附属小学校から附属中学校への継続的な進学はできません。

私立帰国子女受け入れ校

　上記のほかに、帰国子女の受け入れについて別枠定員を設けたり、特別の配慮のもとに教育を行っている私立校が年々増えつつあります。
　私立の小・中学校のなかにも何らかの形で帰国子女の受け入れを行っている学校があります。その特徴的な点は次のようになります。
① 定員について：帰国子女の受け入れ定員を定めている学校と、特に定員を定めずに若干名を受け入れている学校とがあります。
② 入学資格：一般的に滞在期間が2年以上（3年以上の学校もあります）で帰国後1年以内という学校が多く、滞在地での通学校に特に制約を設けていません。また受け入れ学年は、小学校であれば1年から4年または5年までが多く、特定の学年だけ受け入れている学校もあります。一般に6年生の受け入れは行っていないようです。
③ 入学試験：国語・算数を主とした筆記試験と面接（一般に保護者同伴）を行

教育相談室 Q&A

Question

特別な配慮を要する子どもを現地校に通学させています。現地校では本人が喜んで通学できる体制を整えてくれ満足しています。帰国が間近になり、**国内では特別な配慮を要する子どもの受け入れ体制は**どんなものがあるのか心配しています。

Answer

海外の現地校で特別な配慮を要する日本の子どもが、自身のハンディ克服とことばや文化の壁にあたりながら教育を受けている例があります。そうしたケースのなかで、この子のようにたまたまその教育が本人にとって適切であったとみられることがあります。たいへん幸運であったといえるでしょう。

さて、その教育を帰国後も継続させたいとなると、国内の個別支援教育を受けられるようにするとよいでしょう。国内においても、特別な配慮を要する子どものための教育体制ができていますから、それを活用することをお勧めします。

その手順は次のようになります。
① 地方公共団体には特別な配慮を要する子どもに対応する教育相談機関がありますので、そこで相談を受けます。
② その際に、現地校で受けていた教育状況を詳細に伝えられるように情報をまとめておき提供します。
③ 就学する学校を一般校での個別支援学級にするか養護・盲・聾学校にするかの選択をします。
④ ハンディの内容によっては、その内容に対応した専門的な相談機関を活用します。
⑤ ハンディのレベルによっては、一般校の通常学級で学ばせます。

ここで心得ておかなければならないことは、国内と海外の教育システムはかなり違うということを理解しておくことです。特別な配慮を要する教育に対する考えかたやその組織が、海外と日本国内とで全く同じというわけではありません。とかくその違いを負の要素ととらえがちなことがありますが、客観的な受け止めかたが大切でしょう。

したがって、国内の受け入れ体制を信じつつ、そこで最大限受けられる教育に期待することになるでしょう。

なお、学校への積極的な協力態勢をはかることによって、教育の効果があがるように努めることをお勧めします。現地校において、保護者に求められる役割を果たしてきたでしょうから、国内の受け入れてくれる学校に対しても、同じような姿勢で向き合うことがよいでしょう。

教育相談室 Q&A

Question

わが子はアジアの国際学校の8年生に在籍し4月に帰国予定です。国内では中学3年にあたる年齢なのですが、**国際学校では半年遅れの学年なので編入学年はどうなるのか**教えてください。

Answer

この場合、中学校3年生に編入するのが通常です。帰国すると日本の法律が適用され、親には子どもを就学させる義務が生じ、地域の公立校には受け入れの義務が生じます。学年を決めるにあたっては、義務教育期間中は外国にいた間の所属学年を問わないのが一般的です。公立校以外の学校に編入する場合もこれが原則です。

本人の実態から学年を下げるほうがいいと判断される場合には話し合いで下げるケースがあっていい訳ですが、この場合、その後飛び級して暦年齢の同じ仲間に追いつくことは普通は想定されていないのが現状です。ですから、こういう話がでた場合は先のこともよく考えて話を進める必要があります。

学年の決定は住民票提出の時点で役所で決まるのですが、学年の決定が暦年齢と違う場合は「就学通知書」の発行を一時停止してもらい直ちに話し合いに入る必要があります。この場合は、役所の人だけで決めてもらわないで、これからお世話になる学校にも相談にのってもらうことが重要です。また、本人が中学校3年生ですから、この年齢になると学年を変える場合は本人の同意がいずれにしても重要な要素になります。

別項で説明がありますが、この方のように、海外で日本の学年より遅れて学習を進めているケースでは、高校段階以降に帰国して受験や編入を願い出る場合に、履修済み（見込みも含む）単位の内容が問題になります。このことをクリアする手段として、義務教育期間中に、それも受験のための準備手続きの時間を考えると、いくら遅くとも中学校3年生の2学期末までに、帰国して3年生に編入するという手段は、重要で有効な手段の一つであることを知っておいてください。

また、帰国にあたっては、現在通っている学校の在学証明書、成績証明書を持ち帰って次の学校に提出します。

い、ほかにこれまで通学した学校からの成績報告書やその他の提出書類を検討して、総合的な判定で合否を決めます。学校によっては社会・理科を含めた4科目の筆記試験や作文などを加えています。また、英語を主としますが、滞在地での使用言語の試験を加えている学校もあります。

　帰国子女の入学試験のなかで、面接はかなり重要な意味をもっています。海外の異なる地域で一定期間過してきた子どもたちの人物像をみるために、また日本語の能力や滞在生活中の体験などの理解度を調べることなどが主目的です。したがって質問のポイントとしては、滞在地の人々やその生活等の印象、海外生活で楽しかったことや苦しかったこと、日本に関係する学習はどの程度どのように行ってきたか等で質問を通していろいろな角度から本人の様子を把握していきます。また、一般の入学試験の面接と同じような質問内容もあると予想しておかなければなりません。たとえば、受験校を志望した理由、入学後の抱負や将来の志望、尊敬する人物とその理由、最近世のなかで起こったできごとで印象に残ったことなどです。

　入学試験の時期は、中高一貫系列の学校では各中学校の入試時期にかなりの開きがあり、前年の12月ころから始める学校もあります。したがって出願期間や入試日について、あらかじめ早めに調べておく必要があるでしょう。

(3) 国立および私立の小・中学校の編入学
編入学の時期と応募について

　帰国子女の編入学は、公立小・中学校の場合は、年間随時に受付けていますが、前述のように国立大学附属小学校は、年間の月別または、毎月一定の期日を定めるなど独自に行っています。私立校では、多くは4月と9月の編入学に分かれています。ただし編入学を行っているといっても、定期的に実施している学校と欠員を補充する学校、応募者があれば検討して実施する学校などさまざまです。

　募集人員をあらかじめ定めている学校はほとんどなく、当該学年に欠員がある場合に限られるので、いずれの学校も常時編入学を認めているわけではありません。9月編入学の募集人員が若干名である学校が多いので、受験する側には不安を感じさせますが、実質競争率（試験当日の受験者の倍率）はそれほど高くありませんし、試験の内容も4月入学の試験より簡単な学校が多いようです。編入学の募集をする学校は、試験日の1～2か月前（4月入学者は11月末、9月入学者は5月末以後）に募集要項が発表されますが（小学校は発表されません）、募集の有無などを確かめるには、各自で志望校に問い合わせることが大切です。

教育相談室 Q&A

Question

わが子は欧州の国際学校に5年間通学し中学2年生で帰国します。日本の教育はわずかしか受けていないので、英語による教育が受けられる**国際学校へ帰国後も入れたいのですが編入は可能でしょうか。**

Answer

一定以上の英語力があり、学校が定めるその他の条件（日本人の人数制限など）がクリアーされれば、国内の国際学校（中学部）への編入は可能でしょう。

2003年、文部科学省は、国際的な評価団体の認定を受けている国内の国際学校（高等部）卒業生に対し、「国内の大学への受験を認める」こととするなど、国際学校をとり巻く環境は、近年変化しつつあります。

しかし、国内の国際学校は、法律上では、「学校」として認定されているわけではありませんので、次のような問題が生じることに、十分留意してください。

1. 日本の高校受験が認められない

学校教育法では、高校への進学の条件として「中学校を卒業していること」と定めています。国際学校の中学部を修了しても、法律上では中学校を卒業したことになりませんので、高校受験が認められないことになります。

高校に進学するには、国が実施する「中学校卒業程度認定試験」に合格する必要があります。

2. 法律上、「就学義務違反」が発生する

国内の国際学校に子どもを通学させた場合、法律上では、保護者は「就学義務違反」とみなされ、教育委員会から、認定された中学校への転校を勧告されたり、科料が課せられたりする場合があります。

子どもの状況によっては、教育委員会に「就学義務猶予願い」を提出し「就学猶予」を認めてもらう方法があるのですが、上記のようなケースでは認められないようです。

3.「イマージョン教育」実施校への編入学

どうしても英語で教育を受けたいという場合、英語による「イマージョン教育」の実施が、正式に認められている学校（加藤学園暁秀中学校、ぐんま国際アカデミーなど）に入学する方法があります。

以上のように、メリットもあれば、デメリットも生じることを十分理解したうえで、学校選択には慎重を期することが求められます。

出願資格について

　中学校の段階まで、すなわち義務教育期間中は、帰国子女としての条件に適合していれば、年齢相当の学年への出願が可能です。

選抜の方法

　選抜の方法は、国立・私立校ともに入学試験と同様に学校によってかなり異なります。日本人学校出身者および帰国して国内小・中学校に在籍した児童生徒を対象にした編入学には、国語・算数（数学）の2科目または国語・算数（数学）・社会・理科の4科目の筆記試験に比重をおいて実施しています。しかし、受け入れが現地校・国際学校の出身者を含むとなると、共通して面接・作文などが中心になり、国語（作文を含む学校もあります）、算数（数学）、外国語（滞在国で使用していた言語ということもあります）の三つの教科の筆記試験を行う学校が一般的です。また出身（通学）校別で、現地校・国際学校は面接と作文、さらに知能検査、および出身校の学習成績という学校もあります。特に滞在地での学習や行動の記録を重視する学校が多くなりました。

　なお、学校別の選抜方法については、当財団発行の『帰国子女のための学校便覧』に詳しくのっていますので、そちらをご参照ください。

4. 高等学校の受け入れ

　日本を離れるときはまだ幼くみえたわが子も、海外で数年過ごす間にすっかり成長して見違えるほどになっていると思います。現地の生活にとけ込んでことばも不自由なく使えるようになり、学校生活も楽しいというころになって、帰国時期を迎えることになります。中学生ぐらいになると、一般に国内の同年齢の子どもたちに比べると、海外で生活してきた子どもたちのほうが精神面ではかなり大人らしくなるといわれます。自立心も強くなり、滞在地での楽しい生活から離れ難く、最初は帰国に抵抗するかもしれませんが、この年齢になれば筋道をたてて冷静に説明すれば納得できるはずです。

　子どもたちが納得して積極的に自己の進路を見通して帰国の準備に入るためには、やはり正しい情報とそれにもとづく指針が必要です。本章では、帰国して高校への入学（編入学）をめざす子どもたちのために参考となる情報をまとめました。

(1) 受け入れ方法の違い

　高校が帰国子女に特別定員枠を設けて受け入れるようになったのは1970年代からで、当時は国立大学の付属高校や一部の私立高校だけでした。大部分の帰国子女は一般受験で国内の高校に進学していました。日本経済の急速な国際化にともない、海外子女数がうなぎ登りに増加した70年代末になると、本格的な帰国子女受け入れ対策がたてられ始めました。そして帰国子女の受け入れ指導を目的とした私立の高校（国際基督教大学高等学校、暁星国際高等学校、同志社国際高等学校）が設立されました。また文部省（現・文部科学省）の国際理解教育推進の方針に沿って、全国の国立・公立・私立の高校のなかで積極的に帰国子女の受け入れと指導を方針にかかげる学校も徐々に増えてきました。

　当財団の調べでは2005年現在、帰国子女の受け入れに特別枠を設けている、または何らかの配慮をしている高校は、国立9校、公立158校、私立214校に及んでいます。

さて、高校における帰国子女受け入れの方法は、小・中学校の受け入れとは大きく違います。それは、以下の4点に要約できます。
① 高校は義務教育のように全員入学ではないので、学力検査を受けて合格した場合だけ入学できます。これは編入学の場合も同じです。
② 普通科以外に多種多様なカリキュラム（教育課程）をもつ学校を選択できます。普通科でも教育内容に特色をもたせたコースを選ぶこともできます。
③ 高校の修業年限は、全日制3年（定時制3年以上）と法律に規定されていますが、各教科の履修は単位制をとっており、80単位以上修得して卒業が認定されることになっています。
④ 編入学については、原則として学年末や学期末にだけ生徒募集を行い、途中で帰国しても募集時期まで待って編入学試験を受けることになります。しかし、随時編入を行っている高校も少数ですがあります。

受け入れの違いにともなう問題点

　一般の高校入試では一部の有名校の間で激しい競争が展開され、それらの情報だけがやや誇大に海外にまで伝えられるため、帰国前の保護者や受験生に大きな不安を与えているようです。実際には高校の受験者数はピークを過ぎ減少し始めています。受験生の集中する一部の有名高校にこだわらなければ、生徒収容数に余裕の生まれた学校で、定員の一部を帰国子女受け入れに振り向けているところもあります。受験しなければ入れないといっても、それほど心配することはありません。ただし、高校入学後の学習内容は科目ごとに相当専門的になってきますから、中学校段階の基礎学力をしっかり身につけておくように努力する必要があります。

　②についてですが、公立高校の帰国子女受け入れ校のなかには国際学科や普通科の英語コース、国際文化コースなどが設けられており、受け入れた帰国子女の特性を伸ばすことに配慮しています。また、一つの学校に多様な学科やコースを設けた総合学科の高校も帰国子女の選択しやすい高校で、すでに数県に誕生しています。

　受け入れ方法の違いのなかで、いちばん注意していただきたいのが④の帰国時期の問題です。中学生で帰国して高校を受験する場合は、公立中学校には随時編入できますが、高校の途中編入学の場合は、帰国時期によっては帰国してから日本の高校へ編入する間に空白期間ができてしまいます。特に、高校2、3年への編入学は、欠員のある場合のみ募集という学校が多いので、年度によっては通学できる範囲に募集校がまったくなく、そのため1学年下げて受験しなければならないこともあります。帰国前にできるだけ募集情報を収集して対応しなければなりません。

(2) 受け入れ校への入学までの手順

　帰国して国内の高校に入学する場合、二つの方法が考えられます。

　第一の方法は国内の中学生と同じ資格・条件で受験する方法です。中学校の学習成績と高校の学力検査にもとづいた選抜方法ですから、海外の日本人学校出身者や、現地校出身者でも早い時期に国内の中学校に編入学した生徒にとっては挑戦可能ですが、それ以外の帰国生にとっては難度の高い受験です。

　第二の方法は(1)で述べた帰国子女受け入れに特別枠を設けている高校や、何らかの配慮をしている高校を受験する場合です。本書ではおもに第二の方法について説明することにします。

募集内容を知るには

　日本の高校の新年度は4月に始まりますから、遅くとも前年度の10～12月ころに新年度の募集日程等が発表されます。しかし、帰国子女の特別募集があるかどうかについて知るには、まず希望する高校の「募集要項」をとり寄せる必要があります。資格・条件の項や出願書類の項などを確認し、疑問があれば直接学校に問い合わせておくとよいでしょう。

　公立高校の帰国子女受け入れについては、学校ごとの募集要項が都道府県の教育委員会が作成する「高等学校入学者選抜実施要項」にもとづいてつくられますので、私立の高校よりかなり遅い時期に発表されます。あらかじめ前年度の募集要項を参考にして、都道府県の教育委員会の高校入試担当者または教育相談センターなどに問い合わせるとよいでしょう。

　国・公立、私立すべての帰国子女受け入れ高校の入学・編入学の時期、手続き、資格・条件、過去の受験状況などの概要を知るには、当財団発行の『帰国子女のための学校便覧』(毎年11月発行)で調べると便利です。

資格・条件の確認

　帰国子女の資格で学力検査を受けようとする場合には、まず資格・条件の内容を確認しましょう。国立・私立の高校では学校ごとに資格・条件が異なります。募集要項に具体的に記されていますが、不明の点は出願以前に学校の帰国子女担当者に連絡をとり確認しておきましょう。海外滞在中に確かめたいときには手紙やファックスでも可能ですが、いずれの場合も出国の年月、入学・編入学した海外の学校名・学年、途中で学校をかえた場合はその概要と修了・卒業した学校名などをわかりやすく記載して、担当者に示す必要があります。国内の親族の方に代理で相談を依頼する場合には、できるだけ正確な情報を伝えておく必要があります。

　公立の高校における資格・条件は都道府県ごとに決められています。帰国子

女を受け入れる高校が直接相談や資格確認にも応じてくれますが、学校にかわって都道府県の教育委員会が提出された書類にもとづいて審査し、帰国子女枠受験の資格を認定し許可書を発行している県もあります。

　海外の学校から直接受験する場合は、教育委員会の入試担当にまず申請して、必要書類を提出のうえ許可書を発行してもらいます。帰国後国内の中学校に在学している場合には、中学校長を通して申請するようになっていますから、学級担任に申し出て申請用紙を受け取りましょう。

出願と必要書類について

　4月入学生の出願時期は、一般には1月下旬から2月にかけてです。例外に推薦入学などの枠で受験できる学校の出願は11～12月のこともあります。私立高校の出願期間は一般に1週間程度と比較的長いのですが、公立高校の場合は2～3日程度と短く、1日のみというケースもあります。したがって書類に不備があってはとり寄せる余裕もありません。あらかじめ募集要項と照らし合わせ必要書類をきちんとそろえておきましょう。

　おもな書類は次のとおりです。なお、なかには学校や都道府県ごとに用紙が指定されている場合もあります。

A. 海外滞在中の学校の成績証明書、卒業・修了証明書

　志願する高校により求められる学年、期間等は若干異なりますが、一般的には中学校3年間の課程に相当するものを提出します。特に注意したいことは、原本でなければならないか、コピーしたものでもよいか、あるいはコピーでも校長のサインだけは必要か、など学校によってそれぞれ違いがあります。海外滞在中にしっかり確認して用意しておきましょう。

B. 国内編入校の調査書

　帰国して国内の中学校に在籍した者は、その期間が短くてもかならず提出します。教科の成績は記入されていなくても卒業見込み証明書として必要です。12月までに編入した生徒は原則として成績は記入されますが、在籍期間が短期の場合は、選考資料として海外の学校の成績がおもに用いられますから、内容についてあまり気にすることはありません。

C. 海外滞在を証明する書類

　所定の用紙を準備している学校と、特に様式を定めていない学校とがあります。いずれも保護者に海外勤務を命じた企業や機関の代表者が証明した書類、または滞在地の領事館等が証明した書類で、保護者だけでなく志願者本人の

帰国子女枠受験
各学校等が帰国子女としての資格・条件を設定して行われる入学選抜試験のことです。その資格・条件と選抜方法は各学校等でさまざまであり年々変化もしていますので、受験希望者は当該校等にその詳細を照会することが必須です。
＞＞**239**ページ～

教育相談室 Q&A

Question

アメリカに2年6か月滞在後に帰国する予定です。**高校受験をするにあたりどのような資格と手続きが必要**となるでしょうか。

Answer

高校の帰国子女枠受験の資格には、海外滞在期間と帰国してから受験までの期間をおさえておく必要があります。

公立は都道府県によって、国立・私立は学校によって、資格の内容が違います。しかし滞在期間が2年6か月以上であれば、中学2年の3学期以後に帰国していれば、どこでも帰国生扱いとなるでしょう。小学校高学年で帰国しても国立・私立の学校によっては、この滞在期間で、資格を与えられることがあります。ですから、かならずそれぞれの学校の募集要項で確認し、その学校の資格認定を早めに受けてください。

その際に、保護者の勤務する会社・機関などから出国と帰国の年月日を証明する書類を出してもらう必要があり、学校への提出書類に本人の海外滞在学校歴がありますから、事前に記録を整理しておくべきです。

注意しておきたいことは、高校の受験資格には、日本人学校中学部あるいは国内中学校の卒業、または外国の学校の9年生を修了しているか、その予定であることが前提になります。現地校9年生の途中で帰国した場合は、帰国後に国内の中学校に編入学しなければなりません。9年生を修了して帰国し、高校に9月編入学する場合は、受験資格には問題ありませんが、出願期間・受験日などを早めに（5月初旬）インターネットで調べたり、学校に問い合わせて募集要項・願書などの書類を入手しておきましょう。

次に、選考方法（試験の内容）ですが、現地校出身者と日本人学校出身者とでは、区別している学校と、同等としている学校とがあります。

現地校出身者の場合は、書類審査・作文・面接という型と、英語（英語の作文）・面接という型が多くあります。日本人学校出身者の場合は、3教科の学力試験という型が多いようです。また、現地校出身者には、書類選考型・英語型と3教科型のどちらかを選択させる学校もあります。私立では帰国生の推薦入試を行う学校もあり、公立の前期試験などで海外体験を生かすことも可能です。

なお書類選考型や推薦入試の場合は、現地校の成績が重視されますので、Report Cards（通知表）の整理・保存とコピー、現地校の公式成績表（厳封）の準備を忘れないでください。

海外滞在期間もはっきり示しているものがのぞましいと思われます。また、出願の前に行われる資格確認の際に提出を求められる場合もあります。

D. その他の書類

　志願する学校の入学願書一式のなかには、全員が提出する入学願書等の書類以外に、特定の当該者だけが提出する書類の用紙もあります。東京都の公立高校を例にとれば、保護者が同時に帰国できない場合、帰国に関する申立書と身元引受人の承諾書の提出が必要です。また海外から受験しようとする場合は、他県の居住者が東京都内に転入する予定で出願する場合と同様に、東京都立高等学校等出願承認申請書と関係書類を提出することになっています。東京都以外でも、海外から受験する場合は一般受験者とは別に特定の書類を提出し手続きをするのが通例です。

受験科目などについて

　一般の高校入試の受験科目は、国語、数学、外国語（英語）、社会、理科の5教科か社会、理科を除いた3教科ですが、私立高校は3教科受験の傾向が強くなりました。帰国子女の特別選抜を行っている高校では、一般受験が5教科であっても、帰国子女の場合は社会、理科のかわりに作文・面接をあてる学校が多くなりました。また、海外の学校での学習状況を考慮して、一部科目の除外や配点の比重変更を実施する学校も増えています。外国語についても、英語圏以外の現地校出身者でも受けやすいように、ドイツ語やフランス語、さらにスペイン語の選択を認めているケースもあります。

　また、教科の学力検査は日本人学校出身者だけを対象とし、現地校・国際学校出身者には作文と面接だけという学校が増える傾向にあります。在外期間中は、帰国後の高校入試を気にしないで海外校での学習に全力投球できるように、帰国子女の受験方法がさらに改善されることが期待されます。

合格発表と入学手続き

　めでたく合格したら、定められた手続き期間内に受験票を提示して「入学確約書」などの書類を提出します。私立高校の場合は入学金や諸経費の納入もこのときに済ませます。手続きが遅れた場合は入学の意志がないものとし、繰り上げ補欠合格者で埋めてしまいます。ところで、複数の学校に合格した者が最終的に志望校をしぼり込むのは当然ですが、入学をとり止めた学校に何の連絡もとらないままにしておくのは、学校にも多くの受験者にも迷惑を及ぼします。なるべく早くその学校の事務室宛に「入学辞退届」を提出するのが、合格させてくれた学校に対するマナーです。

入学予定者に対しては、4月の入学式までの間にプレイスメント・テスト（入学後の授業クラスを決めるためのテスト）やオリエンテーションを実施して、クラス編成、選択科目の決定など入学に必要な諸準備が進められます。それらの日程についても確認しておきましょう。

応募から入学までの手順について概略を述べましたが、具体的には国立、私立の高校ごとに、また公立でも都道府県によりそれぞれ相違点がありますので、その詳細は受験校ごとに募集要項の該当部分を念入りにチェックしてください。

編入学の場合

1年生の4月入学以外の時期に、つまり実際には1学年の2学期、2学年の4月、9月初めなどの時期に、海外の高校などと異なった教育課程の学校から途中編入学する場合は、編入学試験を受けることになります。この場合も入学までの手順は基本的に同じですが、編入学を実施する学校も、受け入れ人数もかなり限られます。詳しくは(5)「高等学校への編入学」を参照してください。

(3) 出願資格について

教育制度の違いから生ずる問題

日本国内の中学校を卒業した者は、すべて高校に出願できる資格をもっています。このことは法令で定められていますが、同時に中学校の学習内容を学んだことで、高校の学習についていけるだけの基礎学力を備えていることになります。しかし、高校へは自動的に進学するのでなく、実際には多種多様な高校のなかから自己の能力・適性に合った学校を選び、受験して進学します。

日本の教育制度では、学校教育は表22のように初等・中等・高等教育の3段階で構成されています。義務教育の中学校修了までは、国立、公立、私立という設置者による学校の違いはあっても、基本的には文部科学省が示す同一の教育課程で学習します。ただし、日本国内の外国人学校（アメリカンスクール、インターナショナルスクール、中華学校など）は日本の教育制度に含まれる学校ではないので各種学校として扱われており、その中等部を卒業しても日本の

表22　日本の教育制度

学校教育の段階	初等教育	（前期）中等教育（後期）		高等教育
学校の種別	小学校(6年)	中学校(3年)	高等学校(3年)	大学(4～6年)
			高等専門学校(5年)	
				短期大学(2年)

教育相談室 Q&A

Question

ヨーロッパに4年間滞在し、日本人学校の中学部3年生に在籍しています。進学は国内の高校を希望しています。帰国子女受験をする予定ですが、**帰国子女受験の選抜はどんな基準で**行われているのでしょうか。

Answer

日本人学校を卒業して、国内の高校を受験する場合、①推薦入試と、②帰国生枠入試とが考えられます。

① 推薦入試

推薦入試には、自己推薦型と学校推薦型があります。推薦入試は帰国生に限りませんが、帰国生の特性を生かすこともできます。公立高校の前期入学試験は、自己推薦型が多く、学科試験より自己アピールの内容が重視されます。私立も同じような推薦入試があります。学校推薦型は、私立高校に多くみられますが、中学校の成績や推薦状が重視されるはずです。ときには、英検などの条件がつく場合もあります。

② 帰国生枠入試

日本人学校からの帰国生枠入試は、公立・私立とも国・数・英3教科の学力試験を課すところが多いようです。しかし、英語・面接型や書類選考・作文型という現地校出身者と同じ扱いをする学校もありますから、それぞれの学校の入試要項をとり寄せたり、ホームページでその年度の入試要項を検索したりして確認しましょう。入試の形態は、毎年変わっていく傾向があります。

日本人学校での成績（調査書）がよいかどうか、英語が得意かどうか、3教科の学科試験に自信があるか、それらのいずれかに本人の強みを生かせるものがあるはずです。

帰国生入試といっても、その中身はそれぞれの学校の特徴が反映されます。その学校の性格・特徴を把握すれば、帰国生入試の傾向・基準も予測できます。学校説明会や電話相談の機会に、直接学校の担当者に何が求められているかを聞いたり、過去の入試問題を調べることをお勧めします。

いずれにせよ、日本人学校で堅実な学習を続け、特に英語の力を伸ばし、海外生活で得たもの、感じたことを作文にしたり、読書習慣をつけたりしておけば、どんな帰国生枠入試にも対応できるでしょう。

教育相談室 Q&A

Question

わが社の社員の子女は中学3年相当で現地校の8年生と9年生に在学しています。**高校の入学または編入学に合わせる帰国時期**をそれぞれ教えてください。

Answer

海外の現地校に在学している子どもは日本では同じ学年でも、違った学年になることがあります。その理由の多くは現地校の入学の年齢基準日と学期の始まりが日本と違うことによります。つまり、生まれ月が基準日の前か後かで日本より半年早く進級したり、逆に半年遅くなったりします。

日本の学齢で中学3年の子どもが帰国して高校に進学するには、その時点での現地校での学年が問題になります。公立高校や多くの私立高校の入学には中学までの9年間の課程が修了しているか、その見込みであることが条件になるからです。

出願の資格にこの条件がある高校を受験する際には、現地校の学年によって帰国の時期に制限が生じます。出願の時点で9年生を修了していれば、本人は受験の日程に合わせて帰国することができます。9年生が終わっていない場合には、事前に帰国し、日本の中学に在学して、その中学の卒業見込みの形で受験することになります。この場合は受験に必要な調査書の作成を考慮すると、遅くとも11月下旬には帰国するのがよいでしょう。なお、一部の帰国生受け入れ校には、学齢相当であれば、現地校の学年を問わない学校もありますので、念のため出願資格・条件を確認してください。

9年生の途中で、事前に帰国できない、あるいはしたくない場合は、高校の編入学を視野に入れた帰国になります。

一般に高校の編入学は生徒の定員に欠員が生じた際に、その補充募集の形で行われます。したがって志望する高校に編入学の可能性があるかどうかを確かめておく必要があります。帰国先が帰国子女の受け入れ校の多い首都圏であれば、公立・私立を合わせてかなりの学校に編入学の可能性があります。

編入学に合わせた帰国の時期ですが、やはり、9年生を終えてから、北米系の現地校であれば6月下旬の帰国が一般的です。受け入れ校の多くは7月上旬から中旬にかけて編入試験を行い、合格者は9月入学することなります。このように年間行事予定に試験日程が組み込まれている学校がほとんどですが、一部に随時受け入れの学校もあります。

いずれにしても日本の高校は入学試験があり、そのための出願資格・条件、試験などの日程も学校ごとに異なりますので、帰国の時期についても事前の調査と確認が必要です。

高校に出願できる資格にはなりません。

　では帰国子女が日本国内の高校に出願するには、どういう資格が必要になるのでしょうか。法令では「外国において学校教育における9年の課程を修了した者」には、国内の中学校を卒業した者と同様に高校に進学できる資格が与えられることになっています。海外の全日制日本人学校は国内の中学校に準じた教育課程で学習しますから、中等部を卒業すれば同様の資格が与えられます。

　現地校・国際学校の場合は、教育制度は日本と異なっていても、日本の小・中学校に相当する9年間の課程を修了すれば同様の資格が認められますが、教育内容についてはレベルは同程度であっても、外国語で学習し、科目の内容も大幅に異なるので、受験の際に国内の中学校出身者とは別に特別な配慮が必要になります。さらに、9年の課程修了が日本のように中学校卒業と一致するとは限りません。たとえばアメリカで5-3-4制の教育制度を採用している地域では、ハイスクールの1年生修了が日本の中学校卒業に相当します。

学年修了期のズレから生ずる問題

　現地校・国際学校に在籍している者が帰国して日本の高校を受験する場合、学年修了期の違いから生ずる問題もあります。北アメリカ、ヨーロッパなどの国々の教育制度では6月ごろに学年が修了するので、9年生に在籍している者には日本の高校の4月入学の出願資格がありません。学年末が3か月ずれているために1学年遅れてしまうことになります。これを避けるために、次の二つの方法のいずれかを選択することができます。

1. 外国の現地校・国際学校の9年の課程を6月に修了してから帰国し、その年の9月に高1に編入学（7月ころ試験を実施）する方法。東京都の公立高校では9月入学を4月入学と同様に扱い、9月入学の募集定員も4月入学と同時に発表し、さらに9月編入も募集しています。国立・私立の帰国子女受け入れ校でも欠員に応じて9月編入学の募集を行っています。
2. 現地校・国際学校の9年生の途中で退学し、日本国内の中学校に編入学して、国内の中学校在籍者として3月卒業見込みの資格を得て受験する方法。しかし編入学が国内中学3年修了の直前では、受け入れ中学校に事務手続きで多大な迷惑をかけることになり、また出願資格の事前承認期間に間に合わないので、どんなに遅くとも3学期初めには編入を済ませましょう。

　　ただし、原則として16歳以上の年齢に達している者は中学校に編入できません。

帰国子女枠で受験できる条件

　帰国子女受け入れ枠をもつ高校が、個々の生徒の海外経歴や教育事情に応

じて特別枠での受験が必要かどうかを判断することですが、帰国子女受験者や受け入れ校が大幅に増えたことにより、帰国子女として受験するための妥当な条件が学校ごとに決められるようになりました。便宜上の基準として在外年数と帰国後の期間がその条件となっています。

　公立高校の場合は、都道府県ごとに基準を定め受験資格の有無を確認していますが、「在外年数2年以上、帰国後1年以内」という条件が一般的です。帰国する地域や志望校が決まったら最新の募集要項で確認してください。

　私立高校の条件の一例として、帰国子女受け入れを目的として設立された国際基督教大学高等学校の出願条件をあげてみます。

　　○ 海外在留期間の長さが継続して1年6ヶ月以上であり、出願年度の前の年の12月からさかのぼって帰国後5年以内の者

　また、在外期間を1年きざみで数段階に区切って帰国後の期間と対応させている学校には、私立では同志社国際高等学校、公立高校では東京都、広島県などがあります。一方、東京でもっとも長く帰国子女受け入れの実績をもつ私立の啓明学園高等学校では「原則として海外生活が長期にわたる者で、その間、現地校またはインターナショナルスクールに在学していた者を優先する」として、受験者の個別状況に対応する原則をいまでも続けています。

　なお、現地校・国際学校出身者と日本人学校出身者とは、在外年数では同一であっても教育事情は大きく異なりますが、同一条件として扱っている学校も多いようです。また、日本人学校でも所在する国や地域の事情によって教育条件はかなり違いますが、受験資格のうえでは同じです。

(4) 志望する高校選択の観点
志望校選択の観点

　ここでは、帰国生として帰国枠受験を志望して高校を選択する際の観点を説明します。高校選択には、国立・公立・私立、男子校・女子校・共学校、大学附属校、帰国子女に対して教育の手立てを考えてくれる学校などがあります。また、最近は高校のコースも個性化し多様化してきて志望の観点は大きく変化しています。

　この項に紹介されている内容をよく読んでいただき、実際には自分の個性に合った学校を見学し、納得のいく学校選択をしていただきたいと思います。そして、海外で培った帰国生としての特性を、高校生活で十分に発揮してください。

高等学校への進学

　1947（昭和22）年にスタートした6-3-3-4制という戦後日本の教育制度のもとで、義務教育修了後の上級学校への進学率は、国民の生活水準の向上とともに一貫して上昇してきました。高校への進学率は1974年に90％を越え、いまでは97.5％（2004年度）に達しています。大学進学へのプロセスとして普通科をめざす傾向が依然として強いのですが、一方で高校生の学習意欲を高めるため教育課程（カリキュラム）を多様化して、生徒の興味・関心あるいは進路に合わせていこうとする教育改革も進行中です。多様な課程のうちには帰国子女の特性を伸ばすのに適した課程やコースもあります。一つの高校内に各種の課程をまとめた総合学科の高校も、いくつかの公立校や国立校に誕生しました。自分の興味・関心のある教科、希望する進路に必要な教科を重点的に学習できる高校に進学することは、のぞましい高校選択の方法といえるでしょう。

帰国子女受け入れに積極的な学校

　一般の高校受験の際の学校選択で考慮したい基準に加えて、帰国子女の場合は、学校生活への適応という問題が大切な要素になります。中学校以上の年齢になると自我意識も強くなり、海外赴任の際と同様に帰国時のカルチャーショックの克服にもかなりの期間と努力が必要です。ときには協調できないでストレスがたまり、通学を嫌がる場合もあります。どんな学校に入学しても入学後の周囲の配慮により、自分の力でショックを乗り越えることがのぞましいのですが、在外年数や海外での過ごしかた、性格などによっては、学校選択をきっかけとしてカルチャーショックを和らげることも可能です。

　高校で帰国子女だけの学級編成を行っているのは1校（東京学芸大学附属高等学校大泉校舎）だけで、他校は一般国内生との混合受け入れ方式です。混合受け入れの高校でも、帰国子女が定員のかなりの部分をしめる学校も数校あります。そういう学校では帰国子女が異和感をもつようなことはまずありません。また帰国子女の特別受け入れ枠を設けている学校では、一定期間、帰国子女を対象にした取り出し授業を行っている場合も多く、学習の補充だけでなく、ストレス解消にも役立っていると評価されています。帰国子女によっては以上のような学校を選択し高校生活をスタートさせることで、帰国後の適応をうまくすすめることも必要でしょう。帰国子女受け入れに特別枠をもつすべての高校が入学（編入）後の指導で特別な配慮をしてくれるとは限りませんが、学校選択の一つの目安にはなります。

国立大学附属高等学校の受け入れ

　全国の国立大学のうち教育系の大学や教育学部のある大学では、付属の

小・中学校、高校を併設して教育研究や実習の協力機関としています。そのうち帰国子女受け入れ校になっている高校は9校（2005年度現在）あります。キャンパス内に海外子女教育センターのある東京学芸大学の場合は、1974年に帰国子女のみの学校として附属高校大泉校舎を発足させ、一般高校では適応のむずかしい帰国子女も優先的に受け入れています。また1994年度には附属養護学校高等部が、最初の帰国子女の知的障害者の受け入れ校になりました。他の8校の附属高校の場合は、一般高校に比べて学校規模が小さいうえ、帰国子女の受け入れ枠も少なく10名以下のところがほとんどです。受け入れ方法も一般入試と同一問題で5教科入試の高校が多く、在外年数が長くて現地校・国際学校に在籍していた帰国子女にとっては、受け入れ校とはいってもかならずしも入りやすい高校とはいえないでしょう。

公立高等学校の帰国子女受け入れ

　かつて首都圏、近畿圏など大都市の周辺地域に集中する傾向が強かった帰国子女在籍者の分布にも変化があらわれています。高校での都道府県別帰国子女在籍者数でみると全国総数は横ばいないし漸減ですが、県数は増加傾向にあります。帰国子女の高校受け入れについてこれまで特別な措置をしていなかった県でも配慮がなされるようになってきました。

　多くの都道府県では、高校の入学選抜において国内中学出身者を対象とした一般選抜とは別に、帰国子女受け入れのための特別選抜を実施しています。県によっては、県立あるいは市立高校の一部を帰国子女受け入れ校に指定して帰国子女の入学・編入学を実施しています。また特定の学校を指定せず、県内の公立高校全校を受け入れ対象校にしている場合もあります。それらの学校では、受け入れ後の指導として教科によって取り出し授業を行って学力補充をするなど、帰国子女にさまざまな配慮をしています。

　前述のように、公立高校の帰国子女受け入れに関する資格・条件は、学校別でなく都道府県単位で統一しています。私立高校と違って選抜方法等に関する教育委員会の最終決定後、すなわち前年の10～11月ころでないと、募集人員や資格など募集要項に関して決定的なことは公表しません。以前に相談して出願資格等を認められた場合でも、募集要項が発表された後に再確認しましょう。電話や手紙などで了解を得たつもりでも、書類を提出して初めて資格について誤解があったことに気がつくというケースもあります。

　普通科以外の学科やコースを置く高校では、一般生徒の推薦入学制度を設け、推薦による特別選抜が行われることが多くなりました。帰国子女の特別選抜も一種の推薦として扱い、推薦入試と同日に検査を行います。また帰国子女に受験の機会を増やす意味もあって、一般の学力検査前に帰国子女だけの特

知的障害
一般的には、日常生活や学校生活をするうえで頭脳を使う知的行動に全般的な支障があることを指し、なかには自閉症または学習障害をそれぞれ合併している場合もあります。学校においてはその支障の状況に合う教育支援体制を整えることが望まれます。

別選抜を行って結果を発表し、不合格者は再度一般の学力検査も受けられるよう配慮している県もあります。他の多くは一般の学力検査と同日に、帰国子女を対象に検査内容を一部変更して実施する方法をとっています。ただし、帰国子女の応募がまれな県では特別選抜は行っていません。

　現在、帰国子女の受け入れだけでなく外国人子女の受け入れ、一般生徒のニーズの変化に応じたカリキュラムの見直しなど、高校段階でもさまざまな変化がみられます。各都道府県教育委員会では入試制度をはじめとして教育課程の多様化など、公立高校に関するさまざまな改革を進めています。公立高校を受験する場合は、それらの最新の情報を得て志望校を選択することも大切です。参考までに東京都と神奈川県の例をあげてみましょう。

〈例・東京都〉
○専門学科・コースの設置……国際学科（都立国際高等学校）、総合学科（晴海総合高等学校）、単位制高校（新宿山吹高等学校、飛鳥高等学校）普通科のコース制（語学・人文コース、自然科学コース、福祉コース、看護・医療コース、生活デザインコース等）
○入試制度の改革……①学校別の単独選抜、②学校ごとに入試科目数、配点比重の変更、③普通科に推薦制導入

〈例・神奈川県〉
○専門学科・コースの設置……川崎総合科学高等学校（情報工学、電子機械、建設工学等）、神奈川総合高等学校（個性化コース、国際文化コース）、普通科のコース制（体育コース、情報科学コース、国際ビジネスコース、福祉教養コース、音楽・美術コース等）
○入試制度の改革……アチーブメント・テスト（中学2年修了時に実施される公立中学校学習検査）の成績を高校入試の選抜資料から除外し、①普通科の専門コースおよび専門学科の課程には推薦入学制、②第二希望校にも出願できる複数校志願制などの方法が、1997年度より導入されるようになりました。

私立高等学校の受け入れ

　私立校はそれぞれ独自の建学の精神をもっていますから、学校関係者の説明を聞いたり学校案内を熟読したりして、その精神を尊重する気持ちをもって応募することがのぞましいでしょう。また、当然のことですが授業料や寄付金を財源として成り立っていますから、一般の授業と別に帰国子女だけ特別に講師をつけて指導を行う場合は、相応の負担は覚悟しておく必要があります。

私立高校のなかには帰国子女受け入れの歴史が長く、優れた指導実績をもつ学校もありますし、最近国際コースなどを設置して新たに受け入れを開始した学校もあり、受け入れの基準や指導体制なども学校によってさまざまです。

　私立校には、中学校から高校まで一貫して6年間の教育体制をとる学校が増えていますから、高校の一般募集は減少の傾向にあるとはいえ、帰国子女の編入学は今後も続けられるでしょう。また私立大学と同じ名のつく高校もありますが、すべてが大学への進学を特別に優遇しているわけではありません。前もって調べておいたほうが賢明でしょう。

　私立高校の多くは、長い伝統にもとづいて男子校、女子校と別学の学校が一般的です。高校選択の場合、生徒にとっては校風とともに重大関心事の一つかもしれません。最近の共学希望の風潮を反映して、なかには施設の改造などを行って共学校に変更した例もあります。

　また海外から帰国する場合、生徒の受験期に合わせて家族が帰国できるとは限りませんから、一定期間は寮などからの通学が必要になる場合があります。親の所属先企業に子弟寮がなく、本人を同居させてくれる親戚もいない場合は、寮設備のある学校を選ばなければなりません。私立高校では寮施設のある学校も多く、むしろ全寮制の場合もあります。寮設備の有無も学校選択の一つの条件になるでしょう。

　私立高校の受け入れ体制は学校によってかなり異なりますので、当財団の『帰国子女のための学校便覧』で用いている区分によってまとめてみました。

〈A-Ⅰ群　私立高等学校〉
　　東京……国際基督教大学高等学校（略称ICU高校）
　　京都……同志社国際高等学校
　　大阪……千里国際学園高等部
　　愛知……南山国際高等学校

　上記4校は、帰国子女受け入れをおもな目的として設立された男女共学の私立高校です。南山国際高等学校を除いた他の3校は、高校1年4月の募集人員の3分の2（千里国際学園高等部は全員）が帰国子女です。3校とも日本人学校出身者も受け入れていますが、現地校・国際学校出身者の受け入れに比重をおき、学校の雰囲気にもそれがあらわれています。受け入れ後の指導面でも語学力の保持・伸長について十分配慮しています。

　ただし現地校・国際学校出身者と日本人学校出身者とは、入試日程・科目など選考のうえで分けて扱います。前者は作文または小論文と面接、および海外の学校での学習成績によって選考されます。国語・数学・英語3教科の学力検査が行われるのは日本人学校出身者だけです（同志社国際高等学校の場合は

現地校出身者も選択できる）。また同志社国際高等学校と千里国際学園高等部の両校は、海外在留者のために海外選考（ニューヨーク、ロス・アンジェルス、ロンドン、シンガポール等の都市）も行っています。

　南山国際高等学校は、上記の3校と異なり、通常の入学試験はせずに書類審査、適性検査、面接（本人および保護者）により選考を行います。受け入れには日本人学校出身者も現地校・国際学校出身者も区別なく実施し、また編入学も随時行っている帰国子女専門の高校です。

〈A-Ⅱ群　国公私立高等学校〉

　これは、帰国子女として受験できる資格・条件を定め、特別定員枠を決めて募集している高校です。全国に数多くありますが、当財団がA-Ⅱ群として区分している学校は現在、国立が7校、公立が65校、私立校が約69校あります。一般の国内中学出身者との混入受け入れ方式をとっている学校がほとんどです。また一般国内生については1学年4月入学者だけ募集しますが、帰国子女については、随時編入学方式をとっている学校もあります。中学校から帰国子女特別受け入れを行っている中高一貫の私立高校では帰国子女の在籍者はかなり多いのですが、他の混入受け入れ方式の学校では、帰国子女の割合は全体の数パーセントにとどまるところがほとんどで、募集人数を明示せずに若干名としている場合もあります。

　入試日程、試験問題とも一般国内生と同一という学校が大部分です。学力検査は国語・数学・英語の3教科で、面接も行われます。しかし、一般国内生と同じ水準で合格者を出すのでなく、学力検査の採点には帰国子女に特別な配慮をし、また面接や作文なども行い選考の際の判断基準としています。ただし、受け入れ校のなかでも大学進学で実績を上げているいわゆる名門校は、試験問題が公立高校よりもかなり高度な出題内容の場合があります。

　このA-Ⅱ群には「帰国子女に期待するのは英語力です。ほかの面ではすべて一般生徒と同じで、特別視しません」という学校もあります。一方で、「国語や数学などの取り出し授業を行い、受け入れた帰国子女の学力の弱い点を積極的に補うようにしています」という学校もあります。志望校の帰国子女受け入れの方針をよく把握してから応募したいものです。入試方法や過去の試験問題などからも、帰国子女に対する学校の姿勢をある程度うかがい知ることができるでしょう。また、当財団発行の『月刊海外子女教育』に連載されている「受け入れ校紹介」には、さまざまな帰国子女受け入れ高校等の紹介記事がのっていますから、志望校の情報を得る資料としてください。

〈B群　私立高等学校〉

　これは上記A群以外の私立高校で、帰国子女の受け入れに際し特別の配慮をしている学校です。財団の調査では現在約146校ありますが、今後、これ以外の私立高校でも国際理解教育推進の方針から帰国子女の受け入れを歓迎する学校はさらに増えてくるものと考えられます。

　入試日程と科目については、A-Ⅱ群と同様で、一般国内生と同日程、同科目です。また体育科、音楽科などへの受験者には一般国内生と同様の実技の試験が課せられます。

　志望校の選択にあたっては、噂や間接的な評判にあまりとらわれ過ぎないようにしたいものです。学校の募集案内や卒業生、在校生の意見なども参考になりますし、当財団発行の『帰国子女のための学校便覧』の「指導・教育方針、特色」に関する各校の記事をよく読んで検討してください。

複数校受験の問題点

　志望校選択という本筋からは少し外れますが、ひとことつけ加えておきます。全体として帰国子女の受験者数と募集人数との関係は、募集定員枠を定めていない学校がかなりありますから正確には把握できませんが、応募者数が募集人数をはるかに上まわる学校がかなり出ます。これは一人で複数校を受験するからです。そのため合格者発表後、入学辞退者が続出し、最終的には帰国子女の定員枠に大幅な欠員を生じることになります。いままで熱心に帰国子女の指導や研究にあたってきた学校でもそういう事態が生じ、担当者をがっかりさせています。特に最近の複数受験の傾向から、一部の受験生が帰国子女特別枠の学校を滑り止めの安全弁として利用し、最終的には一般受験で志望校へ入学してしまう結果、上のような事態が生じているようです。一方、海外の困難な条件のなかで学校生活を過ごし、帰国子女枠で受けられる学校だけを頼りにしていた生徒が、どこにも合格できなかったというケースも聞かれます。志望校選定の際にぜひ一考してもらいたい問題です。

(5) 高等学校への編入学

　滞在期間の長期化と、二度目の海外赴任の増加などの事情から、高等学校の途中で帰国して国内の高校への編入を希望するケースが目立っています。しかし、高校の場合は義務教育段階のように簡単にはいきません。教科の専門性が高くなると、途中からの編入では十分学力をつけることができないという危惧から、高学年での受け入れを躊躇する学校が多いのが現状です。

　(1)の項で説明しましたように、高校では随時編入できる例はきわめて少ない

教育相談室 Q&A

Question

イギリスに8年間滞在し東京で高校進学する予定です。いろいろなことに興味をもちチャレンジ精神もあります。**新しいタイプの高校に関心を持っていますが、その内容について**教えてください。

Answer

国・公・私立高校の個性化・多様化が進み、新しいタイプというより高校の概念そのものを変えるべき時代になってきました。政策と全体情報は文部科学省のHP、おもに公立校は各都道府県教育委員会のHP、私立校は各校のHPに詳しく紹介されてます。進路相談がより手厚くなり、学校外での各種活動や他校での取得単位も認定の道が開かれ始めてます。各地でSuper English Language HighschoolやSuper Science Highschoolも認定されてます。新しい共通の概念を紹介し、東京都立高校について概観しましょう。

単位制高校：学年の枠がなく各生徒の計画で必要単位を満たすと卒業になります。学期区分に応じて年度途中にも入学・卒業があります。全日制・定時制・通信制があります。

総合学科：普通科か専門学科という受験時の学科区分を廃し、学びながら将来の進路を展望し、コース・学科系列に入っていきます。全国、各生徒の通学範囲に1校設置が目標です。

文部科学省のHP「小・中・高校教育に関すること」の項には総合学科・単位制高校・中高一貫校以外の新しいタイプとして108校(2004年までの開設)が紹介されています。

東京都立高校の場合は、下記の高校に個性化し、各1校〜11校が設置済みです(別途検討中もあります)。

進学指導重点校：個に合わせながら大学進学希望の実現に注力します。

エンカレッジスクール：やる気を育て、基礎基本の学習に注力します。

重点支援校：2003年現在9校。それぞれ独自の目標を掲げそれに向かって注力します。

全日制単位制高校・進学重視型単位制高校・総合学科高校：上述。

各種全日制専門高校：IT教育推進校、科学技術高校、進学型商業高校、総合芸術高校、単位制専門高校(専門学科の選択肢がより広い)、東京版デュアルシステム(たとえば多様な形態で社員と高校生を兼ねる)、産業高校(生産流通両システムの学習)など、いずれも上級校進学はじめ多様な展開をはかっています。

その他、中高一貫教育校、午前中を起点に3部制で開講している定時制高校、不登校経験者対応型高校、主に自宅で学習するインターネット校などもあります。

教育相談室 Q&A

Question

アジアで3年を経過し小学六年生になっています。卒業後は帰国して中学進学の予定です。最近、**中高一貫教育を進める新しい型の中等教育学校のこと**を耳にします。どのような学校なのでしょうか。

Answer

各国の教育制度に共通して初等教育と大学（高等教育）の間に中等教育と呼ばれる期間が設定されています。日本ではおもに中学校と高校がその役割を担ってきましたが、高校進学問題が青年期に悪影響を与えるといった批判もありました。そこでこの期間の教育の多様化を進めて、小学校卒業段階での選択肢を増やし6年間一貫の教育課程や学習環境が選択できる制度として、1999（平成11）年から導入されました。当面、全国の高校生該当者の通学範囲に1校以上設置することをめざしています。

①6年制の中等教育学校、②○○高校附属中学校という併設型をとり高校進学では入試は課さない、③特定の中高校間で授業や進学等の連携をする、の三つのタイプがあり、教育課程の相互乗り入れが可能になっています。国・公立校の場合は中学校にあたる段階では授業料はなく、私立を含め中学校3年生相当を修了した時点で義務教育修了とみなされます。また、受験競争の低年齢化を防ぐ意味で公立校の入学についてはいわゆる学力検査はしません。

各特定学校の概要は文部科学省のHPの「小・中・高校教育に関すること」の項でみられますが、地域の特性を生かした展開やその学校独自のねらいがあります。帰国先の県教育委員会のHPや各国立私立校のHPで調べたうえで、帰国子女枠受験についても直接学校に尋ねてください。

2006年度現在の例を、タイプ別にあげると次のとおりです。

・進学指導、プレゼンテーション力の育成など、学校独自の教育目標を掲げるタイプ
・吉野川水系学、○○学等特定の地理歴史的な教育資源を活用するタイプ
・地域の特性を生かしてひろく地域の人的資源を活用するタイプ
・学校間連携で多様な側面で一貫指導を深め教育内容の深化・充実をはかるタイプ
・言語環境や文化的背景の異なる生徒で構成し、多文化社会・国際社会への貢献をはかるタイプ
・生徒教師全員の寄宿舎学校制によるボーディングスクールタイプ
・スポーツや文化・芸術分野で世界的に活躍する人物の養成をめざすタイプなど

のですが、帰国者の多い時期に合わせて編入試験を実施している学校は、受け入れ校のなかにはかなりあります。文部省（現・文部科学省）でも、1993（平成5年）「帰国子女教育の充実方策について」という調査報告のなかで、再度各県教育委員会や高校に対して編入学者選抜の拡大に関する具体的な改善策を実施するよう求めています。そのため公立高校などでは徐々にですが編入者を募集する学校も増加してきています。私立高校の場合も、欠員があれば可能な限り帰国子女に窓口を開けてくれる学校が増えつつあります。

また、家族の海外勤務年数が1〜2年の予定で高校生を帯同する場合は、「留学」、「休学」の扱いで現地の高等学校に在籍することも可能な場合があります。

編入学受け入れの時期

現地校・国際学校の学年末に合わせて7月上〜中旬に編入学試験が行われ、9月編入生として各学年に編入するケースが一般的です。しかし南半球の場合は学年末の時期が異なっており、編入学試験の機会をできるだけ多くしてほしいという文部科学省の要請もあって、国内の転入学試験の時期に合わせて12月、3月にも行うことがあります。その場合はそれぞれ1月、4月（2・3学年）編入生として受け入れられることになります。その他、学期の区切りにこだわらず希望者があれば随時対応してくれる学校も、数は少ないのですがあります。その場合も編入学試験はあります。東京都の公立高校帰国子女受け入れ校では、少人数ですが定員枠の一部を、編入学ではなく9月入学者に割りあて、4月入学者と同様に新規入学者として受け入れています。欠員を補充する編入学者は別枠で募集しています。また神奈川県立神奈川総合高等学校の場合、後期入学者にも帰国子女枠を設けています。

編入学者の出願資格

年齢や在外年数など基本的な資格は4月入学者と同じですが、帰国時期は原則として4月以降に限り、4月入学時に不合格だった者が同じ年度内に再度受験することはできません。出願時に高校1年編入希望者は現地校・国際学校の9年生、高校2年編入希望者は10年生、高校3年編入希望者は11年生を修了した証明書が必要になります。また海外の学校で日本より1年上の学年に編入していても、帰国時には年齢相応の学年に編入することになります。

編入学の可能性

これまで高校への編入学は募集校も少なく、かなり困難であるといわれていました。その理由としては、次のようなことがあげられます。
A．4月入学で競争率の高い学校は、応募者の少ない時期は不公平になるので

編入学者募集はしない。
B. 4月入学生を定員いっぱい合格させているので欠員がでない。
C. 学習する教科・科目の専門性が高くなり、途中から編入した場合は必要単位が修得できない恐れがある。

しかし、国内の生徒数はすでに減少期に入っており、教育施設に余裕の生まれてきた学校もあります。また文部科学省の要請を受けて、高校段階の帰国子女編入の受け入れに積極的に対応している都道府県も増えています。海外では情報が入りにくいという事情もありますので、帰国が具体化した時点で、公立高校の場合は帰国先の教育委員会の担当課、私立高校の場合は直接学校へ手紙やEメールなどで連絡をとり、編入学の有無について打診してみましょう。

(6) 受け入れ後の指導と適応
高校生の適応の問題点

受験という難関を克服して国内の高校に入学（編入学）した帰国子女は、入学した時から適応のための過程がスタートします。高校の場合、保護者も生徒自身も受験というインパクトが強いため安心してしまい、その先の学校生活への適応についてはあまり心配しない傾向があります。反面、少しでも問題が起こると、解決への努力をしないでその学校へ入ったことを失敗だったと決めつける人もいます。ところが、実際には入学時以降、学力補充や学校生活に適応させるための学校側の指導は始められ、それに対応する生徒の努力も必要です。

多少の行き違いや摩擦も当然起こるでしょう。こんな例がありました。ある先生が授業内容に関係するビデオテープをみせて感想を書かせました。その後、名前だけしか書いていない白紙の感想文を発見して、てっきりその生徒が反抗しているのだと思い呼びつけました。ところが、解説の日本語が難しすぎて内容が理解できなかったというのです。このことで、先生は初めてその生徒が現地校出身の帰国生であることを知った、というのです。特に高校生になると授業内容も選択科目やコースなどによって時間割表に複雑に組み込まれ、簡単に学力補充の授業もできない場合が多いのです。

また高校生にありがちな心理的特性として、不適応によるストレスや悩みを内向させて表面は明るく装っている場合もあります。小・中学生とは違った側面から、学校と家庭が連絡をとり合う場合も生徒の内面を重視して対応する必要があります。

帰国高校生の特性

　高校生ともなると、海外生活も長期にわたります。特に現地校・国際学校に在籍していた彼らはどんな特性を身につけているでしょうか。一般に次のようなことがあげられます。

　A. 自分の意見をもち、積極的に発言する態度を身につけている。
　B. 相手をよく理解しようとする気持ちが強い。
　C. ものごとを多面的にみて合理的に結論を出す。
　D. 生徒会や学級会などの仕事に積極的に取り組もうとする気持ちが強い。
　E. 現地の言語を習得している反面、日本語の語い不足など国語力が不十分な場合がある。
　F. 豊かな国際感覚を身につけている。

　国内の高校生と比べた場合の一般論ですから、個々の生徒にそのままあてはまるわけではありませんが、E.以外は帰国子女の好ましい態度・行動・特性です。受け入れ校では、入学した帰国子女の特性を保持し伸ばすような学習指導・生活指導が行われています。それでは、これらの特性をとらえ、それぞれの学校でどのような指導体制がとられているか、学力補充の適応指導も含めて、具体的な指導事例をまじえて紹介しましょう。

学習面における指導

A. 取り出し授業

　現地校・国際学校出身の帰国子女にとって、日本の高校で学習するためには未学習教科や学習不足の部分をある程度補充しながら授業を進めてゆくことが必要になります。一般国内生との混入方式で帰国子女を受け入れる高校では、国語・数学など一部の科目について複数の教科担当者を割りあてて、少数の帰国子女だけ別教室で授業を行います。この方式の利点は学力補充ができた生徒、あるいはその科目については補充する必要のない生徒は、随時一般生徒のクラスに戻すことができることです。しかも帰国子女だけの少人数授業なので、学力差に応じた個別授業も可能ですし、疑問点については納得いくまで質問もできます。また、帰国子女のみなのでリラックスして英語などが飛び交い、こうした雰囲気がストレス解消の役割も果たしています。

　しかしこの方法は、本来の1クラスの授業を2人、あるいは2クラスの授業を3人というように1.5倍～2倍の教員配当と特別教室が必要になります。そのため財政上、特に限られた教科だけ、学年も1学年だけと限定せざるを得ないのが実情です。また取り出し授業が多いと、一般生徒と授業で交流する機会が少なくなってしまう、という不満も出ることがあります。

B. 多展開（習熟度別）授業

　海外で身につけてきた語学力の保持・伸長も、帰国子女受け入れ校によっては授業のなかにとり入れています。一般の高校生の授業でも習熟度別に授業クラスを編成し直して効果を高める方法は行われていますが、外国の学校で授業を受けてきた帰国子女だけを集めて、できれば外国人講師が担当してレベルの高い教材で授業を行えば、帰国子女の語学力をさらに伸ばすことができます。また、英語圏で学んできた帰国子女には、英語の授業時間の一部を他の外国語あるいは日本語の基礎学習の時間に振り替えたり、同じ授業時間帯に多様な選択授業を受けられるようにした授業形態をとることもできます。

C. 帰国子女の少ない学校の場合

　帰国子女在籍数の少ない高校では、取り出し授業を編成するまでに至らず、個別指導の方法がとられています。個人指導計画表を作成して、授業時間割の一部に本人の学力補充に必要な指導時間を組み込みます。入学後しばらくの間は、国語の基礎学力の養成に重点をおいて指導する場合が多く、また、本人の学力伸長に合わせて個別指導時間を減らしたり増やしたりしていきます。授業時間帯はすべて他の生徒と同じ授業を受けて、放課後に集中して個別指導を行う学校もありますが、それではあまり効果を上げることができません。高校生になると、放課後はクラブ活動への参加や友人との交流などにあて、学校生活を十分に楽しませることも、適応を早めるうえで大事なことです。

D. 特別には指導しない学校

　入学することはできたものの、学校では帰国子女のために特別な指導をしてくれないので、海外滞在中の学習不足の補充ができずに困っているという声を聞くことがあります。一部の進学校では、帰国子女よりも一般の生徒の学力アップに力を入れていますので、特別指導の余裕がありません。学校選択にあたっては、その学校が帰国子女への特別指導をしてくれるのかについても、事前によく調べておかなければなりません。

生活面における指導

　帰国子女が在籍するしないにかかわらず、国際理解教育の一環として、外国からの留学生来訪などを機会に国際交流行事が行われる高校が多くなってきました。そのような場面で、帰国子女が語学力を発揮して交流会をリードしたり、通訳や司会の仕事を分担したりすることは、一般生徒にとっても国際的な意識を高め、学校を活性化するうえでたいへん有意義なことです。同時に帰国生自身にとっても学校への帰属意識を高める機会になり、外国人や外国文化に接

することで身につけてきた特性を生かすこともできます。前述の帰国子女の特性のD.が生かされる場は、ほかにホームルーム活動、クラブ活動、学校の諸行事などにもあります。帰国子女が生徒会の役員に立候補して生徒会活動を活性化させた例や、ユニークな企画で文化祭、体育祭を盛り上げた例などもよく聞きます。

進路を考える

　カナダから帰国して受け入れ高校に学んだ一女子生徒の例をここにあげます。現地で可愛がっていた動物を病気で死なせてしまい、彼女はその心の痛みをバネに帰国後の3年間を懸命に努力しました。そして目標としていた日本の大学の獣医学部についに入学を果たしました。

　こうした例は数少ないかもしれませんが、「帰国子女は国内の同年齢の生徒にくらべると、進路についてしっかりした考えをもっている」と一般的にいわれています。その根底には教育観の相違があります。欧米の子どもたちは小さいときから自己を確立するように教育されていますから、現地校・国際学校で学んできた帰国子女もその影響を受けています。自己主張が強すぎる、などといわれることもありますが、自分の考えをしっかりもち、自分の希望する進路をめざして努力する態度は、国内の生徒にもぜひ見習ってほしい点です。大学進学について、偏差値を上げることだけ競って大学で学ぶ目的を考えていなかったり、有名大学に入ることが目的でやさしそうな学部を片っ端から受けたりする、というような国内の一部高校生の風潮こそ深慮が必要です。

　帰国子女の特性は、異文化に触れ、外国語を身につけたことだけを評価するのでなく、自己の進路や生きかたを考えて実践していく態度や行動を評価したいものです。このことは、他の一般高校生にもよい影響と刺激を与える可能性があります。そのような特性こそ、しっかり維持し伸ばしていってほしいものです。

5. 大学の受け入れ

(1) 大学を志願する人に

　わが国内外の国際化が進展するなかで、帰国子女の受け入れ体制の充実がはかられていますが、大学における受け入れ体制も年ごとに整備・拡充してきました。国内の高校に受け入れた帰国生だけでなく、海外の現地校や国際学校に在籍する日本人生徒が年々増加の一途をたどっているため、大学(短期大学を含む)でも門戸を開いて、さまざまの帰国高校生の受け入れを急速に進めなければならなくなっているといえます。海外における滞在国の風土や歴史と伝統・習俗・慣習のなかで教育を受け、多様な価値観を身につけた生徒を受け入れることは、国内の一般学生に対しても異文化接触の機会をもたらすという意味などを含めて、これは大学側の望むところでもあります。

　国・公立大学においては、文部科学省の「大学入学選抜実施要項」にもとづいて、入学定員の一部に帰国生を対象にし、一般の志願者と異なる選抜方法(帰国子女特別選抜)を積極的に推進しています。その「要項」には、次のような配慮事項があげられています。

① 帰国子女を対象に一般志願者と異なる選抜方法により判定する。
② 帰国子女の出願要件を具体的に定め、あらかじめ募集要項に明示する。
③ 大学は外国における教育事情の違いや高校卒業後の日時の経過などにかんがみ、広く本人の能力・適性等に応じ選抜がなされるよう学力検査の免除または負担を軽減し、面接、小論文、その他大学が適当と認める資料を適切に組み合わせて課すること。
④ 大学入試センター試験はこれを免除することができる。

帰国生を対象にした特別な選抜

　大学によって多少の差異はありますが、「要項」が指示しているように、国・公立大学では一般的には大学入試センター試験を免除して、面接、小論文を課します。そして、滞在国の統一試験、たとえばSATⅠ・SATⅡ(ACT)、TOEFL等(アメリカ)、GCSEおよびGCEのAレベル(イギリス)、バカロレア(フランス)、

アビトゥア（ドイツ）などの成績結果等の資料をもとに選抜している大学が多くなっています。また、私立大学もおおむねこれに準じた選抜を実施しています。

　このように帰国生は、国内一般の大学選抜方法をとらずに受験できるようになりましたので、滞在中は現地の学校で学習活動に専念し、現地の卒業資格試験や大学入学資格試験に挑戦して成果を上げておくことが大切です。

　ただし、大学入学後は大部分が高度な学術用語を含む日本語で講義が行われますので、それらの日本語を理解できるか、またそれに対応した表現能力をもっているか、なども入試の条件に入ってきます。したがってその点にも留意して、日本語力を十分に磨いておく必要があります。大学によっては、入学許可がでてから国内の高校の教科科目のなかから、志望する学部学科の授業のなかで必要な最小限の基礎知識を特別に補充教育をするなどの配慮をしているところもあります。

　また、大学はこのような配慮のもとに、帰国子女特別枠を海外勤務者の子女だけでなく、外国人留学生を含めて海外の高校で学んだ者を広く受け入れる傾向が、特に私立大学には目立っています。

　このように大学側も多様な学生を受け入れ、多様な教育の途を模索しているのです。また、他の選抜方法として学力試験によらない多面的な能力を評価するAO入試が導入され、国・公・私立大学へ着実に普及しています。

AO入試
学校内のAdmissions Office（略してAO）という機関が実施する入試を指します。学力では測れない、学校が描く学生像に照らし合わせた人材を求めることを目的とし、学習への目的意識や意欲を問います。選抜方法は学校ごとで多種多様で、現在300以上の大学で実施しています。また中学・高校でもとり入れられ始めています。

(2) 大学を選ぶにあたって

　自分の将来の方向と進路については、海外にいる時期から念頭におき、帰国後の状況に応じて、いくつかの大学・学部を受験候補にしておくことから始めましょう。

　その際、自分の成育歴や性格・性行・嗜好・特性・能力等に詳しい人々、たとえば教師や近親者などに協力を求めて、できるだけ多くの意見や助言を得ておくことが大切です。

　海外で生活する子どもたちは、一般的に家族の絆（一体感）が国内で生活しているときよりも強いので、両親の考えかたが強く反映します。それだけに親は、子どもに対して判断を誤らないように心がけなければなりません。また、将来子どもが社会人として日本国内で働くことを希望しているかどうかを見通し、本人が日本人としての素養が一応身についているか、あるいはその可能性を備えているかなどの点にも留意しておくことが必要でしょう。

　わが国の大学は、学部・学科の構成自体が縦割りになっているので、いちど入学してからの転部や学科の異動には一定の期間を必要とし、たとえ認められていても多くの困難な条件がともないます。大学の名声にとらわれ、その大学

であればどの学部・学科でもよいという考えかたは、親子ともに慎みましょう。つまりその学部・学科を志望する理由が明確であることが望まれます。

他方、特別選抜を実施している大学は年々増加してはいますが、募集する学部・学科等には依然として片寄りがあります。概して文系が多く、理系や芸術系などはかなり限られているということにも留意してください。

学部・学科について、その構成や内容などはできる限り大学が発行している大学案内などの資料にもとづいて検討しましょう。さらに志願する候補となる大学をいくつか選んだ段階で、あらためて大学と連絡をとって、より詳細な大学案内や受験・入学案内と出願関係書類などをとり寄せて出願の準備をしておくことが大切です。そして、滞在中にできるだけ早い時期にこうした準備を進めましょう。

その際の重要なポイントは次のとおりです。
① 受け入れ制度の目的や趣旨をよく理解しておく。
② 出願資格・条件について確認しておく。
③ 出願に要する手続き・日程・提出書類等を調べておく。
④ 入学選抜方法とその内容について調べておく。
⑤ 志願するにあたっての準備や、どのような心構えが必要かなどについて考えておく。

(3) 最近の大学への出願状況

全国に散在する国・公立大学は別として、大都市圏に集中する私立大学の所在地と帰国する生徒の居住先との関係により、また予備校の推奨や高校生間の人気などにより、最近の帰国生の大学や学部への志願には片寄りが目立ちます。そのため受験の難関をさらに高める結果を招き、出願者が3〜6倍という高倍率の大学もあります。その反対に倍率がかなり低かったり、ほとんど帰国生の応募者がない大学・学部もあったりするというのが現状です。

せっかく帰国生のために門戸を開いても、大学や学部によってはそのうち約半分は帰国生の応募者がないというケースがあります。志願者側も大学選定の際に幅広い志向性をもてば、大学入学はそれほど狭き門にはならないはずなのです。

(4) 選抜時期と入学時期

わが国の学校は4月始業制をとっていますが、世界各国をみると9月入学制が約半数、ほかは10月が13％で、学年始めは7・8・9・10月のいずれかである国

は70％近くを占めています（南半球など2月始業の国は12％）。そのため、一般の受験で日本の大学に入学するには、現地校などの卒業年の翌年の4月を待たなければなりません。そこで、帰国生を受け入れている大学では前年の9月末から3月の間に、かなりの数の選抜を間断なく実施しています。選抜時期と入学時期についても、滞在中に志望大学の募集要項で確認し、受験する大学ごとに日程表にまとめておきましょう。

　なお、現在はまだ少数ではありますが、秋期入学を実施している大学があります。これは外国の高校を卒業した帰国生が円滑に入学できて、1年遅れの入学となることを解消させるための入学方式です。これらの大学は募集要項の配付を前年の7月ごろから始めており、出願期間は6月卒業前の3月ごろからです。

　選抜方法は書類審査のみの大学、それに高校を卒業して帰国後に面接を行う大学、さらに小論文や英語、その他の科目の筆記試験を加えている大学などがあります。これらの大学は提出する書類をかなり重視しており、なかでも海外における通学校の学習成績をもっとも重視している点には、特に留意する必要があります。いうまでもなく滞在中に着実に努力し、学校生活を充実して過ごしてきたかどうかに関ってくるといえるでしょう。

秋期入学
大学の入学時期を9・10月など秋期とする入学制度のことです。海外の学校で学んできた者に対し学年の区切りを配慮して入学しやすい機会となっています。実施大学はまだ少ないですが微増の傾向にあり、最近は国内の生徒にも適用する大学も出始めています。

（5）受験資格およびその他の条件

　帰国生で国内の大学を受験できる資格については、海外校を卒業した者と途中で帰国して日本の高校に編入学した者とを分けています。

海外の現地校・国際学校の高等部を卒業した者の場合

　以下のA.～E.の条項にあてはまる者に資格があります。

　ただし受験資格の前提として、国・公・私立大学ともに出願者に日本国籍を有することを条件にしており、国籍を問わない大学は少数です。帰国生の特別選抜という枠を設けている場合は特に限定されます。

- A. 海外において正規の学校教育における12年の課程を修了（卒業）した者
- B. 文部大臣が認定または指定した私立在外教育施設高等部を修了した者
- C. わが国における高等学校卒業程度認定試験（旧・大学入学資格検定）に合格した者
- D. 外国において、ドイツではアビトゥア、フランスではバカロレア、そしてスイス民法典にもとづく財団法人である国際バカロレア事務局から国際バカロレア資格証書を授与された者で、入学時までに18歳に達する者

以下、各条項について説明します。

高等学校卒業程度認定試験
>>258ページ

A.の条項に関して

現地の高校などを卒業した生徒がこれに該当します。外国における通常の学校教育で12年の課程を修了することを定めていますが、国によっては修了年限が13年の制度をとっている学校もあります。その際には、12年修了の時点で資格があるとして出願を認めている大学も多くなりました。また南米諸国のなかには、学校制度が12年未満である国が多いようです。いずれにしても事前に出願する大学に問い合わせておく必要があります。

また、これとともに、大学入学時に18歳になっていることを定めている大学も多数です。いわゆる"飛び級"や"繰上げ卒業"などにより、通算教育年数が12年に満たずに卒業した場合の出願資格です。現地校によっては、科目別の成績が優秀であったり、夏期休暇期間中のサマースクールの学習が加算されたりして、高校を卒業するのに必要な学習単位を先に取得した場合などは、正規の学習期間を短縮して早期に卒業を認める学校があります。このような場合に、日本の大学によっては、それを正規の卒業と認め、学校から卒業証書が交付されていれば出願資格として認めているところもあります。ただ実際には出願する際、"飛び級"の事情などを十分説明できるだけの資料を整え、大学の入試受付担当係にあらかじめ資格確認の相談をしておく必要があるでしょう。また、"繰り上げ卒業"に関しては、卒業証書の記載事項や発効期日を十分に確認しておいてください。

外国の高校に在籍した期間を定める条件のなかで、特に多いのは「最終学年を含めて2年以上継続して在籍する者」(「3年以上」としている大学もあります)です。すなわち、最終学年までの2年間(3年間)以上、現地の高校に在籍していることが条件となります。

B.の条項に関して

現在、海外における私立在外教育施設で高等部が設置されている学校は9校あります。ただし、学校によっては受け入れ大学で特別枠の受験を認めないなどの制約がありますので、その点は十分に確認してください。

大学によっては出願資格に、保護者同伴で滞在したこと、在外教育施設の在籍年数、卒業後または帰国後の年数制限などを規定しているところもあります。また私立在外教育施設には、帰国後系列の大学への入学・編入学がかならずしも円滑でない場合もありますので、あわせて留意したいところです。

C.の条項に関して

高等学校卒業程度認定試験とは、高等学校卒業資格が何らかの事情で取得できなかった場合、大学受験を志す者のために文部科学省が行っている検定

高等学校卒業程度認定試験
高等学校卒業程度認定試験(旧大学入学資格検定)は、さまざまな理由で高等学校卒業資格が得られなかった者等の学習成果を適切に評価し、高等学校を卒業した者と同等以上の学力があるかどうかを認定するための試験です。

制度です。受検資格者は、中学校を卒業した者（外国においては、学校教育における9年の課程を修了した者）で、高等学校または高等専門学校に入学しなかった者、および中退した者、定時制・通信制高等学校に在籍している者等です。

なお、国際学校等を修了した場合には文部科学省か願書受付機関にあらかじめ相談し、資格確認しておく必要があります。

一般の願書の提出期間は5月中旬と9月下旬、検定は8月初旬と11月の年2回実施しています。受験科目は、20科目が設定されているなかで、国語・数学などの必須4科目（倫理と政治・経済で受験すれば5科目）、これに加えて選択科目の日本史ほか14科目のなかから7科目、計11〜12科目を合格する必要があります。合格者は高校卒業の年齢に達した日の翌日から合格証書の効力が発生して、大学入学資格を得ることになります。

なお、1994（平成6）年度から「高等学校学習指導要領」によって高校の日本史・世界史等がAとBに分かれるなど教科・科目数が大幅に増えたため、高等学校卒業程度認定試験制度も1996年から新しい科目に改められ、20科目から28科目になりました。

最後に、受験科目には免除規定があって、たとえば高校の学習単位を修得した者は、それに相当する科目が免除になります。また、一部合格などの取り扱いもあって、2〜3年かけて資格を取ってもよいことになっています。

問い合わせ先は、文部科学省生涯学習振興課（〒100-8959 東京都千代田区丸の内2-5-1　TEL.03-5253-4111）、または各都道府県教育委員会検定担当課係です。

D.の条項に関して

国際バカロレア資格については、すでに第3章（165ページ〜）で説明しましたので、それを参照してください。

国内の高等学校卒業見込みの者の場合

海外の現地校等に在籍していましたが、中途で帰国し、国内の高校に編入して3月に卒業見込みの者の場合、すなわち海外の学校での卒業（修了）を条件にしていない大学があります。この場合には一定の条件が設けられていて、たとえば、中学・高校合わせて3年以上継続して海外の学校に在籍した者などの条件に該当する者のみを帰国生として特別の選抜制度を適用し、帰国生選抜を行う大学もあります。

一定の条件は各種あります。滞在時期の現地校・国際学校の在籍期間を2〜3年以上とする大学、加えて帰国後の国内高校在籍期間を1年半以内とする大

学など、大学によってその規定はさまざまです。

　また、受験を認めている大学でも、多くはその年度に卒業見込みの者のみに特別選抜による機会を与えているだけで、翌年度の継続資格は認めていない大学があります。ただ、このように国内の高校卒業見込みの者を認めている大学は限られていて、特に国・公立大学は数がたいへん少ないのが実状です。

その他の問題

　保護者が先に帰国し、本人が単身残留して現地の高校を卒業した場合の扱いとして、残留期間に応じて特別選抜の受験を認めている大学があります。また単身留学であっても特別選抜を実施している大学もあります。

　また、特別選抜資格の継続期間についてですが、特別選抜制度のおかれた主旨からすると、かなり難しい問題で、当初の受験を含めて2年間と定めている大学もあり、修了年度1回としている大学もあります。あわせて、同一大学の学部学科に再度受験することの可否や、一般資格での重複受験問題などもありますが、それぞれの大学によってその対応が違っています。

　以上のように、大学の帰国子女特別選抜制度は、一部規定を除いては、すべての大学に共通した規定がありません。したがって、志願者は、希望する個々の大学から直接情報を得て確認することが何よりも大切です。

（6）出願書類

　出願書類は、一般的に次のとおりです。

A. 入学願書（それに伴う受験票）
B. 最終卒業学校である現地校、または国際学校等から12年の教育課程を修了したことを証明する卒業証明書（場合によっては卒業見込み証明書）
C. B.の裏付けになる滞在期間中の学校の学業成績を示す成績証明書
D. 健康診断書
E. 海外在留証明書
F. 推薦書（滞在地の学校長または担当教師による）
G. I.B.ディプロマを有する者は、その最終試験6科目の成績評価証明書
H. 大学受験（または入学）資格試験のスコアカード（提出必須の条件としている大学や受験していた場合には提出させる大学、特に提出する必要がない大学等があります）
I. 住民票

これらのほかに成育歴や身上書を入学願書と別個に求める大学もあります。また、書類を整える際に、大学が指定した所定の用紙（当年度用紙に限る）

教育相談室 Q&A

Question

小学5年生の子どもをブラジルに帯同し、長期間滞在の予定です。**現地の高校を卒業しても、日本の大学受験資格は**あるのでしょうか。

Answer

ブラジルの学校制度は日本とはかなり違っています。義務教育は7歳から14歳までの8年間です。高等学校は15歳から17歳までの3年間で日本と同じですが、小学校から通算すると11年で、日本の12年より1年足りません。現地の学校から日本の大学に進学する場合に、これが資格のうえで問題になります。

日本の大学受験の資格は、12年制度の学校で12年生を修了していること、入学時に18歳に達していることを基本としています。したがって、ブラジルの場合は、現地の高校卒業の資格では出願できないことになります。

そこで、日本の大学に進学するためには三つの方法が考えられます。

① 高校の課程から国際学校に編入し、そこの修了資格を得ることです。高校からは相当の英語力が必要になりますから、中学までの間にそれに備えておくことが前提になります。

② 現地の高校を卒業後、現地の大学に進学して、それから日本の大学に編入する方法です。ただし、日本で編入学ができる大学は限られていますし、いくつかの条件もありますから、その可能性について大学側に確かめておく必要があるでしょう。

③ 現地の高校の途中で帰国し、日本の高校に編入して、そこから帰国枠の大学入試を受ける方法です。高校の途中編入は学年が上がるほど難しくなりますので、日本の高校2年の3月か、遅くとも3年の7月の編入試験を受けることをお勧めします。

いずれにしても、ブラジルの現地校を卒業しただけでは日本の大学進学はできませんので、しかるべき対策をたてておくべきでしょう。

なお、お子さんにとっては、ポルトガル語が一つの障害になることも考えておくべきでしょう。ブラジルの公立校では外国人のためにポルトガル語を教えてくれる制度はないので、かなりの期間、学習が困難な状態が続くと覚悟しなくてはなりません。そのような事情から、日本人学校がある地域であれば、中学までは日本人学校に在学し、ない地域であれば最初から国際学校を選ぶ人が多いのが現状です。どの場合でも、十分な事前の調査が必要になるでしょう。

教育相談室 Q&A

Question

アジアの国際学校11年生を修了し帰国予定です。国内の高校に編入しても学習適応に苦労するので国際学校へ編入させたいと考えています。**国際学校12年生修了後、国内の大学への進学は可能でしょうか。**

Answer

海外滞在中は、現地の通学先として国際学校（インターナショナルスクール）を選ぶことは、所在国の政府から法律で認められた正規の認可校であれば、帰国後に在学資格を生かして日本の学校に入学・編入学する上で問題はありません。しかし、帰国後も国際学校を選ぶことには問題があります。海外の姉妹校からの編入でも大学受験資格については調べる必要があります。

日本の大学受験資格は、海外でのG12修了、高等学校卒業程度認定試験（旧大検）の合格、学校教育法という法律で認められた高校の卒業等で得られます。しかし、国際学校はこの法律では、まだ各種学校のような扱いを受けています。教育の国際化が進むなかで2003（平成15）年9月から、この法律の運用として三つの国際的な学校評価団体のいずれかが認定している国際学校のG12修了者には大学受験資格が認められることになりました。認定3団体は次のとおりです。

・WASC（Western Association of Schools and Collages）
・ACSI（Association of Christian Schools International）
・ECIS（European Council of International Schools）

このような変化が起こり始めていますが、依然として国際学校は国内に居住する外国人のための学校とされており、日本の大学受験資格が修了生にあるかどうかについては問い合わせる必要があります。

日本の大学入試の方法も多様になってきていますが、それでもたとえば入試問題の設問は日本語でしか書かれていないのが現状です。ですから学習適応の苦労はあるとは思われますが、多様になってきた高校のなかで日本語指導に注力してくれる学校を探し、日本語力の育成に励むように方向づけ、バイリンガルをめざすようにしてあげるのが順当だと思われます。

日本国内在住者で、生きた外国語が身につくからと、日本の学校に就学させないで国際学校の在学を考える例もありますが、クリアすべき問題がたくさんあることを考えていただきたいです。

であるかどうかや、記載事項や方法の指定などにも注意してください。特に入学願書は、一般に受験者本人が記載することを原則とします。その準備として、家族のことや自分の生育・就学歴、大学志望の理由、課外活動、趣味、特性・性格など、予想される記載事項の内容を明確にして整理しておきましょう。

書類の提出については、郵送でよい大学、大学へ直接出向いて入試事務室へ提出する大学（その際、本人か代理人でもよいか）などの規定があります。前者については、諸外国からの郵便事情を考慮し、後者についてはあらかじめ準備は早めにしておく必要があります。

（7）選抜方法と内容基準

選抜方法

特別選抜を実施している多くの大学では、選抜の方法として一次選抜と二次選抜とに分けています。

一次選抜の内容は、出願書類の審査として記載上の不備をただすことに始まり、学業成績等を含めて提出した書類全般にわたって審査します。国・公立大学の選抜はこの書類審査に限られていることが多いのに対して、私立大学のなかには書類審査とともに、日本語・外国語の小論文の試験を課している大学もあります。

二次選抜は、国・公立大学では面接・小論文と大学の学部学科に関係する1・2科目の試験を課しています。たとえば理系の場合、数学または理科、すなわち物理・化学・生物・地学のなかの1科目（いずれもという大学もある）の試験などです。私立大学は、日本語（小論文形式が多い）・外国語の試験と面接を課す例が多いのですが、特に理系の場合には大学によってかなり違います。

小論文

選抜方法のなかに、多くの大学が小論文をとり上げています。主として日本語による課題論文ですが、大学生として日常の講義を含めて大学生活に耐えうるだけの日本語能力と、諸般の状況や情緒等を論理的に説明できるかなどの表現能力とを調べます。出題のテーマ（課題）は、志望学部・学科によりさまざまです。海外での生活体験をもとにした論文を作成するケースもあり、それらの体験を通して得られた本人の批評や考えかた、国際的視野の広さ、または年齢相応の自覚や信念・心情などを探ることをねらいとしています。いずれも指示どおりの時間と字数で出題内容をこなさなければなりません。

全体の字数や時間の制約等は、大学・学部によりかなり違いがあります。字数では300字から2,000字で、無制限や指示のない大学もあります。時間とし

ては90分くらいが多く、なかには150分の大学もあります。

　なお出題形式は、一つの指示テーマを課すことがありますが、一般には大テーマのもとにいくつかの設問をおいて、それぞれに指定した字数で記述させる形式が採られています。具体的には、あらかじめ課題の英文や和文の論説や著作物からの引用文・資料を提示して、その内容についての設問に答えるという形式がかなり一般化しています。すなわち、読解力と表現力、問題解決力の面と一般的教養にも留意した出題といえます。

　以上のことを考えると、第一に、日ごろから出題テーマに沿った図書類を読みこなしていることが、第二に、制限時間内に指示された字数で文章をまとめ上げられるような訓練が必要でしょう。

面　接

　選抜内容のなかに面接があるのは、小論文を課しているのと同じ意図をもっています。生育歴や滞在地の学校生活を含む海外体験を、本人の口述によって明らかにすることと、書類だけではわからない人物像を具体的に、また総合的に評価・判断することが目的です。面接官は、関係する学部・学科に所属する教員が2〜3名で担当し、時間は2〜3分から30分くらいまでと大学によってさまざまです。滞在地での使用言語で応答させられることもあります。また、一般の面接とちがって、海外生活で身につけた考えかたやものの見かた、価値観をはじめとして、国際的な視野の広さや積極性などが評価の基準になるでしょう。なお、受験の動機や入学の希望などについては、かなり筋の通った答えを求められます。ほかに時事問題や読書経験、滞在期間との兼ね合いで日本語による表現力などの点も評価項目に入っているようです。

学科試験

○国語：大学・学部により出題傾向や難易度に差があります。国語の試験内容を現代文と規定している大学や、日本語の能力を調べる大学、国語の広い範囲からその能力を試す大学などかなり分かれています。いずれの大学においても、一般学生と同じ日本語による講義内容が理解でき、基本的な国語力が備わっているだけでなく活用できる能力の有無が判定されます。

○外国語：外国語の試験は、特に指示された言語でない限り、自分が得意とする外国語を選べます。大学側は、高度な語学力の者を求めている反面、外国語を日本語に訳して十分に表現できることや、日本語の趣きや論理を外国語で表現できるかなど、日本語に精通しているかどうかという点に注視しています。滞在中にはさほど気にせずに使っていた外国語であっても、細かい点でチェックされて、あらためて自分の慣用的に使っていた語句な

どに誤りがあったことに気づくこともあります。帰国後は、あらためて文法書などに目を通して、より熟知した語学力を試験の際に発揮できるようにしておきたいものです。
○数学・理科：理数系学部の志願者に限られますが、基本的には、学習用語および学習活動のなかで広く用いられる慣用的な語句や科学的・論理的説明の能力など、日本語による表現と説明ができるか、国内の学習内容について未履修や欠落している内容がないかどうか、といった点に留意しましょう。そのためには日本の教科書を身近において、全体的に一覧できるようにしておく必要もあります。なお、試験に際しては筆記試験の代わりに面接形式で、基本的知識や滞在地の学校における授業内容、現在の理数系の研究や出来事に対する関心の度合などを質問する大学もあります。

選抜の基準

　大学における特別選抜の基準には、大別して次の三つがあります。
① 現地主義をとり、海外における日常の学習活動や学業実績を重視して、現地校や国際学校からの成績・評価を基準にして総合判定し、合否を決めていくものです。その際、客観的な評価基準として滞在地で受験した全国統一試験の成績を加味します。
② 滞在地により教育制度や教育水準に大きな相違があることから、海外の学校の成績では一律に評価できないことを前提にして、大学独自の立場で立案した選抜方法による選抜試験によって主として評定します。そのため海外の学業成績は副次的に扱います。
③ 総合評価主義で、①と②の長所を生かして評価判定する方法です。
　これらの分類をもとにして、志望する大学の大学案内や募集要項を十分に読みとってから、自分の能力を評価してもらえる大学に出願することが大事です。①②③いずれの型の大学であっても、基本的には滞在地の学校における日常的な学習活動の努力の結果が、決め手になります。

海外における大学入学・受験資格試験について

　海外においては、大学入学資格を認定する国際的または国家的規模による各種の統一試験が行われています。これらの試験はもちろん海外子女も受験できて、その成績や認定資格はわが国の大学受験に際して有効に利用されています。大学によっては出願の際に、その成績や受験結果などの提出を義務づけたり、また受験している場合のみその成績を提出させたりとさまざまですが、かなりの大学で滞在地における成績の一つとしてとり上げています。
　これは、大学側が選抜にあたって、滞在地の学校における学業成績とともに、

客観性をもった統一試験の成績結果とをあわせて審査することにより、志願者の資質・能力を公平・適正に測定することができるためです。
　その主要な統一試験の成績証明書は次のとおりです。
A. 国際バカロレア(I.B.)の制度によるもの
　　I.B.最終試験6科目の成績評価証明書
B. アメリカの教育制度によるもの
　　College Board(CB)、およびEducational Testing Service(ETS)の実施する次の試験の成績評価証明書
　　1) SATⅠ (Scholastic Aptitude TestⅠ)
　　2) SATⅡ (Scholastic Aptitude TestⅡ)
　　3) TOEFL(Test of English as a Foreign Language)のスコア・カード
C. イギリスの教育制度によるもの
　　GCE-Aレベル(General Certificate of Education, Advanced Level) 2～3科目、およびGCSE(General Certificate of Secondary Education) 3～2科目、計5科目の成績評価証明書(大学により指定の科目があります)
D. フランスの教育制度によるもの
　　バカロレアの成績評価証明書
E. ドイツの教育制度によるもの
　　アビトゥア等の成績評価証明書、または卒業試験合格証明書

　これらの成績評価証明書については、各実施機関から志願する大学に直接送付するように手続きをとることを求めている大学もあります。また、国によっては、この成績評価証明書の入手時期が書類提出の時期とずれていることもあり、志願する大学に連絡してあらかじめ了承を得ておく必要もあります。
　なお、A.～E.の試験の内容については、「第3章 6. 諸外国のおもな大学入学資格試験」を参照してください。

(8) 合格後の事前研修・補充学習

　現在のところ少数の大学ではありますが、帰国子女の入学内定者に対して、入学以前に予備または補充等の特別な研修課程を設けて、これを履修してから入学を迎えるように配慮している大学もあります。いうまでもなく滞在国の教育事情による教育課程や学習内容等の差異を埋め、専攻分野の基礎的な学力、日本語表現能力などを補充するために実施しています。履修指定の科目、実施期間、履修時間等は、大学・学部によって違いがあります。履修する科目は、日本理解に関わる科目、たとえば日本歴史、政治経済、古典、現代国語および

理数科目などが主のようです。

(9) 国内の大学への編入学

　滞在地の大学から国内の大学に編入学することについては、特に規定は設けられておらず、原則として国内の大学からの転入学に準じて取り扱ってよいことになっています。とはいえ、このことは結論からいえばかなり難しい状況にあります。わが国の大学では学部・学科による講義・講座の体系ができ上がっています。そのなかに途中から編入学するとなると、これまでに取得してきた単位（講義内容）を、編入学を希望する大学でどのように換算してくれるかという問題が起こります。

　一般に、国内の大学同士でも編入学のケースが少ない状況にあるのですから、海外諸国の大学となるといっそうの困難さがあります。現在実施することを定めている大学は、国立・私立ともに10大学前後です。その規定によれば2年次か3年次と明記している大学、一応学年不詳で編入学を行うと定めている大学、欠員のある場合に限る大学などに分かれます。ただし、編入学を認めていても特定の学部・学科に限られています。

　おおよその目安からすると、国内の大学の2年次または3年次への編入制を採用している大学へ編入するには、海外の大学で少なくても2年次または3年次を修了する必要があります。また、募集要項の内容もかなり複雑ですから時間に余裕をもって大学側に照会し、準備を整える必要があります。

第5章 ［海外子女教育のあゆみ］

1. これからの海外子女・帰国子女教育
(1) 海外子女教育のあゆみ
(2) 帰国子女教育のいままでとこれから

2. 帰国子女と国際理解教育

1. これからの海外子女・帰国子女教育

(1) 海外子女教育のあゆみ

第二次大戦前にもあった日本人学校

　わが国の日本人学校の歴史には、第二次大戦の終了後とそれ以前では大きな断層があって、現在の日本人学校は戦前のものとは異質なものですが、読者のみなさんが滞在するかもしれない土地の日本人滞在の歴史とも関連がありますので、戦前にあった世界の日本人学校についてごく簡単に説明します。

　当財団で刊行した『海外子女教育史』によれば、戦前に海外で日本人の教育を行った歴史は、350年も前に宗教伝導のために行われたという記録がありますが、これは別として、学校という教育機関で日本人の子どもが学んだ最初は、130年ほど前の1877(明治10)年に設立された釜山共立学校とされています。

　その後、1905年に在外指定学校の職員に関する法律が制定されて以来、「在外指定学校」として指定された学校は、第二次大戦終了の1945年までの間に初等学校が595校、中学校が156校の合計751校が、現在の国別による14か国に設置されていました。また、それ以外にもハワイやブラジルなどには、私設や現地州立の日本人学校が数多くありました。

　指定学校を学校数の多い国順でみますと、中国678校、韓国26校、フィリピン16校、北朝鮮8校、インドネシア7校、マレーシア4校などですが、終戦とともにすべて廃校となりました。

　『海外子女教育史』によれば、これらの諸学校の設立は「日本の近代国家としての形成と深く連動していた」ということです。

第二次大戦後の日本人学校

　終戦から10年経ち、国内では神武景気が始まり、国際的には日本の国連加盟が決まって、企業の海外進出もようやく活発となりました。1956(昭和31)年に、タイのバンコクに戦後初めての日本人学校が設立されたことは第1章でもとり上げました。その後、海外滞在中に日本の教育を維持していきたいという親の願いは強く、時期を前後して補習校も世界各地にでき始めました。

それから約50年後の現在（2005年4月15日現在）、85校の日本人学校と185校の補習校が設置されています。海外には、義務教育年齢の子どもたち約55,000人が在留するようになりました。
　調査が始まった1971年から2005年までの在外児童・生徒数と海外在留邦人数の推移をみますと、この35年間に児童・生徒数は約6.0倍、在留邦人数は約6.5倍に増えています。
　ところで、戦後初めて新制度の日本人学校ができて以来、海外滞在中に安心して教育が受けられるように、多くの組織や機関、人々の努力が積み重ねられて今日に至ったことは、忘れてはならないでしょう。
　バンコク日本人学校は、開設当初は「日本語講習会」の名称で発足しましたが、そこから帰国した児童が、義務教育期間中であるにもかかわらず国内の学校に無条件に受け入れられずに、編入試験を行って入学を承認されたという問題が起きました。それを受けた当時の文部省（現・文部科学省）は1960年に、学齢期の児童生徒が外国から帰国した場合には、試験を行ったりすることなく国内の小・中学校からの転入学と同様に扱うようにと通達を出しています。帰国子女の受け入れはこのような状況から始まりました。
　その後、子どもたちが海外滞在中に安心して教育が受けられるようにと、これに関する法律や制度を含め、さまざまな問題が改善されてきました。たとえば、海外の日本人学校中学部卒業生が日本国内の高等学校入学資格を認めるための「文部大臣指定制度」ができたり、大学入学に際して帰国生を高等学校卒業者と同等以上の学力があることを認める制度ができたり、国内高校への中途編入学ができるように法律を整備したり、さらには帰国した児童生徒の受け入れ校の指定を行うなど、法令や制度上の改革が進められてきました。
　特に1993年には在外教育施設に対する「文部大臣認定制度」が発足し、教育の内容も国際化時代に視点をおいた特色ある教育をめざすようになりました。しかし、これらの改善・改革はわが国の海外子女教育に関わる多数の公的あるいは私的な組織による調査や提言に支えられてきているのです。

変化してきた海外子女教育

　日本人学校や補習校が開設され始めた1960年代の中ごろまでは、海外滞在中の親たちは、昨今より日本語の保持や日本の教育の継続を願う気持ちが強かったといわれます。
　国内の受け入れ校の整備も今日ほどではなかったため、中学校卒業期までに父親を残して帰国して高校受験をさせる傾向もあり、特に高校生の子どもは帯同しないのが一般的でした。
　1990年代に近くなると、国内高校の編入学に関する法律が改正されて、編入

学受け入れ高校の数が増え、また特に受け入れ大学の数が飛躍的に増えたことや、国内諸情勢の国際化が進むにともない、中高生の帯同も多くなりました。それとともに、滞在中の子どもの教育への親たちの視点も変わり、国際化への傾向が強まりました。つまり、子どもの異文化体験を重視し、積極的に英語を習得させるという考えかたが一般的になりました。

1993年の文部省の「海外子女教育に関する調査研究会報告」は、親の国際化への指向と国内の国際化によって変化した帰国子女の特徴を、次のように表現しています。
① 中学校および高等学校段階で帰国する子女が増加する傾向にある。
② 帰国子女の海外での滞在期間が保護者の外国間転勤等により長期化する傾向にある。
③ 帰国地域が首都圏から他地域へ分散化する傾向にある。
④ 現地校や国際学校に在籍していた帰国子女が増加する傾向にある。

文部省ではこのような海外滞在者の特徴を検討したうえで、日本人学校や私立在外教育施設について、学校が海外にある環境上の利点を最大に生かして子どもの国際性の涵養をはかるという観点を打ち出しました。

これからの日本人学校や私立在外教育施設の教育は、これまでより以上に現地社会に開かれた国際化の傾向を強くもつのではないでしょうか。たとえば、授業のなかで、国際理解・現地理解教育が従来より活発に行われ、現地との交流や一部教科の外国語による授業などが教育課程のなかに組み入れられることもあるでしょう。

次に忘れてはならないことは補習校の整備です。現地労働ビザとの関係で、地域によっては教員の確保が困難な補習校があります。また専門教員がいないために教育課程の編成などにも苦心しています。国の援助により徐々に改善されていますが、さらに充実・整備されることが望まれています。

今後は、海外に滞在する親たちの子育ての国際化傾向はますます進むでしょう。また、企業進出地域も世界経済の動きのなかで広域化していくでしょう。そのため子どもが現地校や国際学校へ入学する割合はますます高くなると考えられます。したがって、補習校と通信教育はこれまで以上に子どもたちに日本人としての基礎を育てる教育の役割を担っていくことになるでしょう。

帰国子女で立派な人材だといわれている人たちは、根底に現代日本人としての優れた面を備えているうえに、国際感覚が豊かでグローバルな見かたをもっています。たんに英語ができるだけで外国に住んだ経験があっても根なし草のような人たちではありません。外国人と本当のコミュニケーションができる力を備えているのです。これからの日本人学校ではこのような人材の育成をめざしていくことになるでしょう。

(2) 帰国子女教育のいままでとこれから
帰国子女教育のいままで

現在では国際化時代のホープなどと呼ぶ人もいるほどに注目されている帰国子女も、戦後日本の国際社会への復帰が始まったころは海外においても帰国後でも苦難の道を歩んでいました。

異なる言語のなかで生活し教育を受け、そして帰国した子どもたちに対する受け入れ教育は1950年代の後半から始まっています。

しかし、当初は帰国した児童生徒も少なく、行政の施策も十分でない時代でした。編入した学校ではどのような教育をしたらよいかわからないままに対応していました。1960年代に入ると、学校歴や年齢の異なる帰国子女の数も急増して、本格的な受け入れ教育が必要となっていたのですが、当時滞在していた親たちはわが子が帰国したときにはどうなるのだろうかと強い不安を感じていたといわれています。いまから約50年前のことでした。

この問題を解決するために、1965年になって東京学芸大学附属大泉中学校に初めての特設学級として「帰国子女学級」が設立され、帰国子女への教育を実践しつつその研究に着手しました。まさに帰国子女教育の先駆的な役割を果たしました。また、このころ私立桐朋学園ほか数校も帰国子女を編入学させていました。

海外に滞在する邦人や企業からの強い要請を受けた文部省が1966年に調査をしてみると、その前1年間に帰国した子どもの数は874名いることがわかりました。そこで文部省は1967年になって東京、名古屋や関西地区に、「帰国子女教育研究協力校」を12校定めて指導にあたることにしました。さらに県や市の指定も加わり全国各地に拡大していきました。そしていずれの学校も滞在期間の長い子どもを受け入れて適切な指導と研究を行っていましたが、この指定制度は2001年3月をもって終了しています。

受け入れを始めたころの研究協力校では、子どもが現地で身につけてきた言語や習慣を消して、一日も早く日本に同化させることをねらいとした教育が行われていたといわれています。当時の編入生徒は現在のように海外校で正規に学習してきた者だけでなく、学齢超過の者、学校歴もあいまいな者や日本語のできない者などさまざまな子どもがいました。現在のように日本の経済力や日本人が世界に認められて、かなりの国で現地の学校に編入が可能となり、また国内の受け入れシステムが進んできた時代から考えると当時の苦労は想像を絶します。

文部省では上述の東京学芸大学附属大泉中学校に特設学級を設立したのちに、国立の附属小学校と附属高等学校に帰国子女を受け入れて研究を開始しました。全国にある帰国子女受け入れ校をリードしながら新しい受け入れ教育

をさぐりつつ現在に至っています。2002年には、国立附属小・中学校の受け入れ校は18校となりました。

帰国子女の特別選抜

　帰国子女教育は入学時に帰国子女に合った特別な方法で選抜して受け入れる方法が研究され、私立中学や高校、大学の受け入れが進展してきました。

　日本とは教育の内容が異なる現地校や、施設も不十分な日本人学校で教育を受けてきた子どもたちを、高校において特別な方法で選抜を行ったのは1970年代の初期でした。当時の受け入れ校は桐朋女子、順心、堀越の私立高校3校のみでした。1970年代の中ごろから、国の補助を受けて私立の国際基督教大学高等学校、暁星国際高等学校、同志社国際高等学校が開設し、また国立の東京学芸大学附属高等学校大泉校舎も開校し、これら4校の帰国子女受け入れを目的とする学校が設立されて以降は、公・私立高校の受け入れ校が急速に増え、特別な選抜方法で受け入れられるようになりました。

　当財団の調査では、2006年度に帰国子女特別選抜を行う高校は、国立9校、公立167校（このほか19道県はほぼ全校で受け入れています）、私立72校、特別枠を設けていないが受け入れの際、特別の配慮をしている学校146校の計394校あります。

　1980年代ころまでは、海外から帰国して高校へ中途学年で編入学することはまれでした。受け入れ校も少なく法規も整備されていないこともあって、高校入試期に海外に父親を残して帰国する家族が多い状況でした。1988年に帰国子女が受験しやすくなるように法規が改正されて以来、高校での編入受け入れ校も増えました。高校の編入学が整備されるにしたがって、中学生の帯同渡航や高校生の学年途中での帰国が増えていることがわかります。

　大学の入学選抜では、一般的な方法とは違った方法によって特別に帰国子女や社会人を選抜することが認められています。帰国子女の特別な選抜には推薦入試と特別枠入試、調査書による選抜などが行われています。

　上智大学では1971年から特別枠の入試を行っていますが、最初のころはほかに受け入れる大学がほとんどないという状況でした。1976年になって筑波大学が推薦入試制度を帰国子女にも適用し、その後いくつかの私立大学が受け入れを始めるなど徐々に受け入れ大学の数も増えていきました。そして1982年に京都大学が受け入れ枠を設けて選抜を行い、これが契機となって国・公・私立大学の受け入れ校が急激に増加しました。

　大学・短期大学の受け入れ校数は増える傾向にあります。このことは中学校高学年の生徒や高校生でも帯同できる条件が整備されてきたということを意味します。

帰国子女教育のこれから

　帰国子女受け入れの最初のころは、前述のように日本に同化させようとする教育をしていた学校もあり、帰国子女が困惑したり、教師や友人でも帰国子女が海外で得た学習や習慣をマイナス要素で邪魔なものとみる風潮さえありました。

　ところが、わが国の国際化が進み帰国子女が成長し社会で活躍してくると、帰国子女が身につけてきた言語や体験を帰国子女の特性と呼んで、そのよい面を伸ばす教育が基本だという声が、教育界からも強く発せられるようになりました。そしてこの考えが教育現場に急速に広がるようになりました。それだけでなく、この特性のよい面をプラスにみて一般児童生徒にも及ぼす教育が必要だという考えや、帰国子女が異文化のなかで身につけてきたものを一般の子どもが認めることで異文化を知る教育ができるという考えも出てきたのです。

　これをまとめてみますと、現在の帰国子女教育の大きなねらいは次の三つだといえるでしょう。

① 日本の学校や社会に適応できるための教育
② 海外で身につけた特性を伸長させる教育
③ 国際化社会に必要な異文化のなかで得た特性を、国内の児童生徒に及ぼしながら相互に啓発する教育

　文部科学省は、これからの帰国子女教育のために調査研究会をつくり研究を進めていますが、学校では帰国子女の異文化環境での学習や生活を尊重することや子どもの多様な実態に即した教育を進めるための具体的な方法をとり上げています。

　そのなかで、海外に滞在する父母からの要望が強い帰国子女入試に関しては、「特に高校入学時の受け入れの拡大や、途中編入学を増やすこと」、「また日本人学校出身者も現地校・国際学校出身者も帰国子女であることには変わりがないが、選抜のための資料の見かたや比重、あるいは方法を工夫すること」、「海外に長期間滞在して帰国したのち再度渡航した生徒で、再渡航滞在期間が短いために帰国生として扱われない受験生への対応や、選抜時に作文をとり入れること」など、海外滞在中に得たよい体験を選抜に反映させるよう提起しています。

2. 帰国子女と国際理解教育

　現在、教育現場では「国際理解教育」ということばがしきりに使われています。この「国際理解教育」と呼ばれるものは、いまに始まったものではなく太平洋戦争が終った1950年代から日本の国の将来像を目標にして教育現場で使われ始めたものです。

　最初のころはユネスコの理念を学ぶことから始めたのですが、最近は研究も進んで、子どもに国際的な知識を教え、人権や自由・平和の問題を理解させ、グローバルな見かたや国際感覚を育むことをねらいとしています。またこの「国際理解教育」は、教科のなかだけで学ばせるのではなく学校内のあらゆる機会を使って学ぶことを目標としています。このため具体的な学校の教育目標にも、島国に住む日本人が地球規模の環境に目を開いて日本の習慣だけを守って閉鎖的にならないようにすることを掲げています。そして日本文化の基本をしっかりもった日本人として育てながら、異質な文化を受け入れ外国人とコミュニケーションができる人間を育成することをとり上げています。

　ところが、国内の国際化が叫ばれて日が浅いために、国際社会で活躍する具体的な人間像が教える側にも教えられる側にも捉えにくいのが問題でした。そこで海外で学んできた帰国子女や、実社会で活躍しているかつての帰国子女の感覚と体験をモデルとしてみると、学校で考えているような国際社会に住む人間の目標像の一部が描けるということがわかったのです。

　こうして国際理解教育のなかに、帰国子女が体験してきたことを積極的に育成しながら他の児童生徒にもそれを広げようという考えが強くなりました。この考えは、国内の小・中学校や一部高校の受け入れ校から始まり、現在では全国的に広がってきています。

第6章 ［財団のサービスインフォメーション］

1. 全般にわたるサービス
（1）インフォメーション・サービス
（2）教育相談
（3）刊行物の発行・販売

2. 出国前のサービス
（1）海外で使う教科書の給与
（2）親子教室
（3）渡航前英語準備クラス
（4）海外駐在員夫人講座

3. 滞在中のサービス
（1）通信教育
（2）海外子女文芸作品コンクール

4. 帰国後のサービス
（1）外国語保持教室

この章では、(財)海外子女教育振興財団(JOES＝Japan Overseas Educational Services)が行っている海外子女・帰国子女教育に関する援助事業のうちでみなさまにご利用いただけるサービスについて説明します。

(財)海外子女教育振興財団(JOES)の活動について

当財団は、海外子女・帰国子女教育の振興をはかるために、海外で経済活動等を展開している企業・団体によって1971(昭和46)年に外務省および文部省(現・文部科学省)の許可を受け、公益法人として設立されました。

以来、日本人学校・補習校等に対する援助をはじめ、ここでご紹介する各種のサービスなど、政府の行う諸施策に呼応して海外子女・帰国子女教育の振興のために、わが国でただ一つの民間専門機関として幅広い事業を行っています。

当財団では、海外子女・帰国子女教育のさまざまな場面でみなさまのお役にたてるように活動しています。個人の方にご利用いただく具体的なサービス内容は次のとおりです。

A. 全般にわたるサービス
① インフォメーション・サービス
② 教育相談
③ 刊行物の発行・販売

B. 出国前のサービス
① 海外で使う教科書の給与
② 親子教室
③ 渡航前英語準備クラス
④ 海外駐在員夫人講座

C. 滞在中のサービス
① 通信教育
② 海外子女文芸作品コンクール

D. 帰国後のサービス
① 外国語保持教室

また、これらのサービスほかに当財団が在外教育施設に対して行う援助事業としては、①日本人学校建設等資金の募金、②日本人学校等所用資金の募金、③在外教育施設援助、④学校環境整備援助、⑤日本人学校安全対策援助、⑥巡回指導、⑦在外教育施設教材整備、⑧教材斡旋、⑨学校傷害保険等斡旋、⑩在外教育施設派遣教員等医療保障制度などがあり、多岐にわたって海外子女教育にかかわるみなさまのバックアップを行っています。

1. 全般にわたるサービス

（1）インフォメーション・サービス

　海外に滞在中も帰国してからも子どもの教育に関しては、何よりも正確・的確な情報が必要です。当財団ではこうしたニーズに対応し海外子女・帰国子女教育に関する豊富な情報を提供しています。ご案内は当財団の窓口をはじめ、電話、文書（Eメール・FAX・手紙）で各種の情報を得ることができます。また、当財団のホームページ（URL http://www.joes.or.jp）の活用もお勧めします。

インフォメーション・サービスについて
東京 03-4330-1349
大阪 06-6344-4318

海外の学校情報の提供

　世界各地にあるすべての日本人学校・補習校の施設の概要から入学・編入学に関する詳細な最新情報までを提供しています。また、保育園・幼稚園から高校段階までの現地校・国際学校などの入学・編入学手続きについてもご案内しています。

日本国内の学校情報の提供

　約1,100校におよぶ帰国子女受け入れ校、および約60の教育委員会の公立校入学・編入学に関する最新の情報を提供します。なかでも帰国子女特別選抜を実施する小・中学校、高校、大学についてのお問い合わせには、各校の学校案内・募集要項にもとづいてご案内します。

(2) 教育相談

当財団では東京と大阪（関西分室）、名古屋の3か所に教育相談室を開設し（名古屋は定期相談会）、経験豊富な専門の教育相談員が海外子女・帰国子女教育に関する相談に応じています。相談の方法は、面談相談（予約制）、Eメール相談（ホームページより）、FAXや手紙による相談があります。

出国前の相談

渡航を前にした不安や悩みに応えるために、出国前相談を行っています。個々の状況に応じた具体的な教育情報を提供しながらアドバイスを行っています。

相談の内容は、現地の教育事情や学校制度のあらまし、出国のタイミング、学校選択（日本人学校・現地校・国際学校など）、また現地での言語習得や日本語学習、家庭での学習などについてです。また、帰国時の編入学や受験の見通しなどについての相談にも応じています。

滞在中の相談

現地での学習や生活上の留意点、海外での進学や現地の試験制度、通信教育による学習、さらに帰国のタイミングなどについてです。滞在中の海外からの相談はEメールやFAX・手紙によるものが大半ですが、一時帰国の際には面談による相談をぜひご活用ください。

帰国後の相談

帰国後は国内の学校への編入や進学などの学校選択と受験資格を中心に、学習・生活上の適応問題、習得した外国語の保持に関する相談にも応じています。

学校説明会・相談会

当財団では、海外に滞在中または日本に帰国した小学生から高校生までを対象にした学校説明会・相談会を毎年開催しています。これは国内（東京・大阪・名古屋）と海外の各地で実施します。会場では、日本国内の帰国子女受け入れ校の担当者が、各校の特色・指導方針・授業・課外活動から選考方法・時期・募集定員などについて説明を行い、保護者や子どもたちからの具体的な質問にお答えしています。開催に関する詳細は当財団にお問い合わせいただくか、ホームページをご参照ください。

教育相談について
東京・名古屋 03-4330-1349
大阪 06-6344-4318

教育相談の申し込み方法
- 面談相談……電話にてお申し込みください。
- Eメール相談……ホームページ内専用フォームからお申し込みください。アクセスのしかたは、http://www.joes.or.jp に接続する→トップページメニューから"教育相談・インフォメーションサービス"→"教育相談"→"教育相談フォーム"の順でクリックして開き、必要事項をご記入のうえ送信してください。
- FAXや手紙による相談……①〜⑦の必要事項を明記のうえお申し込みください。①保護者氏名・住所・電話・FAX番号 ②保護者の所属先企業・団体名 ③お子さまの氏名・性別・生年月日・学年・学校の種類 ④出国予定日または帰国予定日 ⑤滞在（予定）都市名または帰国先都道府県名 ⑥滞在（予定）期間 ⑦相談内容

学校説明会・相談会について
東京 03-4330-1349
大阪 06-6344-4318

(3) 刊行物の発行・販売

　海外子女・帰国子女教育に関する情報サービスの一環として、当財団では各種の刊行物を発行・販売しています。刊行物は本書のほかは次のとおりです。

刊行物について
東京
03-4330-1349
大阪
06-6344-4318

『帰国子女のための学校便覧』(毎年11月下旬発行)

　小学校から大学まで日本全国の帰国子女受け入れ校約1,000校を網羅した入学・編入学のためのガイドブックです。各学校の入学・編入学の資格・条件や入試日程、選考方法、受け入れ後の指導内容などを詳しく掲載しています。

『新・ことばのてびき』

　海外および日本の教科書によく使われる算数(数学)・理科の用語を集め、日英対訳で編集・掲載したもので、現地校や国際学校で学ぶ小・中学生にとって学習の力強い手助けとなります。

『言葉と教育』(中島和子 著)

　海外で言語形成期の子どもを育てる親のための必読書です。おもな内容は、「二つのことばの習得」、「家庭でできるバイリンガルの基礎づくりと日本語支援」、「二言語の習得とアイデンティティ」などについてです。

機関誌『海外子女教育』(月刊)

　海外の日本人学校・補習校や日本国内の受け入れ校の学校レポートをはじめとして、海外での子育てや帰国子女の経験にかかわる提言やエッセイ、最新のニュースなどをバラエティ豊かに掲載した、海外子女・帰国子女教育専門の月刊誌です。

2. 出国前のサービス

海外で使う教科書の給与について
東京
03-4330-1349
大阪
06-6344-4318

(1) 海外で使う教科書の給与

　海外で学ぶ日本人小・中学生も国内と同様に教科書を無償で受け取ることができます。当財団では文部科学省からの依頼を受け、新たに出国する子どもたちに教科書をお渡ししています。このサービスについては、本書の第1章（47ページ～）に詳しく解説していますので、そちらを参照してください。

親子教室について
東京・名古屋
03-4330-1344
大阪
06-6344-4318

(2) 親子教室

　現在、世界中で約3万8千人の子どもたちが現地校や国際学校で学んでいます。そのうちの半数近くが北米に在住しています。そこで当財団では、アメリカに赴任する家族を対象に、よりスムーズに現地の学校生活に適応できるよう、現地校入学のための親子教室を開催しています。

　東京・大阪・名古屋の3か所にて開催する教室は、親教室と子ども教室（入学前～高校生）にわかれます。両教室ともビデオやスライドを使い現地校での学校生活を身近に感じながら学習することにより、出国前の不安を解消することにたいへん役立ちます。なおこの教室は家族単位で受講をしていただきます。

親教室

　学校を中心とする現地の教育環境を、現地校の学校運営に関わりながらアメリカ生活を長く経験した講師といっしょに学んでいきます。

子ども教室

　アメリカの学校生活をビデオやスライドで知り、学校生活で必須の英語を学ぶとともに、アメリカからの帰国生と語り合ったり、ネイティブの先生と英語を使って体験学習などを行います。

(3) 渡航前英語準備クラス

　近年、アメリカなどでは英語を第二言語としている児童生徒へのこれまでの手厚いケアを見直し、ESLプログラムを簡素化するといった動きがみられます。そこで、現地校へスムーズに適応できるように、保護者の海外赴任にともなって出国する子どもたちのための渡航前英語準備クラスを開設しています。

　開設クラスは小学1～3年生、小学4～6年生の2クラスです。各クラスの定員は6～8名と少人数で、ESLを経験した日本人の先生による実践プログラムにより指導します。具体的な内容は、①phonics（英語を読むために必要な文字と発音の関係を紹介）、②現地で使う英会話練習、③ネイティブの先生との英会話体験などです。このクラスで学ぶことによって英語学習の基本が身につき、自信をつけて渡航できます。

> 渡航前英語準備クラスについて
> 東京
> 03-4330-1344

(4) 海外駐在員夫人講座

　海外での子どもの教育に果たす母親の役割は国内以上に大きいものです。母親に迷いや心配、渡航をためらう気持ちがあると、子どももそれを感じて後ろ向きになり、渡航を嫌がることさえあります。こうしたことが起こらないように、これから出国する駐在員夫人のために用意したのがこの講座です。赴任が楽しみだという気持ちに近づけるように、心と情報の整理を通して学ぶ「海外生活準備講座」と日常生活に重要な役割を果たす英語に自信をつける「英会話講座」を併設しています。

> 海外駐在員夫人講座について
> 東京
> 03-4330-1344

海外生活準備講座

　実際の準備作業や現地到着後の生活がスムーズに運べるようになることを目的とするこの講座では、臨床心理士と海外生活経験者が、異文化ショックをプラスに変えて、これさえ知っておけばどこに住んでも安心して過ごせるノウハウを豊富な経験談を交えて教えます。また、グループワークを織り交ぜ順序だてて不安を解消するステップをこなしながら、みずから「行動計画」をたてて準備することを学びます。

英会話講座

　この講座では、隣人へのあいさつから買物、病院での受け付け、銀行口座の開設、学校の編入手続き、パーティーでの応対まで、現地生活の初日からすぐ必要となる表現を実践しながら学習していきます。駐在員夫人として豊富な経験をもつ講師が懇切ていねいに指導しますから、英会話に不安をかかえている方にお勧めの講座です。

3. 滞在中のサービス

通信教育について
東京
03-4330-1345

（1）通信教育

　現地校や国際学校等に通う子どもたちにとっては、海外でもブランクをつくらずに日本の勉強を続けることが大切です。そのためにお勧めしたいのがこの通信教育です。時間に縛られることなくマイペースに学習できるように作られていますから、現地校などの学習が中心となる海外の子どもたちには最適です。また通信添削では、日本にいる先生と質問のやりとりをすることも楽しく励みになることでしょう。詳しい内容は第3章の「通信教育」（184ページ～）をお読みください。

小・中学生のための通信教育（小・中学生コース）

　帰国後、日本の学校の学習にスムーズに適応できるように配慮して作られた海外の小・中学生専用の通信教材です。海外で使われる日本の教科書に準拠して内容が作られています。また、この通信教育は、義務教育年齢の海外子女が帰国後の教育への円滑な適応を促すための教材として文部科学省より補助を受けています。

幼児・高校生のための通信教育

A. 幼児コース

- 「よみきかせコース」（対象0～6歳）……小学校に入学する前に、学習の前提となる「言語力・読解力」を育てることが目標です。毎月、2冊ずつの絵本に加えて、保護者向けの絵本解説などもお届けし、家族みんなでくり返し楽しめるように工夫されています。
- 「かんがえるコース」（対象3～6歳）……学習すべての基礎になる考える力や知的好奇心を育てることが目標です。算数の基礎を、クイズや工作などを使ってゲーム感覚で楽しく身につけられるようになっています。また、ゲーム中の会話を通じて母語も鍛えられるように工夫されています。

B. 高校生小論文コース

　近年、入学試験で小論文を課す学校が増えてきました。このコースの目的は、小論文を書くための基礎的な力をつけることです。ものごとを論理的にとらえ文章を的確にまとめられるように指導します。受講生の状況に応じて「入門クラス」と「基礎クラス」がえらべるようになっています。また、この小論文コースは中学生の受講も可能です。

(2) 海外子女文芸作品コンクール

　海外に滞在する子どもたちにとって、国語の力を保持・伸長させるのは容易なことではありません。ことに日本独自の伝統的形式をもつ文芸作品の分野にあってはこの傾向が強く、帰国後の適応に大きな影響を及ぼすこともあります。そこで当財団では、正しく豊かな国語の力をしっかりと身につけてほしいというねらいで、1979(昭和54)年より毎年、海外子女文芸作品コンクールを開催しています。

　募集するのは詩・短歌・俳句・作文の4部門で、テーマは自由ですが海外生活を題材にしたものを求めています。募集対象は小学1年生から中学3年生(日本の学年)で、世界各地に住む海外子女から毎年約2万点もの作品が寄せられます。入選者個人には文部科学大臣奨励賞・海外子女教育振興財団会長賞・協賛社賞等によって表彰するとともに、多数の応募がありかつ優秀な成績をあげた学校に対し学校賞も設けています。

　応募要項は各日本人学校・補習校に送られるほか、当財団のホームページや機関誌『海外子女教育』にも掲載されます。

海外子女文芸作品コンクールについて
東京
03-4330-1344

入賞作品集『地球に学ぶ』

　毎年開催される海外子女文芸作品コンクールの入賞作品を1冊にまとめた作品集で、毎年1回刊行しています。

　海外で貴重な体験をしている子どもたちが、何を考え、何に感動し、何に悩んでいるのか、その生の感覚を詩・短歌・俳句・作文に表現しています。作品のなかには教科書や副読本に引用される例もあり、質の高い優れたものが多いことがわかります。2005(平成17)年度は23,927点から選ばれた196の作品が掲載されました。

4. 帰国後のサービス

外国語保持教室について
東京・名古屋
03-4330-1344
大阪
06-6344-4318

（1）外国語保持教室

　海外で身につけた語学力は帰国子女にとって大きな財産です。当財団ではこの語学力を保持・伸長していくことを目的に、1974（昭和49）年より外国語保持教室を開設しています。受講生がリラックスして楽しめる教室の雰囲気づくりと、ユニークな指導内容を特色としています。

　この教室は首都圏（東京・横浜・船橋）と関西（大坂・神戸）に設けられ、現在合わせて1,100名以上の小・中学生が学んでいます。さらに、2006年5月からは名古屋においても新教室の開催が予定されています。

　生徒の募集対象は、原則として帰国後1年未満で、海外の全日制の学校で英語（またはフランス語）による教育を2年以上受けた帰国子女です。年齢にふさわしい総合的な語学力を維持することを目標とし、ネイティブスピーカーまたはバイリンガルの講師が指導にあたります。週1回90分（首都圏の小学2年生は60分）の授業は、年齢にふさわしい語学力の維持のために不可欠な読み・書きの力の強化を目的に構成しています。

　コースは小学3年（関西のみ小学1年）～中学3年を対象にした「レギュラーコース」を基本に、そのほかに小学2年生を対象にした「レギュラーコース準備クラス」を設けるとともに、ライティングやニュースペーパーリーディング、ディベートといった目的別プログラムによるクラスおよびフランス語経験者を対象にした「フランス語コース」（いずれも首都圏のみ開催）も開設しています。

サマースクール

　首都圏（都内1カ所）と関西（大坂）、名古屋において、毎年7月の下旬または8月の上旬に、読み書きの強化と短期集中コースのメリットを活かした活動を毎年予定しています。

［資料編］

「海外子女のための推薦図書」を選ぶにあたって／宮地 敏子
海外子女のための推薦図書一覧

「海外子女のための推薦図書」を選ぶにあたって

宮地　敏子

　親と子の間に本を置く環境は、ともすると対面的つまり向き合って緊密な関係になりがちな親子を、並んで本を楽しむことで自然に横並びの関係にさせ、緊張をほぐしゆとりを生むようです。また、本のある環境は静けさを生活に与えてくれます。あれもこれもと時間に追われるような日々に、1日のうちのひとときや就寝前に、子どもに「はっきり、ゆっくり、心こめて」読み聞かせをすると、親の心にも潤いをあたえてくれるようです。

　本は即効の学力ではなく、アイデンティティを模索するうえで生きる力になります。海外で子どもが育つとき、日本語の本のある環境づくりは特に重要だと思います。

　約200冊を選書するにあたっては、次のことに留意しました。

　まず学齢区分については、1. 乳幼児　2. 幼児・小学校低学年　3. 小学校中学年・高学年　4. 小学校高学年・中学校以上　の4区分としました。「乳幼児」を設定したのは、子の親への信頼感の形成が海外では特に大切だということと、母語の構造の基礎がこの時期に形成されるとされているためです。不安な状態では子どもは学ぶことができません。愛する人からのみ学びます。母語が豊かに話される応答的な環境で、子どもは民族のことばの基礎を4〜5歳までに学びます。

　絵本の嫌いな子どもはいませんが、楽しいときに学んだことがいちばん身につきますので、「読み聞かせ」を親子でお楽しみください。字が読めるようになっても、子どもが「読んで」というときはかならず読んでください。

　「小学校中学年・高学年」に難易度に差があるものを入れたのは理由があります。このころになると、読解力に個人差があるのがはっきりわかってきます。文字だけの本に抵抗を感じる子どもがいます。ことばだけではイメージが描きにくい場合は、読み聞かせを続け、「待つ」ことが必要です。漫画やアニメへの傾斜がはっきりしてきても、児童書もともに楽しむように励ましたいものです。

　次に、昔話を年齢区分からはずしてまとめたのは、ことばから想像するよろこびをどの年齢にも感じてほしいからです。また今は世界中のいろいろな民族の昔話が日本語に訳されています。赴任先の昔話は、その民族の風土や文化の根っこのところを理解する一助となるでしょう。

選書リストでは、絵本も児童文学も、古典といわれるものが大多数を占めています。読み継がれてきている子どもの本は、普遍的な「生きる知恵」を力強く伝えています。児童文学先進国の欧米のものが多いのですが、日本の子どもたちにも支持されてきたのは、底に流れる、人間として育つものへの、温かな応援を感じるからでしょう。時間も国境も超えてきた古典的な児童書にたっぷり触れてもらいたいと思います。

　比較的新しいものでは、特に本の内容として、「人権」を意識した選書をしました。海外で子どもが育つとき、異文化の体験には恵まれますが、障害者や高齢者など、社会の弱者への問題関心が、ともすれば薄れがちになります。海外赴任家族は健常な核家族がほとんどです。異文化理解も性差別や障害者・高齢者の問題も、人間の尊厳というところで同根です。他者を思いやるには想像力がいります。この意味でもリアルな本だけではなく直接的に人権問題をテーマとしていないファンタジーも不可欠です。

　補習校で教師をしていたとき、読むのが苦手な現地生まれの子がいました。教科書に『ふたりはともだち』のなかの一話がのっていたので、原書を読んでもらいました。その表情の明るさは忘れられません。内容も、がまくんとかえるくんがそれぞれの個性を認め合うもので、そのあと日本語に訳されたアメリカの絵本がちょっとしたブームになりました。

　選書リスト外の必携図書としていくつかあげましたが、子どもが小学校高学年以上になりますと、現地校では調べる授業が多くなりますし、日本語の通信教育の問題をこなすのにも、詳しいが簡潔で正確な知識が得られるものがほしくなります。

　さて最後に、家庭文庫活動をお勧めしたいと思います。

　息子たちが幼稚園と小学校１年で渡米、５年近い在外生活でしたが、私はその間、近所に住む同じ年ごろの子をもつ親たちと月１度でしたが、絵本の読み聞かせの会を続けました。季節とともにある日本の行事を大切に思い、行事の絵本を読みお雛様を祝ったり笹かざりをしたりと楽しい会でした。気楽にお試しいただければと思います。

●選者・宮地敏子氏のプロフィール●

　児童文学者、洗足学園短期大学助教授。当財団機関誌『海外子女教育』（月刊）の「子どもの本」欄執筆者。夫の転勤にともない二人の子どもとともに渡米、1981年から1985年までニューヨーク補習授業校教師。

海外子女のための推薦図書一覧

宮地敏子●選

対象●乳幼児

書名	著者	絵	出版社	税込価格	備考
あおくんときいろちゃん	レオーニ	レオーニ	至光社	1,260	藤田圭雄・訳
アンガスとあひる	ブラック	ブラック	福音館書店	1,155	瀬田貞二・訳
いないいないばあ	松谷みよ子	瀬川康男	童心社	735	
おおきなかぶ	A.トルストイ	再話・佐藤忠良	福音館書店	780 大型絵本8,400	内田莉莎子・訳
おかあさんがおかあさんになった日	長野ヒデ子		童心社	1,365	
おかあさんだいすき	ブラック	ブラック	岩波書店	672	光吉夏弥・訳
おじさんのかさ	佐野洋子	佐野洋子	講談社	1,470	
おふろだいすき	松岡享子	林明子	福音館書店	1,260	
おやすみなさいおつきさま	ブラウン	ハード	評論社	1,050	瀬田貞二・訳
おやすみなさいのほん	ブラウン	シャロー	福音館書店	1,050	石井桃子・訳
かいじゅうたちのいるところ	センダック	センダック	冨山房	1,470	神宮輝夫・訳
かばくん	岸田衿子	中谷千代子	福音館書店	780	
かもさんおとおり	マックロスキー	マックロスキー	福音館書店	1,365	渡辺茂男・訳
ぐりとぐら	中川李枝子	大村百合子	福音館書店	780 大型絵本8,400	
ぐるんぱのようちえん	西内ミナミ	堀内誠一	福音館書店	780 大型絵本8,400	
げんきなマドレーヌ	ベーメルマンス	ベーメルマンス	福音館書店	1,365	瀬田貞二・訳
3だいの機関車	オードリー	ダルビー	ポプラ社	1,050	桑原三郎 清水周裕・訳
三びきのやぎのがらがらどん	ブラウン	ブラウン	福音館書店	1,050	瀬田貞二・訳
しろくまちゃんのほっとけーき	わかやまけん	もりひさし・わだよしおみ	こぐま社	840	
11ぴきのねこ	馬場のぼる	馬場のぼる	こぐま社	1,260	
すてきな三にんぐみ	アンゲラー	アンゲラー	偕成社	1,260	今江祥智・訳
ぞうのババール	ブリュノフ	ブリュノフ	評論社	1,260 B4判2,940	矢川澄子・訳
たろうのおでかけ	村山桂子	堀内誠一	福音館書店	780	

書名	著者	絵	出版社	税込価格	備考
たんじょうび	フィッシャー	フィッシャー	福音館書店	1,365	大塚勇三・訳
だいくとおにろく	松居直・再話	赤羽末吉	福音館書店	780	
だるまちゃんとてんぐちゃん	加古里子	加古里子	福音館書店	780	
ちいさなうさこちゃん	ブルーナ	ブルーナ	福音館書店	630	石井桃子・訳
ちいさなねこ	石井桃子	横内襄	福音館書店	780	
ちからたろう	今江祥智	田島征三	ポプラ社	1,050	
ティッチ	ハッチンス	ハッチンス	福音館書店	1,155	石井桃子・訳
てぶくろ	ウクライナ民話	ラチョフ	福音館書店	840	内田莉莎子・訳
どうぶつのおやこ		薮内正幸	福音館書店	780	
どろんこハリー	ジオン	グレアム	福音館書店	1,155	渡辺茂男・訳
にんじん		せなけいこ	福音館書店	630	
ねずみくんのチョッキ	なかえよしを	上野紀子	ポプラ社	1,050	
ねないこだれだ		せなけいこ	福音館書店	630	
のせてのせて	松谷みよ子	東光寺啓	童心社	735	
はけたよはけたよ	神沢利子	西巻茅子	偕成社	1,050	
はなをくんくん	クラウス	サイモント	福音館書店	1,050	木島始・訳
はらぺこあおむし	エリック カール	エリック カール	偕成社	1,260	ビッグ版10,290 ミニ版632 森比左志・訳
100まんびきのねこ	ガアグ	ガアグ	福音館書店	945	石井桃子・訳
ピーターのいす	キーツ	キーツ	偕成社	1,260	木島始・訳
ピーターラビットのおはなし	ポター	ポター	福音館書店	735	いしいももこ・訳
ふしぎなたけのこ	松野正子	瀬川康男	福音館書店	780	
ぼくのくれよん	長新太	長新太	講談社	1,470	
まっくろネリノ		ガルラー	偕成社	1,050	矢川澄子・訳
めっきらもっきらどおんどん	長谷川摂子	ふりやなな	福音館書店	840	

対象●乳幼児

書名	著者	絵	出版社	税込価格	備考
もこ もこもこ	谷川俊太郎	元永定正	文研出版	1,365	
もりのなか	エッツ	エッツ	福音館書店	945	間崎ルリ子・訳
ロージーのおさんぽ	ハッチンス	ハッチンス	偕成社	1,050	渡辺茂男・訳
わたしとあそんで	エッツ	エッツ	福音館書店	1,050	与田凖一・訳
わたしのワンピース	にしまきかやこ	にしまきかやこ	こぐま社	1,155	

対象●幼児・小学校低学年

書名	著者	絵	出版社	税込価格	備考
あおい目のこねこ	マチーセン	マチーセン	福音館書店	1,260	瀬田貞二・訳
あたまをつかった小さなおばあさん	ニューウェル	山脇百合子	福音館書店	1,575	松岡享子・訳
雨、あめ	スピアー		評論社	1,470	
アンディとらいおん	ドーハーティ	ドーハーティ	福音館書店	1,365	村岡花子・訳
いたずらかんしゃちゅうちゅう	バートン	バートン	福音館書店	1,155	村岡花子・訳
いっぽんの鉛筆のむこうに	谷川俊太郎	堀内誠一	福音館書店	1,365	写真・坂井信彦ら
いやいやえん	中川李枝子	大村百合子	福音館書店	1,260	
うさぎのみみはなぜながい	北川民次	北川民次	福音館書店	1,155	
エルマーのぼうけん	R.S.ガネット	R.C.ガネット	福音館書店	1,155	渡辺茂男・訳
おおきなおおきなおいも	赤羽末吉	赤羽末吉	福音館書店	1,155	市村久子・原案
おしいれのぼうけん	古田足日	田畑精一	童心社	1,260	
おしゃべりなたまごやき	寺村輝夫	長新太	福音館書店	1,155	
おばあさんのひこうき	佐藤さとる	村上勉	小峰書店	1,575	
おおたせクッキー	ハッチンス	ハッチンス	偕成社	1,260	乾侑美子・訳
おやすみなさいフランシス	ホーバン	ウィリアムズ	福音館書店	1,050	松岡享子・訳
かさじぞう	瀬田貞二・再話	赤羽末吉	福音館書店	780	

書　名	著　者	絵	出版社	税込価格	備　考
かにむかし	木下順二	清水崑	岩波書店	672	大型本1,680
くまの子ウーフ	神沢利子	井上洋介	ポプラ社	599	
くまのパディントン	ボンド	フォートナム	福音館書店	1,260	松岡享子・訳
クマのプーさん	ミルン	シェパード	岩波書店	絵本1,365 少年文庫714	石井桃子・訳
こうさぎましろのお話	佐々木たづ	三好碩也	ポプラ社	1,050	
こぎつねコンとこだぬきポン	松野正子	二俣英五郎	童心社	1,470 紙芝居3,360	
ことばあそびうた	谷川俊太郎	瀬川康男	福音館書店	945	
サッちゃん	阪田寛夫	和田誠	国土社	1,680	
さっちゃんのまほうのて	先天性四肢障害児父母の会・田畑精一・制作		偕成社	1,260	
三びきのこぶた	イギリス民話	山田三郎	福音館書店	780	大型絵本7,770 瀬田貞二・訳
しずくのぼうけん	テルリコフスカ	ブテンコ	福音館書店	840	内田莉莎子・訳
しょうぼうじどうしゃじぷた	渡辺茂男	山本忠敬	福音館書店	780	
スーホの白い馬	大塚勇三・再話	赤羽末吉	福音館書店	1,260	
たくさんのお月さま	サーバー	スロボドキン	徳間書店	1,680	中川千尋・訳
ちいさいおうち	バートン	バートン	岩波書店	672	大型本1,680 石井桃子・訳
ちいちゃんのかげおくり	あまんきみこ	上野紀子	あかね書房	1,223	
チムとゆうかんなせんちょうさん	アーディゾーニ	アーディゾーニ	福音館書店	1,365	せたていじ・訳
どうながのプレッツェル	M.E.レイ	H.A.レイ	福音館書店	1,155	渡辺茂男・訳
どろんここぶた	ローベル	ローベル	文化出版局	897	岸田衿子・訳
のはらうた Ⅰ～Ⅳ（詩集）	くどうなおこ		童話屋	各1,313	
はなのすきなうし	ローソン	リーフ	岩波書店	672	光吉夏弥・訳
ひとまねこざる	H.A.レイ	H.A.レイ	岩波書店	672	大型本1,365 光吉夏弥・訳
ふたりはともだち	ローベル	ローベル	文化出版局	897	三木卓・訳
プー横丁にたった家	ミルン		岩波書店	少年文庫714	石井桃子・訳

対象●幼児・小学校低学年

書名	著者	絵	出版社	税込価格	備考
ぺしのあたらしいふく	ベスコフ	ベスコフ	福音館書店	1,155	小野寺百合子・訳
ぼくにげちゃうよ	ブラウン	ハード	ほるぷ出版	999	岩田みみ・訳
ぼくはま王さま	寺村輝夫	和歌山静子	理論社	1,260	
モチモチの木	斎藤隆介	滝平二郎	岩崎書店	1,575	ビッグ・えほん9,975
モモちゃんとアカネちゃん	松谷みよ子	菊池貞雄	講談社	1,155	
よあけ	シュルヴィッツ	シュルヴィッツ	福音館書店	1,260	瀬田貞二・訳
ラチとらいおん	V.マレーク	V.マレーク	福音館書店	1,050	徳永康元・訳
ラン・パン・パン	ダフ	アルエゴ	評論社	1,050	山口文生・訳
ルピナスさん	クーニー	クーニー	ほるぷ出版	1,365	掛川恭子・訳
ろくべえまってろよ	灰谷健次郎	長新太	文研出版	1,365	
ロッタちゃんのひっこし	リンドグレーン	ヴィークランド	偕成社	1,050	山室静・訳
わすれられないおくりもの	バーレイ	バーレイ	評論社	1,050	小川仁央・訳
ワニのライルがやってきた	ウェーバー	ウェーバー	大日本図書	1,529	小杉佐恵子・訳
わらべうた 上・下	谷川俊太郎	堀内誠一	冨山房	上・下1,155	

対象●小学校中学年・高学年

書名	著者	絵	出版社	税込価格	備考
赤毛のアン(全10巻)	モンゴメリー	山本容子	講談社	各2,100	掛川恭子・訳
あしながおじさん	ウェブスター		福音館書店	1,785	坪井郁美・訳
あのころはフリードリヒがいた	リヒター		岩波書店 少年文庫714		上田真而子・訳
アンデルセン童話集 1・2・3	アンデルセン		岩波書店 少年文庫各714		大畑末吉・訳
イソップのお話	イソップ		岩波書店 少年文庫756		河野与一・編訳
ヴィロビー・チェースのおおかみ	エイケン		冨山房	1,733	大橋善恵・訳
兎の眼	灰谷健次郎	長谷川知子	理論社	1,785	文芸書版1,365

書名	著者	絵	出版社	税込価格	備考
大きな森の小さな家	ワイルダー	ウィリアムズ	福音館書店	1,680	恩地三保子・訳
大どろぼうホッツェンプロッツ	プロイスラー		偕成社	文庫版630	中村浩三・訳
オズの魔法使い	バウム	デンスロウ	福音館書店	945	渡辺茂男・訳
風にのってきたメアリー・ポピンズ	トラヴァース		岩波書店	文庫630	林容吉・訳
風の又三郎	宮沢賢治		岩波書店	2,625	
片耳の大シカ	椋鳩十		偕成社	少年文庫756	
火よう日のごちそうはひきがえる	エリクソン	フィオリ	評論社	少年文庫714	佐藤凉子・訳
カレンの日記	ブルーム		偕成社	文庫735	長田敏子・訳
ガラスのうさぎ	高木敏子	武部本一郎	金の星社	1,050 新書525	
ガラスの家族	パターソン		偕成社	1,470	岡本浜江・訳
がんばれヘンリーくん	クリアリー		学習研究社	1,155 文庫588	松岡享子・訳
ギリシア・ローマ神話	ブルフィンチ		岩波書店	1,260 文庫735	野上彌生子・訳
銀河鉄道の夜	宮沢賢治	田代三善	偕成社	945	
車のいろは空のいろ 全3巻	あまんきみこ	北田卓史	ポプラ社	文庫840	
クローディアの秘密	カニグズバーグ	カニグズバーグ	岩波書店	文庫630	松永ふみ子・訳
ごんぎつね	新美南吉	黒井健	偕成社	各1,050	
西遊記 上・下	呉承恩	瀬川康男	福音館書店	1,470 文庫735	君島久子・訳
さすらいのジェニー	ギャリコ		大和書房	上・下各2,625	矢川澄子・訳
シャーロットのおくりもの	ホワイト	ウィリアムズ	あすなろ書房	2,415	さくまゆみこ・訳
せいめいのれきし	バートン	バートン	岩波書店	1,575	石井桃子・訳
せんせいけらいになれ	灰谷健次郎	坪谷令子	理論社	1,680	
先生のつうしんぼ	宮川ひろ	小野かおる	偕成社	文庫630	
宝島	スティーブンソン	寺島龍一	福音館書店	1,020 文庫630	坂井晴彦・訳
たのしい川べ	グレーアム	シェパード	岩波書店	2,205 文庫版893	石井桃子・訳
				2,100 少年文庫798	

対象●小学校中学年・高学年

書名	著者	絵	出版社	税込価格	備考
たのしいムーミン一家	ヤンソン	ヤンソン	講談社	1,680 青い鳥文庫609	山室静・訳
だれも知らない小さな国	佐藤さとる	村上勉	講談社	1,155	
小さい魔女	プロイスラー		学習研究社	945	大塚勇三・訳
小さなスプーンおばさん	プリョイセン		学習研究社	945	大塚勇三・訳
チョコレート工場の秘密	ダール		評論社	1,470 文庫591	田村隆一・訳
てつがくのライオン	工藤直子	佐野洋子	理論社	1,733 文庫567	
点子ちゃんとアントン	ケストナー		岩波書店	1,575	高橋健二・訳
てんぷらぴりぴり	まど・みちお	杉田豊	大日本図書	1,260 新版 B変型判816	
トム・ソーヤの冒険 上・下	トウェイン		岩波書店 少年文庫714		石井桃子・訳
ドリトル先生アフリカゆき	ロフティング	ロフティング	岩波書店	1,680 少年文庫714	井伏鱒二・訳
長い長いお医者さんの話	K.チャペック		岩波書店	少年文庫756	中野好夫・訳
長くつ下のピッピ	リンドグレーン	桜井誠	岩波書店	1,785 少年文庫714	大塚勇三・訳
ナルニア国ものがたり	ルイス		岩波書店	少年文庫714～798	瀬田貞二・訳
二十四の瞳	壺井栄		偕成社	文庫735	
ニルスのふしぎな旅 ①～④	ラーゲルレーヴ		偕成社	文庫各735	香川鉄蔵 香川節・訳
ノンちゃん雲に乗る	石井桃子	中川宗弥	福音館書店	1,260	
ハイジ	シュピーリ	ハイ	福音館書店	2,415	矢川澄子・訳
ヒルベルという子がいた	ヘルトリング		偕成社	1,050	上田真而子・訳
ファーブルの昆虫記 上・下	ファーブル		岩波書店 少年文庫756		大岡信・編訳
ふしぎの国のアリス	キャロル	テニエル	福音館書店	1,785	生野幸吉・訳
ふたりのロッテ	ケストナー		岩波書店	1,638	高橋健二・訳
ベロ出しチョンマ	斎藤隆介	滝平二郎	理論社	1,260 文庫588	
冒険者たち	斎藤惇夫	薮内正幸	岩波書店	1,890 少年文庫798	

書名	著者	絵	出版社	税込価格	備考
ぼくのお姉さん	丘修三	かみやしん	偕成社	1,260 文庫735	
ぽっぺん先生の日曜日	舟崎克彦		筑摩書房	1,995	
ムギと王さま	ファージョン	アーディゾーニ	岩波書店	少年文庫756	石井桃子・訳
森は生きている	マルシャーク	ズスマーナ	岩波書店	1,995 少年文庫672	湯浅芳子・訳
ゆうかんな女の子モーナ	クリアリー		学習研究社	945	松岡享子・訳
床下の小人たち	ノートン		岩波書店	少年文庫714	林容吉・訳

対象●小学校高学年・中学以上

書名	著者	絵	出版社	税込価格	備考
アンネの日記 増補新訂版	アンネ・フランク		文藝春秋	1,995 文庫880	深町眞理子・訳
海底二万海里	ベルヌ	スヴィル	福音館書店	2,625	清水正和・訳
影との戦い	ル グウィン		岩波書店	1,680	清水真砂子・訳
木を植えた人	ジオノ		こぐま社	893	原みちこ・訳
銀の匙	中勘助		岩波書店	ワイド版1,050 文庫525	
クラバート	プロイスラー		偕成社	1,680 文庫上下各735	中村浩三・訳
クリスマス・キャロル	ディケンズ		岩波書店	少年文庫672	脇明子・訳
コンチキ号漂流記	ハイエルダール		偕成社	文庫735	神宮輝夫・訳
三国志 上・中・下	羅貫中		岩波書店	少年文庫上756 中・下各798	武部利男 小川環樹・訳
三銃士 上・下	デュマ	ツィエール	福音館書店	上・下各2,415	朝倉剛・訳
シャーロック・ホウムズ まだらのひも	ドイル		岩波書店	少年文庫756	林克己・訳
しろばんば	井上靖		新潮社	文庫780	
新装版 指輪物語 1・2 旅の仲間 上・下	トールキン		評論社	各2,310	瀬田貞二 田中明子・訳
タランと角の王	アリグザンダー		評論社	1,890	神宮輝夫・訳
寺町三丁目十一番地	渡辺茂男	太田大八	福音館書店	1,890	

対象●小学校高学年・中学以上

書名	著者	絵	出版社	税込価格	備考
時の旅人	アトリー		評論社	1,680	小野章・訳
飛ぶ教室	ケストナー		岩波書店	1,680	高橋健二・訳
トムは真夜中の庭で	ピアス	アインツィヒ	岩波書店	1,995	少年文庫756 高杉一郎・訳
ともだちは海のにおい	工藤直子	長新太	理論社	1,260	
七つの人形の恋物語	ギャリコ		王国社	1,575	矢川澄子・訳
二年間の休暇	ベルヌ	太田大八	福音館書店	2,415	朝倉剛・訳
はてしない物語	エンデ		岩波書店	3,003	少年文庫上756下840 上田真而子 佐藤真理子・訳
人はふさわしい死を死ぬ	キャンベル		晶文社	1,366	石井清子・訳
ピーター・パンとウェンディ	バリー	ベッドフォード	福音館書店	1,995	石井桃子・訳
風景詩集	まど みちお	まど みちお	かど創房	1,365	
星の王子さま	サン=テグジュペリ		岩波書店	少年文庫672	内藤濯・訳
ホビットの冒険	トールキン		岩波書店	2,940	少年文庫上756下714 瀬田貞二・訳
ぼくはレース場の持主だ！	ライトソン	ホーダー	評論社	1,680	猪熊葉子・訳
坊っちゃん	夏目漱石		新潮社	文庫300	
まぼろしの小さい犬	ピアス	メイトランド	岩波書店	1,890	猪熊葉子・訳
モモ	エンデ	エンデ	岩波書店	1,785	大島かおり・訳
リトル・トリー	カーター		めるくまーる	1,890	和田穹男・訳
レ・ミゼラブル 上・下	ユーゴー		岩波書店	普及版1,050	少年文庫上756 下798 豊島与志雄・編訳
ロビンソン・クルーソー	デフォー	ピカール	福音館書店	2,205	坂井晴彦・訳
若草物語	オールコット	チューダー	福音館書店	2,415	矢川澄子・訳

昔話

書名	著者	絵	出版社	税込価格	備考
✓日本昔話ハンドブック	稲田浩二、稲田和子・編		三省堂	1,680	
✓世界の民話（子どもに聞かせる）	矢崎源九郎・編		実業之日本社	2,752	
✓子どもに語るグリムの昔話 1〜6			こぐま社	各1,680	佐々梨代子・野村紘・訳

行事の本

書名	著者	絵	出版社	税込価格	備考
もうすぐ おしょうがつ	寺村輝夫	いもとようこ	あかね書房	1,223	正月
おにはうち ふくはそと	西本鶏介	村上豊	ひさかたチャイルド	1,050	節分
たなばた	君島久子・再話	初山滋	福音館書店	780	七夕
たなばたむかし	大川悦生	石倉欣二	ポプラ社	1,050	〃
14ひきのおつきみ	いわむらかずお		童心社	1,260	お月見

その他

国語辞典
広辞苑
ことわざ辞典
古語辞典 など

「Let's Learn English Dictionary」　日英語併記の絵辞典
「スヌーピーの英和辞典」　訳・山田侑平　角川書店　5〜8歳　2,200語

事典の類（例）
知恵蔵
現代用語事典
ジュニア朝日年鑑 など

図鑑類など
自然科学・社会科学の図鑑類
世界地図 など

教育相談室Q&A●索引

[幼児期]
- 幼児の場合に心がけておいたらよいことは -- 33
- 言語環境が変わるなかで、日本語（母語）の大切さとは ---------------------------------- 80
- 母語の形成にはどのような方法で対応していけば -- 83
- 現地での幼児教育は、どんなことに心がけたらよいでしょうか ---------------------------- 93
- 帰国後どのような観点で幼稚園を選んだら --- 214

[小・中学生]
- 義務教育段階の子どもの学校選択や教育方針のたてかた ----------------------------- 14
- どのように子どもたちに海外赴任を伝えたらよいでしょうか ----------------------------- 16
- アメリカの現地校の編入学年はどうなりますか --- 25
- 学校適応には教育制度上の問題で難しさがあると聞きますが --------------------------- 26
- 現地校における学習適応の見通しについて --- 27
- 特別な配慮を要する子どもの現地校編入は可能でしょうか ----------------------------- 28
- 肢体不自由な子を日本人学校へ編入させたいのですが --------------------------------- 29
- 学校選択はどんな観点で行えばよいでしょうか -- 30
- 日本人学校か現地校かの選択はどのように --- 31
- 学年が高いわが子のロンドンでの学校選択に悩んでいます ---------------------------- 32
- 1年という短期間、子どもが現地校に編入しますが --------------------------------------- 41
- 日本語力の低下に、家庭ではどのように対応したらよいでしょうか ----------------------- 79
- バイリンガルとはどういう状態のことでしょうか -- 84
- 英語と日本語のバイリンガルの子どもに育てたいのですが ----------------------------- 86
- 国際学校に編入学するにはどのようにしたらよいのでしょうか ------------------------- 119
- 漢字が書けなくなっています。帰国後、学習上困ることに ------------------------------- 124
- 日本の教育を補習校で受けさせるか迷っています --------------------------------------- 181
- 通信教育をやることが親にも子どもにとってもかなりの負担ですが -------------------- 187
- 朗読CD以外の国語の勉強にも力を入れさせるためには -------------------------------- 190
- 通信教育で学んでいれば、高校受験に対応できる学力が ------------------------------ 194
- 日本の小学校にスムーズに編入させるには --- 203
- 編入した小学校になじめず、遅刻や欠席が多くなりました ----------------------------- 216
- 公立の小・中学校の帰国子女の受け入れ体制は -- 222
- 国内では特別な配慮を要する子どもの受け入れ体制は --------------------------------- 225
- 国際学校では半年遅れの学年なので編入学年はどうなるのか ----------------------- 226
- 国際学校へ帰国後も入れたいのですが編入は可能でしょうか ------------------------ 228
- 高校受験をするにあたりどのような資格と手続きが必要 -------------------------------- 234

・帰国子女受験の選抜はどんな基準で --- 237
・中高一貫教育を進める新しい型の中等教育学校のこと ---------------------------- 248

[高校生]
・国際学校に編入する場合、どんな課題があり、親と本人が心がけることは ------------ 34
・1年間が経過しましたが、現地の高校の学習適応に苦労しています -------------------- 132
・現地校を修了してからの大学進学は可能でしょうか ----------------------------------- 136
・日本の高校生の教科書等を持参したほうがよいのでしょうか ---------------------------- 139
・高校の入学または編入学に合わせる帰国時期 --- 238
・新しいタイプの高校に関心を持っていますが、その内容について ---------------------- 247

[大学生]
・現地の高校を卒業しても、日本の大学受験資格は ------------------------------------- 261
・国際学校12年生修了後、国内の大学への進学は可能でしょうか ------------------------ 262

用語解説●索引（五十音順）

ア
- I.B.（国際バカロレア） -------- 36
- アビトゥア -------- 161
- ESL -------- 24
- インテンシブ・イングリッシュ・ランゲージスクール -------- 128
- AO入試 -------- 255
- ACT -------- 145
- オープンハウス -------- 42

カ
- 海外子女教育振興財団 -------- 19
- 学習指導要領 -------- 108
- 学齢期 -------- 11
- 学校のステータス -------- 118
- カンフェレンス -------- 43
- 帰国子女教育学級 -------- 223
- 『帰国子女のための学校便覧』 -------- 202
- 帰国子女枠受験 -------- 233
- 基本的な生活習慣 -------- 74
- 教育課程 -------- 35
- 教育相談 -------- 22
- ギムナジウム上級段階 -------- 160
- キンダーガーテン -------- 92
- 継続教育カレッジ -------- 149
- 月刊『海外子女教育』 -------- 71
- 言語形成期 -------- 73
- 現地校 -------- 17
- 現地採用教員 -------- 102
- 高等学校卒業程度認定試験 -------- 258
- 国際学校 -------- 18
- 混入受け入れ方式 -------- 219

サ
- 在外公館 -------- 51
- 在学証明書 -------- 137
- 在留届 -------- 48
- 秋期入学 -------- 257
- 私立在外教育施設 -------- 15
- 『新・ことばのてびき』 -------- 87
- 成績証明書 -------- 59
- 全国共通カリキュラムの定める基礎教科 -------- 149
- 全国テスト -------- 150

タ
- 第二言語 -------- 23
- 知的障害 -------- 242
- 中学部卒業 -------- 100
- 通信教育 -------- 20
- TOEFL -------- 170

ナ
- ナーサリースクール -------- 92
- 日本人学校 -------- 12

ハ
- バイリンガル -------- 85
- バカロレア -------- 155
- 派遣教員 -------- 101
- プレイスメントテスト -------- 45
- 補習授業校（補習校） -------- 13

マ
- 文部科学省 -------- 66
- 文部大臣認定制度 -------- 99

ヤ
- 予防接種証明書 -------- 53

新・海外子女教育マニュアル

1995年12月12日 初版発行
1997年 1 月31日 第2版発行
1999年 8 月31日 第3版発行
2002年12月25日 第4版発行
2006年 3 月31日 第5版発行
2009年 5 月25日 第5版第2刷発行

編集・発行　財団法人 海外子女教育振興財団
　　　　　　〒105-0002 東京都港区愛宕1-3-4 愛宕東洋ビル6階
　　　　　　TEL. 03（4330）1341（代）
　　　　　　FAX. 03（4330）1355
　　　　　　URL http://www.joes.or.jp

印刷・製本　株式会社 東京美術

乱丁・落丁はお取りかえいたします。